陕西省高校心理素质教育研究会指导和推荐出版

陕西省高职院校心理健康教育优秀教材

积极心态 幸福成长
——高职大学生心理健康教育

JIJI XINTAI XINGFU CHENGZHANG
—— GAOZHI DAXUESHENG XINLI JIANKANG JIAOYU

主　编　蒲转莉　刘晓麒

副主编　郜祺玥　马嘉悦　杜赟鹏

编　委　刘薛薇　刘晓静　郜思航　李　琨
　　　　付梦颖　平雪花　柳　洲

西安交通大学出版社
XI'AN JIAOTONG UNIVERSITY PRESS

图书在版编目(CIP)数据

积极心态 幸福成长:高职大学生心理健康教育 /
蒲转莉,刘晓麒主编. — 西安：西安交通大学出版社，
2024.1(2024.8 重印)
ISBN 978 - 7 - 5693 - 2995 - 7

Ⅰ. ①积… Ⅱ. ①蒲…②刘… Ⅲ. ①大学生－心理
健康－健康教育－高等职业教育－教材 Ⅳ. ①G444

中国国家版本馆 CIP 数据核字(2023)第 251028 号

书　　名	积极心态 幸福成长——高职大学生心理健康教育
主　　编	蒲转莉　　刘晓麒
责任编辑	魏照民
责任印制	刘　攀
责任校对	李逢国
封面设计	任加盟

出版发行	西安交通大学出版社
	(西安市兴庆南路 1 号　邮政编码 710048)
网　　址	http://www.xjtupress.com
电　　话	(029)82668357　82667874(市场营销中心)
	(029)82668315(总编办)
传　　真	(029)82668280
印　　刷	陕西印科印务有限公司

开　　本	787mm×1092mm　1/16	印张　14.5	字数　320 千字
版次印次	2024 年 1 月第 1 版　　2024 年 8 月第 2 次印刷
书　　号	ISBN 978 - 7 - 5693 - 2995 - 7
定　　价	55.00 元

如发现印装质量问题,请与本社市场营销中心联系。
订购热线:(029)82665248　(029)82667874
投稿热线:(029)82664840
读者信箱:xj_rwjg@126.com

序

中国高校心理育人工作经过了三个阶段：初创阶段是"高校心理咨询"时期，教育部最初文件《教育部关于加强普通高等学校大学生心理健康教育工作的意见》（教社政〔2001〕1号）指出，高校心理健康教育主要任务是讲授心理健康知识，开展心理咨询辅导，帮助学生处理好"环境适应、自我管理、学习成才、人际交往、交友恋爱、求职择业、人格发展和情绪调节"八大困惑，提高健康水平，促进德智体美等全面发展。深化阶段是"高校心理教学"时期，教育部印发的《普通高等学校学生心理健康教育课程教学基本要求》（教思政厅〔2011〕5号），要求高校开设"集知识传授＋心理体验＋行为训练"为一体的"大学生心理健康教育"公共必修课，旨在培养学生"自我认知、人际沟通、自我调节"三大能力，切实提高心理素质，促进学生全面素质发展。提升阶段为"高校心理育人"时期，中共教育部党组印发的《高等学校学生心理健康教育指导纲要》（教党〔2018〕41号）工作总目标要求，高校基本建成"教育教学＋实践活动＋咨询服务＋预防干预"四位一体心理健康教育工作格局，为教育立德树人根本任务服务。

21世纪初，美国著名心理学家、美国心理学会（APA）前任主席马丁·赛里格曼（Martin E. P. Seligman）发起了第四次心理学改革运动，创立了积极心理学学派。积极心理学是有关人类幸福和美德优势的学科，倡导用积极认知、积极情感、积极特质、积极关系、积极组织和积极环境去构建人类的幸福生活和美好家园。

本教材《积极心态幸福成长——高职大学生心理健康教育》，正是在教育部高校心理健康教育教学要求和工作纲要指导下，基于积极心理学研究成果，站在本世纪积极心理学主流学派的高度，去审视和编著大学生心理健康教育教材。本教材有三个特点：

第一，积极心理学导向。本教材各章节从积极心态视角，去审视心理问题和开发自我潜能，引导学生自我认知、自我体验、自我改变和自我成长，在师生教学互动相长中，遇见更幸福更好的自己。

第二，叙事心理学建构。本教材针对性强，紧扣时代趋势，深耕学生发展，突出心理特点，围绕学生常见心理困惑和适应问题进行叙事，解构心理问题，建构美好生命，在叙事中点亮学子前行的路。

第三，健康心理学科普。本教材实用操作性好，教材重点在于心理健康知识科普，树立科学健康理念，训练自我调节与成长能力；每个模块增添体验与训练，将抽象理论迅速转化为实际操作，通过心理拓展和游戏活动，使学生对教材理论的理解得以深化。

拥有健康的心理和良好的心理素质，是大学生健康成长的需要，更是现代人才发展的需要。大学生作为特殊群体，生理基本成熟而心理尚未完全成熟，易受到外界干扰，尤其是在应对社会激烈竞争和生活节奏加快等问题时，容易产生焦灼、忧虑、恐慌等负面情绪。高校作为立德树人的主阵地，应切实将育人与育心相统一，着力培养大学生积极健康的心理品质。

为全面提升新时代大学生心理健康教育工作质量和水平，2023 年 4 月，教育部等十七个部门联合印发《全面加强和改进新时代学生心理健康工作专项行动计划（2023—2025 年）》。通过"五育"并举促进心理健康，坚持学习知识与提高全面素质相统一，构建"以德育心、以智慧心、以体强心、以美润心、以劳健心"的学生"五育"成长闭环，共同守护学生心理健康。

本书结合高等职业院校学生的身心发展特点，帮助大学生拨开心灵迷雾，走出心理困扰，培养积极心态。概括来讲，本书是一本集知识讲解和技能提升为一体，可读性和可操作性强的教材。

陕西省高校心理素质教育研究会长期致力于提升大学生心理健康素质和积极品质培养，本书的编写和出版得到研究会的指导和大力支持。主编和参编人员由长期从事心理健康教育和思想政治工作的学工干部和一线教师组成，编写内容是其多年来工作和心得体会的一个总结和升华。该书适合在省内外高职院校推广使用。

陕西省高校心理素质教育研究会会长

郑林科教授

2023 年 12 月 7 日

近年来，心理健康问题逐渐成为世界各国普遍面临的社会性难题，我国同样也不例外。这些心理健康问题已经逐渐从成人职业群体扩展延伸至大中小学生群体。加强青少年心理健康教育已成为当前全社会的共识。

2023年4月，教育部等十七个部门联合印发《全面加强和改进新时代学生心理健康工作专项行动计划(2023—2025年)》(以下简称《行动计划》)。《行动计划》坚持以习近平新时代中国特色社会主义思想为指导，全面贯彻党的教育方针，坚持为党育人、为国育才，落实立德树人根本任务，坚持健康第一的教育理念，切实把心理健康工作摆在更加突出的位置，明确"五育并举促进心理健康"，促进学生思想道德素质、科学文化素质和身心健康素质协调发展，培养担当民族复兴大任的时代新人。

心理健康教育是提高大学生心理素质、促进其身心健康和谐发展的教育，是高校人才培养体系的重要组成部分，也是高校思想政治工作的重要内容。本书以教育部《普通高等学校学生心理健康教育课程教学基本要求》(教思政厅〔2011〕5号)和教育部《高等学校学生心理健康教育指导纲要》(教党〔2018〕41号)为指导，坚持育心与育德相统一，更好地适应和满足学生心理健康教育服务需求，培养学生自尊自信、理性平和、积极向上的健康心态。本书根据高等职业院校学生的身心发展特点，设置概述、自我意识、高效学习、原生家庭、人际关系、爱情密码、情绪管理、生命教育与危机应对、心理咨询以及生涯规划十个模块，全书以大学生心理素质的培养为主线，以大学生常见的心理健康问题为主要内容，结合教师们的深入持续思考，力求达到如下特点：

(1)针对性。本书紧扣时代的发展，主要针对高等职业院校学生的心理健康特点和学习生活实际，重点关注大学生常见的心理困惑和适应问题，容易引发学生的共鸣。

(2)实用性。本书侧重应用，集知识传授、心理体验、行为训练为一体，将重点放在心理健康知识的理解与应用上，目的在于提升学生的自我调节与自我成长的能力，提高学生的心理素质。

(3)操作性。本书在每个模块理论内容的后面增添了体验与训练，将抽象的理论转化为实际的操作，通过心理活动、心理游戏的开展，使学生对教材理论的理解得以深化。

本书编写团队成员均为从事心理健康教育及心理工作的一线教师和院系心理辅导员，均具有扎实的心理健康教育理论及丰富的实践研究经验。本书由蒲转莉、刘晓麒主编，郇祺玥、马嘉悦和杜赟鹏任副主编。各章编写情况如下：模块一由杜赟鹏编写；模块二由蒲转莉、刘薛薇编写；模块三由刘晓静编写；模块四由郎思航编写；模块五由李琨编写；模块六由付梦颖编写；模块七由平雪花编写；模块八由马嘉悦编写；模块九由郜祺玥编写；模块十由柳洲编写。全书由蒲转莉和刘晓麒统稿。

本书的编写和出版得到陕西省高校心理素质教育研究会的指导和资助，在此深表感谢！在教材编写、修订过程中，本书参阅了国内外心理健康教育相关文献，引用了一些优秀教材和专家学者的研究成果，在此一并表示感谢！由于时间和水平有限，书中的错误和不足之处，敬请读者和专家批评指正。

编者

2024 年 1 月

目 录

模块一　健康从心开始——心理健康概述 ……………………………………… (1)

项目一　了解心理健康 …………………………………………………… (2)

项目二　影响大学生心理健康的主要因素 ……………………………… (7)

项目三　大学生心理健康的自我保健 …………………………………… (11)

模块二　做最好的自己——健全自我意识 ……………………………………… (23)

项目一　自我意识概述 …………………………………………………… (24)

项目二　大学生自我意识的发展 ………………………………………… (27)

项目三　塑造健全的自我意识 …………………………………………… (32)

模块三　开启智慧宝库——学会高效学习 ……………………………………… (46)

项目一　成为主动的学习者 ……………………………………………… (47)

项目二　学习动机与学习方法 …………………………………………… (49)

项目三　大学生学习问题与学习力 ……………………………………… (52)

模块四　在家庭中成长——超越原生家庭 ……………………………………… (62)

项目一　了解原生家庭 …………………………………………………… (63)

项目二　原生家庭对大学生发展的影响 ………………………………… (66)

项目三　学会改变与原生家庭的关系 …………………………………… (69)

模块五　我不是孤岛——优化人际关系 ………………………………………… (83)

项目一　人际关系概述 …………………………………………………… (84)

项目二　大学生人际关系常见问题及调适 ……………………………… (87)

项目三　增进人际关系的艺术 …………………………………………… (90)

模块六　学会爱的艺术——解读爱情密码 ……………………………………… (100)

项目一　爱情概述 ………………………………………………………… (101)

项目二　培养健康恋爱观 ………………………………………………… (105)

项目三　大学生性心理健康 ……………………………………………… (110)

模块七　做情绪的主人——有效管理情绪 ························· (120)

项目一　情绪概述 ·· (121)

项目二　大学生情绪管理 ·· (124)

项目三　大学生积极情绪养成 ···································· (128)

项目四　情商培养 ·· (132)

模块八　绽放生命之美——生命教育与危机应对 ············· (142)

项目一　探寻生命的意义 ·· (143)

项目二　大学生心理危机概述 ···································· (148)

项目三　大学生心理危机的预防与干预 ·························· (151)

项目四　大学生幸福心理建设 ···································· (155)

模块九　照进心灵之窗——认识心理咨询 ····················· (169)

项目一　认识心理咨询 ·· (170)

项目二　善用心理资源 ·· (174)

项目三　大学生常见精神障碍及应对措施 ························ (179)

模块十　我的未来不是梦——大学生生涯规划 ················· (193)

项目一　生涯规划概述 ·· (194)

项目二　探索生涯规划 ·· (198)

项目三　职业生涯设计 ·· (203)

参考文献 ··· (221)

模块一　　健康从心开始——心理健康概述

一切的财富和成就,都源于杰出的智慧与健康的心理。

——卡尔·荣格

好的人生是一种过程,而不是一种静止的状态,它是一个方向,而不是一个终点。

——卡尔·罗杰斯

心灵导读

党的二十大报告中指出:"重视心理健康和精神卫生"。《健康中国行动(2019—2030 年)》更是把人民健康上升到国家战略层面。个人的身体健康和心理健康是国家的财富,也是实现中华民族伟大复兴中国梦的坚实基础。大学生需要意识到心理健康不只是个人的事情,而是事关个体幸福、家庭和睦、社会和谐的大事,需要勇于积极面对困难,学会在必要时求助,做好自己心理健康的第一责任人。

学习目标

1. 了解心理健康的概念、心理健康的标准。
2. 掌握影响大学生心理健康的主要因素。
3. 掌握大学生心理健康的自我保健方法。

项目一　了解心理健康

引导案例

伤心的陈琳

陈琳是高职大一新生,因高考失误进入职业技术学院后情绪低落。陈琳内心阴郁、孤僻,无法集中精神学习,半夜常常哭醒。

同学们将她的情况反映给了辅导员和心理咨询老师,经过心理咨询老师的初步判断,陈琳可能有抑郁症的倾向,存在一定的危险性。辅导员将陈琳的情况如实告知了她的母亲,建议陈琳到学校的心理咨询中心接受心理咨询,但遭到了陈琳母亲的反对。陈琳母亲表示她身体平时很好并没有什么病,不需要去看心理医生。陈琳母亲认为陈琳情绪低落的原因是性格比较内向,又缺乏人生阅历,并认为陈琳身体素质好,随着时间的推移自然会恢复,还认为如果被别人知道有心理问题,是一件很丢脸的事情。

健康是实现理想和幸福生活的保障,如水之于鱼,空气之于生命。拥有健康,才能拥有一切。心理健康能够让我们更好地面对未来可能遇到的困难和压力,也可以让我们及时发现、矫正自己可能存在的心理和行为问题,使我们实时动态地调整自己,为未来直至终生的幸福奠定良好的基础。

一、什么是心理健康

(一)健康与心理健康

世界卫生组织(WHO)第三任总干事哈夫丹·马勒博士曾经说过:"必须让人们认识到,健康并不代表一切,但失去了健康,便失去了一切。"什么是健康? 在一般人的理解中,健康指的是强健的体魄。在《辞海》中健康的概念是:"人体各器官系统发育良好、功能正常、体质健壮、精力充沛并具有良好劳动效能的状态。通常用人体测量、体格检查和各种生理指标来衡量。"1948 年世界卫生组织成立时,在其宪章中就对健康下了这样的定义:"健康乃是一种生理、心理和社会适应都日臻完满的状态,而不仅仅是没有疾病和虚弱的状态。"所以说健康不仅包括身体健康,也包含了心理健康。1989 年,世界卫生组织修改了健康的概念,增加了道德健康。由此可见,衡量是否健康至少需要包括四个层面的内容:

(1)身体发育情况,如是否有生理疾病或缺陷,身体各部分的机能状况等,这是健康的基础。

(2)心理发展状况,如是否有心理疾病,是否有持续的、积极的心理发展状态等。

(3)掌握了多少生活知识和技能,是否有正确的人生目标,能否遵守社会生活规则并融入现实社会生活,能否在不同时间、不同岗位上扮演好各种角色等。

(4)道德文明水准,如道德认知水平和道德行为状况等,道德健康的最高标准是无私奉献,最低标准是不损害他人。

小故事

关注心理健康，用心抗疫

2020年初，为抗击新冠肺炎疫情，全国医护人员纷纷驰援武汉。武汉"方舱医院"的患者和医护人员跳广场舞的视频走红网络，音乐和舞蹈让久违的笑容重回患者的脸上，医护人员也开始注意到，这些简单的舞蹈对调节患者紧张恐慌的情绪起到了极好的作用。武汉黄陂方舱医院入住的是130位新冠肺炎轻症患者，2020年2月16日下午，浙江第三批医疗队的护士周琴带领患者们练起了八段锦。八段锦是一套独立而完整的健身功法，能够强身健体，且动作简单易行。虽然周琴身穿防护服，动作看起来不协调，但是她说："尽己所能，让患者身心愉悦，早日康复。"大家随着周琴起舞，不仅增强了自己的免疫力，更是活跃了整个方舱医院的氛围，重拾了对抗疫成功的信心！

周琴并不是专业的心理医生，但是她的举动对大学生关注和调整自己的身心健康很有启发：心理健康是健康的重要组成部分，我们要为自己的身心健康负责，主动照顾自己，锻炼身体、调节情绪，这样做不仅使自己受益，还会给周围的同学带来正能量！

世界卫生组织在定义了健康的概念后，还提出了健康的十项定义细则：

(1)有充沛的精力，能从容不迫地担负日常工作和生活，而不感到疲劳和紧张；

(2)积极乐观，勇于承担责任，心胸开阔；

(3)精神饱满，情绪稳定，善于休息，睡眠良好；

(4)自我控制能力强，善于排除干扰；

(5)应变能力强，能适应外界环境的各种变化；

(6)体重得当，身材匀称；

(7)牙齿清洁，无空洞，无痛感，无出血现象；

(8)头发有光泽，无头屑；

(9)反应敏锐，眼睛明亮，眼睑不发炎；

(10)肌肉和皮肤富有弹性，步伐轻松自如。

因此，健康是生理健康与心理健康的统一，二者是相互联系、密不可分的。当人的生理产生疾病时，其心理也必然受到影响，会情绪低落、烦躁不安、容易发怒，从而导致心理不适；同样，长期心情抑郁、精神负担重、内心焦虑的人也易产生身体不适。因此，健全的心理与健康的身体是相互依赖、相互促进的。健全的心理有赖于健康的身体，而健康的身体同样离不开健全的心理。

(二)心理健康的概念

心理健康不是指对任何事物都能愉快地接受，而是指在对待环境和问题冲突的反应上，能更多地表现出积极的适应倾向。因此，心理健康是一种积极向上、高效且满意的持续心理状态。

拓展阅读

五育并举促进心理健康

2023年4月，教育部等十七个部门联合印发了《全面加强和改进新时代学生心理健康工作专项行动计划(2023—2025年)》，其中主要任务是：

（1）以德育心。将学生心理健康教育贯穿德育思政工作全过程，融入教育教学、管理服务和学生成长各环节，纳入"三全育人"大格局，坚定理想信念，厚植爱国情怀，引导学生扣好人生第一粒扣子，树立正确的世界观、人生观、价值观。

（2）以智慧心。优化教育教学内容和方式，有效减轻义务教育阶段学生作业负担和校外培训负担。教师要注重学习掌握心理学知识，在学科教学中注重维护学生心理健康，既教书，又育人。

（3）以体强心。发挥体育调节情绪、疏解压力作用，实施学校体育固本行动，开齐开足上好体育与健康课，支持学校全覆盖、高质量开展体育课后服务，着力保障学生每天校内、校外各1个小时体育活动时间，熟练掌握1~2项运动技能，在体育锻炼中享受乐趣、增强体质、健全人格、锤炼意志。

（4）以美润心。发挥美育丰富精神、温润心灵作用，实施学校美育浸润行动，广泛开展普及性强、形式多样、内容丰富、积极向上的美育实践活动，教会学生认识美、欣赏美、创造美。

（5）以劳健心。丰富、拓展劳动教育实施途径，让学生动手实践、出力流汗，磨炼意志品质，养成劳动习惯，珍惜劳动成果和幸福生活。

概括而言，心理健康是指个体不仅没有心理上的疾病，而且在身体、智能以及情感上与他人的心理健康不相矛盾的范围之内，将个人的心境发展成最佳的状态。心理健康的目标是追求一种自身与他人和谐共处的双赢状态，同时要基于自身的条件，以自身作为参照系；也不可以苛求完美，否则就是与健康之路背道而驰了。

二、心理健康的标准

一个人的心理达到什么样的标准才算是健康的？不同学者从不同的角度有不同的论述。心理学家马斯洛和密特尔曼提出的心理健康的十条标准如下：

（1）是否有充分的安全感。

（2）是否对自己有较充分的了解，并能恰当地评价自己的行为。

（3）自己的生活理想和目标能否切合实际。

（4）能否与周围环境事物保持良好的接触。

（5）能否保持自我人格的完整与和谐。

（6）能否具备从经验中学习的能力。

（7）能否保持适当和良好的人际关系。

（8）能否适度地表达和控制自己的情绪。

（9）能否在集体允许的前提下，有限地发挥自己的个性。

（10）能否在社会规范的范围内，适当地满足个人的基本要求。

根据我国高职学生的实际情况，评判其心理健康水平应从以下几个标准给予着重考虑。

（一）智力正常

智力正常是大学生学习、生活、工作的最基本的心理条件，是大学生胜任学习任务、适应周围环境变化所需要的心理保证，因而也是衡量大学生心理健康的首要标准。

（二）情绪健康

情绪健康的主要标志是情绪稳定和心情愉快，这是大学生心理健康的一个重要指标。因为情绪在心理病变过程中起着核心的作用，情绪异常往往是心理疾病的先兆。大学生的情绪健康应包括以下内容。

(1)愉快情绪多于不愉快情绪,一般表现为:乐观开朗,充满热情,富有朝气,满怀自信,善于自得其乐,对生活充满希望。

(2)情绪稳定性好,善于控制和调节自己的情绪,既能克制约束,又能适度宣泄,不过分压抑,使情绪的表达既符合社会的要求,又符合自身的需要,会在不同的时间和场合恰如其分地表达情绪。

(3)情绪反应是由适当的情境引起的,反应的强度与引起这种情绪的情境相符合。

(三)意志健全

意志是人在完成一种有目标的活动时所进行的选择、决定与执行的心理过程。意志健全者在行动的自觉性、果断性、顽强性和自制力等方面都表现出较高的水平。意志健全的大学生在各种活动中都有自觉的目的性,能适时地做出决定并运用切实有效的方法解决所遇到的各种问题;在困难和挫折面前,能采取合理的反应方式;在行动中,能控制情绪和言行,既不顽固执拗、轻率鲁莽、言行冲动,又不意志薄弱、优柔寡断、害怕困难。

(四)人格完整

人格,在心理学上是指个体比较稳定的心理特征的总和。人格完整,就是指有健全统一的人格,即个人的知、情、意、行都是协调一致的。大学生人格完整主要有如下几条标准。

(1)人格结构的各要素完整统一。

(2)具有正确的自我意识,不产生自我同一性混乱。

(3)以积极进取的人生观作为人格的核心,并以此为中心把自己的需要、愿望、目标和行为统一起来。

(五)自我评价正确

正确的自我评价是大学生心理健康的重要条件。大学生是在现实环境与他人的相互关系中、在自己的实践活动中认识自己的。一个心理健康的学生对自己的认识应比较接近现实,有"自知之明"。对自己的优点感到欣慰,但又不狂妄自大;对自己的弱点不回避,也不自暴自弃,善于正确地"自我接纳"。

(六)人际关系和谐

人总是处在一定的社会关系中,大学生也同样离不开与人打交道。和谐的人际关系,既是大学生心理健康不可缺少的条件,又是大学生获得心理健康的重要途径。人际关系和谐的表现主要有如下几点:

(1)乐于与人交往,既有稳定而广泛的人际关系,又有知心朋友。

(2)在交往中保持独立而完整的人格,有自知之明,不卑不亢。

(3)能客观评价别人和自己,善于取人之长补己之短。

(4)宽以待人,乐于助人。

(5)具有积极的交往态度。

(6)交往动机端正。

(七)适应能力强

心理健康的大学生,应能与社会保持良好的接触,对社会现状和未来有较清晰正确的认识,思想和行动都能跟上时代的发展步伐,与社会的要求相符合。这里所讲的适应,不是被动、一味地迎合,甚至与不良风气、落后习俗同流合污,而是在认清社会发展趋势的基础上,主动适应社会发展的要求。心理健康的大学生不会逃避现实,更不妄自尊大、一意孤行,做出与社会要求背道而驰的行为。

(八)心理行为符合大学生的年龄特征

大学生是处于特定年龄阶段的特殊群体,应具有与年龄和角色相应的心理行为特征。其心理行为应与年龄和角色相适应,认识、情感、言行、举止均应符合所处年龄阶段的特征。心理健康的大学生通常表现为精力充沛、勤学好问、反应敏捷和喜欢探索等。过于老成、过于幼稚或过于依赖都是心理不健康的表现。

拓展阅读

长大未成年

在向成人角色转变这方面,当今许多青年的生活追求和主观判断正在变得非常滞后,这便孕育产生了一个新的发展时期,即从十几岁末期开始到二十几岁中期结束的始成年期。美国心理学家阿奈特(Arnett)于2000年在心理学权威刊物《美国心理学家》杂志上发表的《始成年期——18至20多岁一种新的发展理论》一文中,提出始成年期这个全新的概念。始成年期具体指青少年晚期到二十几岁(18～25岁),这是一个独立存在的时期,在此期间,年轻人已经脱离了青少年阶段,然而多数人却没有担负起作为一个成年人应承担的责任,即"长大未成年"的状态。这个时期个人的未来还不确定,在恋爱、职业、世界观三个方面探索各种各样的人生可能性。与人生的其他时期相比,始成年期主要有五大特征:一是自我同一性探索的时期;二是一个不稳定的时期;三是一个自我关注的时期;四是一个处于夹层中的时期;五是存在各种可能性的时期。通过对不同种族、不同地域个体使用问卷法和访谈法进行调查,得出成年的重要标准是:独立承担责任,独立做决定,经济独立。

三、正确地理解心理健康标准

了解以上标准后,我们可能会尝试给自己打一个分数,结果可能让你很欣慰,或者沮丧甚至焦虑,因此正确理解大学生心理健康的标准非常必要,应从以下几个方面来把握。

(1)标准具有相对性。人群的心理健康状况分布大体符合正态分布曲线(见图1-1),绝对健康和绝对不健康的人都是少数,大部分人都落在中间区域。

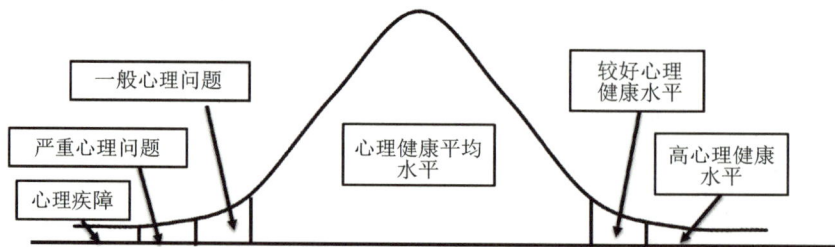

图1-1 心理健康水平的正态分布图

事实上大学生心理健康与不健康也并无明显界限，而是一个连续的过程，如将正常比作白色，将不正常比作黑色，那么在白色与黑色之间存在着一个巨大的缓冲区域——灰色区（见图1-2），大多数人都处在这一区域内。

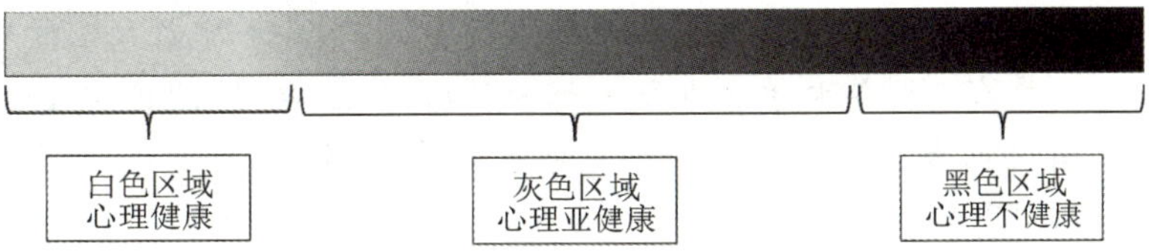

| 白色区域
心理健康 | 灰色区域
心理亚健康 | 黑色区域
心理不健康 |

图1-2 心理健康的黑白灰理论

（2）把握心理健康的标准，应以心理活动为本，考察其内外关系的整体协调性。从心理过程看，健康的人的心理活动是一个完整统一的协调过程，这种整体协调保证了个体在反映客观世界的过程中的高度准确性和有效性。心理健康的大学生不仅只是符合标准，还要具有良好的整体协调性。

（3）要发展地看待心理健康标准。事实证明，很多心理问题可能是人在发展中不可避免的发展性问题，其症状会随着这种发展而自行消失。也有一些不健康的状态导致产生了某种心理障碍，但这并不意味着永远保持这种状态。大学生心理障碍和心理疾病可能会消失，也可能会加重，它会随着人的发展而变化。因此，大学生心理健康的标准也并非凝固不变。

项目二 影响大学生心理健康的主要因素

引导案例

小郭上大学以后非常郁闷，他在开学时积极参加社团面试，一心想着大展拳脚，然而进了社团后一直都是做跑腿打杂的事情，与自己开始的设想相差甚远。大学的学习方式和高中的学习方式存在很大区别，小郭一时也难以适应，自己一直引以为傲的学习优势也难以继续保持。最近他和室友也常发生摩擦……似乎各种事情都不顺利，小郭对现状越来越不满，一直心情低落，做任何事情都提不起兴趣，更别说专心学习了。

小郭同学进入大学后各方面的不适应是引发心理困扰的主要原因。我们每个人到新环境中都会面临一系列改变，如生活方式的改变、人际网络的构建、自我的重新确认、学习方式的变化、评价标准的多元化等。如果没能完成这些转变，我们心中必然产生落差，心理冲突也会就此产生。

一、大学生常见心理健康问题

《2022年大学生心理健康状况调查报告》中发现，21.48%的学生存在抑郁风险，44.28%的学生存在焦虑风险。较高的压力是抑郁和焦虑的风险因素，大学生最主要的三个压力来自"学业负担重""想念家人""不知道自己适合什么工作"。调查表明，大学生的心理健康状况总体较好，但还是有一定比例的人存在各种不同程度的心理问题，给学习、生活和健康发展带来了严重影响，需要引起高度重视。

📖 **拓展阅读**

全国大学生心理健康日

为引导大学生关注自身的心理健康,2000年,"5·25全国大学生心理健康节"在北京师范大学拉开帷幕。活动的主题是大学生人际交往和互助问题,口号为"我爱我——走出心灵的孤岛"。2004年,教育部联合相关部门向全国大学生发出号召,也发出倡议,将每年的5月25日确定为全国大学生心理健康日。"5·25"的谐音是"我爱我",发起人的解释是爱自己才能更好地爱他人。认识自我,接纳自我,能体验到自己存在的价值,乐观自信,这样的人才能用信任、友爱、宽容、尊重的态度与人相处,能分享、接受、给予爱和友谊,能与他人同心协力。选择5月25日是为了让大学生便于记忆,关注自己的心理健康。随后,"5·25——全国大学生心理健康日"在全国高校得到认同,全国高校都利用这一天开展多种形式的心理健康教育活动,甚至认为这一天就是"大学生的心理健康节"。如今,"5·25——全国大学生心理健康日"活动已遍及全国各地,成为全国大学生活动的一个著名品牌,其影响力越来越大。

当代大学生存在的心理问题主要包括以下几种。

(一)学业困难问题

从中学阶段到大学阶段的学习不是简单地从一个门槛跨入另一个门槛,而是攀上了一个更高的台阶。大学学习有着它自身的特点,只有对其特点和规律有所认识和把握,并不断地进行调整,才能适应大学的学习生活;反之,则会产生学业困难问题。许多大学生还不能把学习提升为自身的一种需要,更多时候是为了考试而学习,对学习采取一种应付的态度,不求深,不求精,只求能通过考试,这是学习动机不足导致的。这种学习方式,往往产生生理和心理上的疲劳,当考试来临时,也会产生很大的考前焦虑。

(二)情绪控制问题

大学生具有旺盛的精力、强烈的个性、高度的自尊感特点,所以很容易产生情绪调控方面的问题,尤其是自尊心受到伤害或是遇到挫折时,负面情绪就会随之而来。负面情绪一旦长时间未得到有效的调整,就会影响大学生的学习与生活,从而产生心理问题。在调查高校自杀大学生心理状况时发现,大学生自杀行为与长期的抑郁情绪有关联。而高校的暴力犯罪事件一般都是在愤怒情绪下发生的。可见,情绪的控制问题关系到大学生的顺利成长与成才,也关系到和谐校园的建设。

(三)人际交往问题

人际关系是影响大学生心理健康的重要因素之一。据统计,在各高校心理咨询来访案例中有关人际交往的问题占第一位。人际关系不良,孤立于集体之外,没有归属感,可使人产生孤独、自卑、抑郁、恐怖等不良情绪,不利于心理健康。许多学生越来越强烈地认识到,人际交往是现代社会对人的素质的基本要求,这方面的欠缺将会影响自己未来的发展,因此更加重了对人际交往的焦虑。有的学生性格内向,不愿与人交往;有的为交际而交际,不惜牺牲原则随波逐流。自卑、羞怯、敏感和冲动,都使大学生在人际交往过程中不可避免地遇到各种困难,从而产生困惑、焦虑情绪等心理问题,这些问题都会严重影响大学生的健康成长。

(四)自我意识问题

在大学生的自我发展过程中,既存在自我认识、评价与实际情况的差异问题,也存在理想自我与现实自我的落差问题。研究表明,理想自我与现实自我的不平衡往往是心理问题产生的重要因素。如何协调这种不平衡,如何看待自己,是大学生发展阶段面临的重大问题。另外,过度的自我接纳与过度的自我拒绝、过度的自尊与过度的自卑、过度以自我为中心与过度的从众心理、过度的独立意识与过度的依赖心理等问题及其矛盾冲突也是大学生自我意识问题的主要表现。

(五)恋爱与性问题

虽然在大学里爱情并非一门必修课,但已成为重要主题。大量事实证明,爱情是最令大学生心醉和神往的期待,同时也是引发大学生烦恼的主要原因。在爱情问题上,很多大学生存在情感迷茫和恋爱观不正确等问题。许多大学生盲目地谈恋爱,为了恋爱而恋爱。有些学生重过程轻结果,同时很多大学生也存在从众心理、攀比心理、游戏心理、放纵心理等不良恋爱动机。处在生理成熟期的大学生也容易出现各种各样的性心理问题。正确地认识恋爱与性的关系才能为良好的心理健康打下基础。

(六)适应问题

大学生在适应新的角色、任务和环境的过程中,会产生许多心理问题。适应问题包括新生入学的生活适应、心理适应,在校期间角色变化的心理适应,日常行为习惯的心理适应,毕业时的心理适应,等等。其中以新生入学后一周到两个月之间,不适应表现最为集中明显,许多大学新生表现出生活自理能力差、心理承受能力差、人际交往能力差等问题。这些适应性障碍经过一段时间的调整,大多数大学生会自行克服,但也有一些学生很长时间也无法适应新生活,导致产生自卑感,感到生活没有目标,从而迷恋网络游戏,放弃学业,出现网络成瘾、学业困难等新的心理问题。

二、大学生心理健康的影响因素

大学生心理健康受到多因素的影响,既有个体生理、心理等内在因素,又有学校、家庭、社会等外在因素,大学生心理问题的产生是大学生所处的特殊年龄阶段与特殊学习环境以及社会诸因素相互作用的结果。就当前大学生的具体现状而言,影响其心理健康的因素主要体现在以下几个方面。

(一)遗传

关于遗传,我们都知道相貌、身高会遗传,那心理健康的程度是否与遗传相关呢?首先从积极心理学的角度,其实家庭收入、受教育程度、宗教信仰都不是决定幸福感的主要因素,幸福感很大一部分在胎儿期就已经决定了,大多数人在出生时就已有了基本定型的幸福感。而幸福感来自遗传的部分大约占到48%,生活中的事件对幸福感的影响是很有限的,它们的影响会在3个月后逐渐淡化,半年后,大部分人就会重新回到他固有的情感水平中。

拓展阅读

明尼苏达双生子研究

美国明尼苏达大学的心理学家进行了一项长达10年的调查,对象是来自社会各个阶层、不同经济状况、不同教育水平的2300个孪生兄弟姐妹。调查后发现,很多对双胞胎会同时在长时间内感到幸福,也有很多对在几个月甚至几年中,同时、同样地经受着种种心理问题的困扰。

那精神疾病是否也会遗传呢?回答是肯定的。一些研究证明了遗传在酗酒、抑郁症、多动症及双向情感障碍和其他一些神经症上的影响。也许你的亲戚中有人患这些病症,但这并不意味着你将来一定会患这些病。研究表明,在父母一方患有精神分裂症的人中,只有9%的人曾经出现过精神分裂症的症状。

(二)环境

环境对大学生心理健康的影响主要来自家庭、社会和学校。

1. 家庭因素

家庭对一个人的成长有着巨大的影响,首先是家庭的自然结构,当家庭主要成员变动时,如父母死亡、父母离异、父母再婚等,大学生更容易产生敏感自卑的心理,在人际交往和自我意识上可能会更容易出现问题。其次是家庭的人际关系不和谐,如父母关系、兄弟姐妹关系不和谐,家庭情感气氛冷漠,矛盾冲突频繁等情况,都容易导致大学生产生抑郁情绪。最后家庭的教养方式也会从不同层面影响大学生的心理健康,如专制粗暴、强迫压制,或溺爱娇惯、放任自流等情况会对大学生的心理健康产生消极影响,而肯定、积极的教养方式则对大学生的个性特征、社会交往、自我评价起到积极作用。

2. 社会因素

社会竞争日趋激烈,生活节奏日益加快,科学技术急剧发展,人际交往需求高涨,这些都会影响人的思想观念和心理行为,因此造成生活方式、价值观念的变化。

影响大学生心理健康素质形成的社会因素主要集中在社会政治环境、经济生活状况、社会文化背景与意识形态、大众传媒等方面。社会政治环境、经济生活状况是决定一个人生活方式的最重要的基础,在社会生活中人们不同的政治、经济地位往往会对他们的价值观念、需求结构、交往方式和生活态度等方面产生重要的影响。

3. 学校因素

大学是人生的重要时期,是青年在生理和心理上走向成熟和定型的重要阶段。首先大学生主要的任务是学习,有限的时间内要完成繁重的学习任务,心理压力很大,也会影响他们的心理健康。其次是面对专业的选择,因对大学专业设置不太了解,所以每年都有一些学生由于种种原因对所学专业不满意,认为不符合个人的兴趣和爱好,从而产生调换专业的要求。专业调换一旦解决不了,就会丧失学习兴趣,情绪低落,消极悲观,以及出现随意缺课的现象,长此以往会使心理矛盾进一步激化。最后学校在向学生传授知识的同时,也通过各种文化建设向学生传授做人的道理。学校犹如一个小社会,学校的文化氛围也会对大学生的心理产生很大的影响。

三、大学生心理健康的自我评估

每个人的心理情况是多种多样的,适时地进行心理健康的自我评估有利于个人的身心健康。心理评估是指根据心理学的理论和方法对人的心理品质及水平所做出的鉴定。进行心理评估的方法多种多样,主要包括以下几种。

(一)自我功能评估

评估一个人的自我功能就是评估自我发展的状况,一般可以从以下几方面进行。

1. 环境适应

环境适应是指根据自己的生活经历、工作状态、学习成绩及与外界的接触能力去评估自己对所处环境的适应程度。

2. 人际关系

人际关系的评估可以从我们与别人相处的能力、效果、维持时间、关系的深度以及在建立人际关系方面的困难、挫折等情况进行。

3. 成熟程度

评估成熟程度可以从我们对事物的认真态度、判断能力、个人主见及自我激励等情况进行观察。

4. 应对能力

一个人的应对能力可以从他对于有压力的生活事件的态度和处理方法上体现。如果当某些需求一时无法得以满足时是表现为沮丧、失望、消极、退缩还是能正确对待挫折,不气馁、不自责,能想方设法改善不利条件,努力克服困难,度过艰难阶段。

5. 自我认同

自我认同是指自己对自我的了解程度,明确自己的向往和追求,满意自己的形象,也清楚自己的不足和困扰等。

(二)心理测验法及临床评定量表

人的心理健康程度有相应的检测指标,可以采用专业化的心理学量表加以测量,在测评过程中让受试者对于测量内容做出回答或反应,然后根据一定标准进行评分,从而得出结论。心理测验在心理评估中占有十分重要的地位。

对于焦虑可用焦虑自评量表(SAS)、贝克焦虑量表(BA)、汉密尔顿焦虑量表(HAMA)等。对于抑郁可用抑郁自评量表(SDS)、贝克抑郁量表(BD)、汉密尔顿抑郁量表(HRSD)等。

我们常采用 90 项症状清单(SCL-90)进行心理问题的筛查,该量表可以从感觉、情感、思维、意识、行为、生活习惯、人际关系、饮食睡眠等多种角度,评定一个人是否有某种心理症状及其严重程度,该量表对有心理症状(即有心理障碍或处于心理障碍边缘)的人有良好的区分能力。

项目三　大学生心理健康的自我保健

引导案例

小刚是一名大一的男生,向来对自己要求比较严格,期望比较高。步入大学生活后,决心不浪费大学的一分一秒,每天过着三点一线的生活,从不参加班集体活动和宿舍活动。期末考试将至,小刚感到非常的焦虑,甚至失眠,从而导致注意力难以集中,这让本来就很焦虑的他更加焦虑了。小刚要怎样做才能缓减焦虑情绪,提高心理健康水平呢?

一、树立心理健康意识

我们要正确认识心理健康的概念与标准,在日常的学习和生活中,要主动学习一些有关心理健康的知识,阅读有关心理学书籍,参加心理健康相关活动,了解基本的心理现象和规律,认识到心理健康教育的重要性,认识到自身可能存在的心理问题,有意识地改变自己那些不健康的观念、想法。

要明白我们每个人都是自己心理健康第一责任人,我们要树立心理健康意识,在大学生活期间能够自觉地提高自身的心理素质,能够做到自己发现问题、分析问题和解决问题,客观认识自己的长处与不足,辩证对待人生所遭遇的挫折甚至失败,始终保持积极向上的精神状态。

二、培养健康生活方式

生活方式对心理健康的影响已被科学研究所证明。健康的生活方式指生活有规律、劳逸结合、科学用脑、坚持体育锻炼、少饮酒、不吸烟、讲究卫生等。大学生的学习负担较重,心理压力较大,为了长期保持学习的效率,必须科学地安排好每天的学习、锻炼、休息,使生活有规律。

首先,养成科学的饮食习惯,合理膳食,注重营养搭配,坚持谷类为主的平衡膳食模式。每天的膳食应包括谷薯类、蔬菜、水果、畜、禽、鱼、蛋、奶和豆类食物。多吃蔬菜水果、全谷物和奶制品,此外,要培养清淡饮食习惯,少吃高盐和油炸食品。合理安排一日三餐,规律进餐、饮食适度,足量饮水,少量多次。

其次,要养成良好的运动习惯。"运动是良医",已有研究表明,运动可以促进体内多巴胺等激素的分泌,短期的有氧运动对即刻情绪的改善有积极的促进作用,而长期规律的运动也有助于提高和改善我们的主观幸福感,因此养成良好的运动习惯是心理健康的重要保障。

心理实验

身体活动或身体锻炼所产生的情绪效益能维持多久

锻炼与心理健康的关系领域中,一个值得关注的问题是:短期身体活动或长期身体锻炼后所产生的心理效益能持续多长时间。

拉格林和摩根的实验研究了40分钟静息和进行一组有氧练习后血压和状态焦虑的变化情况。被试分别为15名血压正常的人和15名用药物控制血压的人。研究结果发现:①静息和锻炼均使正常人的状态焦虑下降,使药物控制血压的人状态焦虑显著下降。②正常人静息后和锻炼后血压下降,药物控制血压的人高压显著下降。③锻炼造成的血压下降可以持续2～3小时,而静息后血压在20分钟内恢复到原有水平;锻炼造成的状态焦虑下降可维持2小时,静息造成的状态焦虑下降只持续30分钟。

在另一项研究中,西曼考察了男女被试在45分钟有氧练习前后状态焦虑的变化情况。两者在锻炼后即刻均体验到了状态焦虑水平的显著下降,但在锻炼后4～6小时内,被试的状态焦虑水平向锻炼前水平恢复,24小时后与锻炼前水平持平。

看来,短期身体活动抗焦虑作用的持续时间最多也就是 24 小时,假如你坚持每天锻炼,就有可能降低焦虑并防止慢性焦虑的发生。

另两项研究比较了长期锻炼和抗焦虑训练降低状态焦虑作用的持续时间。在两项研究中,被试分别经历了 2~4 个月、每周 2~4 次的训练课程。结果表明,与静息对照组相比,慢跑组和抗焦虑训练组的状态焦虑和特质焦虑均显著下降,而且这种下降保持了 15 个星期。

最后,要养成合理的睡眠习惯,当睡眠不足时我们很容易产生烦躁的情绪,也容易出现注意力不集中的情况。睡眠不仅会影响我们的身体健康,也会影响我们的情绪、认知等,所以我们要养成合理的睡眠习惯。健康优质的睡眠一般具有以下几个特点:入睡快、睡得深,醒后头脑清晰、身体轻松。正常情况下,如果你躺在床上 30 分钟内就能够进入熟睡的状态,入睡非常快,这说明你的睡眠质量是非常高的,这也是优质睡眠的重要表现之一。

三、学会自我心理调节

自我心理调节的核心内容包括调整认识结构、情绪状态,磨练意志品质,改善适应能力等。所以大学生在学习过程中应学会自我心理调节,保持心理健康:

(1)保持浓厚的学习兴趣和求知欲望。学习是大学生的主要任务,有了学习兴趣就能够自觉地跃入浩瀚的知识海洋,拼命地吸取新知识,发展多方面的能力,以提高自身素质,更好地适应社会发展的需要。

(2)保持乐观的情绪和良好的心境。大学生应保持积极乐观的情绪、愉快开朗的心境,对未来充满信心和希望,当遇到悲伤和忧愁的事情要学会自我调节,适度地表达和控制情绪,做到胜不骄、败不馁、喜不狂、忧不绝。

(3)保持和谐的人际关系。乐于交往心理健康的学生,在交往中能用理解、宽容、信任和尊重的态度与人和睦相处。通过人际交往,他们能够认识大学生的社会责任,培养遵守纪律和社会道德规范的习惯,增强心理适应能力,能与他人同心协力、合作共事,与集体保持协调的关系,保证心理的健康发展。

(4)保持良好的环境适应能力。对大学生心理产生影响和作用的环境包括生存环境、成长环境、学习环境、校园环境等。

四、投身社会实践活动

丰富多彩的业余活动不仅丰富了大学生的生活,而且为大学生的健康发展提供了课堂以外的活动机会。大学生应培养多种兴趣,发展业余爱好,通过参加各种课余活动,发挥潜能、振奋精神、缓解紧张、维护身心健康。

首先,社会实践可以帮助大学生建立正确的自我认识。社会实践活动为大学生充分发挥自身优势、积累丰富的社会经验、提高实践能力、增强社会责任感提供契机,如在暑期"三下乡"中带领团队完成学校交待的任务,从而发挥自身的组织能力、领导能力等,找到自身潜在的长处。

其次,通过社会交往才能实现思想交流和信息资料共享。无论大学生参加高校内部社会实践还是高校组织的校外社会实践都是通过集体协作共同完成目标的,因此在完成社会实践任务时大学生学会了与人相处,学会了集体与个人的关系处理,学会了在与人产生分歧的时候如何处理,对那些性格内向的大学生更是得到了充分历练。

五、求助专业心理咨询

大学生在必要时可以求助有丰富经验的心理咨询医生或长期从事心理咨询的专业人员和心理老师。从心理咨询具有治疗功能的角度来说,心理咨询属于心理治疗,作为一种治疗方法和治疗手段,心理治疗的对象主要是正常人和有轻度心理障碍的人。通过咨询者与求询者的交谈、指导,针对求询者的各种心理适应和提出的问题,帮助求询者正确认识自身心理问题的根本原因;引导求询者有效地面对现实,为求询者提供建立新型人际关系的机会;增加求询者的心理自由度,帮助求询者改变过去的心理异常,最终恢复健康的心理。心理咨询兼有心理预防和心理治疗功能,通过心理咨询,为咨询对象创设一个良好的社会心理环境和条件,提高其精神生活质量和心理效能水平,以实现降低和减少心理障碍,防止精神疾病,保障心理健康的目的。

体验与训练

心理活动 1

我离烦恼有多近

活动目的:自我分享与表达,认识心理健康

操作流程:

①老师提前准备数量充足的沙包,所有人以沙包为中心围成一个圆圈。

②老师让学生闭上眼睛并回想过去一周自己的心情是怎样的,然后让大家想象沙包堆代表了令自己烦心的事,如果过去一周自己的心情很好,则向后退到自己认为合适的位置;如果觉得自己的心情不好,则向前走到自己认为合适的位置。

③老师邀请离沙包较近的学生分享自己的烦恼,或者让其通过捶打沙包或把沙包扔出去的方式远离烦恼。

思考与分享:你离沙包近吗?你对自己烦恼的感知是否正确?老师根据大家的回答进行总结。老师需要向大家说明,每个人都会遇到烦恼,感到不开心很正常,重要的是我们要正视并接纳自己的情绪。

心理活动 2

哈哈大笑

活动目的:压力应对、心理健康

操作流程:

①让大家以感到舒适的姿势站好,老师在黑板上写出"哈哈哈……"并引导学生大笑 15 秒,然后询问学生的感受。老师让学生再次尝试大笑 15 秒。

②将学生分成 2 人(A、B)1 组,A 进行大笑训练,B 则面无表情地站在 A 面前,观察 B 是否会受到 A 的影响。

思考与分享:老师问大家"第一次笑时你有什么感受?""第二次笑时你有什么感受?""两次笑有什么不同?",并根据大家的回答进行总结。

_____

_____

_____

_____

心理活动 3

背对背分享

活动目的:认识心理健康

操作流程:

①老师将学生分成几组,每组成员围成一个圆圈并面向圆心,大家集体向后转并坐下。

②老师引导学生闭上眼睛,简单地做几次深呼吸,然后让大家对在堂课中自己的收获和感想进行思考,限时 5 分钟。

③5 分钟后,老师让大家慢慢地睁开眼睛并说"开始",大家同时说出自己的想法。

思考与分享:当大家说完后,老师进行总结。大家同时进行分享可以减轻不敢当众分享的学生的心理压力,从而达到分享个人收获的效果。

_____

_____

_____

_____

_____

_____

心理活动 4

放松谈话

活动目的：自我表达、放松情绪

操作流程：

①老师提前将以下问题分别写到纸条上。

- 最难忘的开心时刻。
- 最近发生的一件幸运的事。
- 令自己最难忘的一部电影。
- 最尴尬的经历。
- 最难忘的生日。
- 令我痛苦的事情。
- 我的梦想。
- 我最敬重的人。

②老师将学生分成几组，大家轮流抽取一张纸条并按纸条上的题分享自己的答案，其他学生认真倾听，也可以向分享的学生追问一个问题。

思考与分享：大家的讨论和分享是释放压力和调整自己的过程，当我们面对未能实现的愿望或强烈的情绪时，要想办法释放出来。

_____

_____

_____

_____

_____

_____

_____

_____

_____

_____

_____

_____

心理活动 5

心理健康 VS 心理不健康

活动目的：了解心理健康的标准

操作流程：

分组讨论以下5个情境，如果是你你会怎么想，又会做些什么？

• 室友半夜跟别人视频聊天，干扰了自己休息。

• 竞选学生会干部落选了。

• 男朋友/女朋友坦白喜欢上了别人跟你提出分手。

• 在学业上遇到了困难，突然觉得周围人都比自己强。

• 无意中听见别人议论自己。

思考与分享：判断自己的做法是否正确，是否符合心理健康的标准。

_____

_____

_____

_____

_____

_____

_____

_____

_____

_____

心理测试

心理坚韧性量表

坚韧人格被认为是集认知、行为、情感为一体的一种积极向上的人格特质,具有该特质的个体,经常能够看到事物积极的方面,保持一种积极投入、乐观进取、坚忍不拔的认知和情感状态,面对艰苦或不利的情况,表现出较强的预见和控制能力,将困难看成是一种挑战,是促使个人成长的机会。大量研究证明坚韧人格是一种可以阻抗应激的积极人格资源。

【内容及实施方法】

大学生坚韧人格评定量表是一个自评量表,包括韧性、投入、控制和挑战 4 个维度,共 27 个条目。采用四点评分法,即"完全符合"记 4 分,"符合"记 3 分,"有点符合"记 2 分,"完全不符合"记 1 分。

1. 打破常规会激发我去学习。

2. 当有人对我发火时,我会设法使他镇静下来。

3. 对工作我总会投入极大热情。

4. 对于决定要做的事,我不怕任何困难。

5. 工作和学习会带给我乐趣。

6. 即使很简单的事情我也会做得很投入。

7. 即使在不顺利的情况下,我仍能保持精神振奋。

8. 忙碌的生活节奏使我感到充实。

9. 每当出现问题时,我会尽力找到其根源。

10. 面对不利的处境,我会设法扭转局面。

11. 面对来自他人的批评,我会保持冷静。

12. 能够积极努力地做事情确实令我兴奋。

13. 如果目标已确定,即使遇到障碍我也不轻言放弃。

14. 生活工作中的变化常常令我感到振奋。

15. 我不会轻易放弃自己的理想和追求。

16. 我常常把生活中遇到的困难看成是一种挑战而不是威胁。

17. 我更喜欢担负重要工作。

18. 我几乎每天都期待着投入工作/学习。

19. 我宁愿做那些富有挑战性和变化的工作。

20. 我喜欢尝试新鲜刺激的事物。

21. 我愿意放弃安定的生活以获得面对重大挑战的机会。

22. 我总能通过自己的努力实现目标。

23. 无论遇到多么复杂的问题,我总能很快理清思路。

24. 遇到困难时,我总会想方设法寻找解决的办法。

25. 在我生命中迎接新情景是项重要的事。

26. 只要努力,任何困难都可克服。

27. 只要有意义,再艰难的事情我也能坚持做下去。

【结果分析与应用情况】

根据条目内容分别将各因素命名为韧性、控制、投入和挑战：

韧性维度由 1、5、12、13、19、23 共 6 个项目组成，主要反映个体在追求目标时坚定执着，在困难面前乐观进取、坚忍不拔的特点。

控制维度由 8、14、15、20、21、22、26、27 共 8 个项目构成，主要反映个体主动把控和影响所经历事件的特点。

投入维度由 6、7、9、11、16、17 共 6 个项目组成，主要反映个体投入或专注于其所参与的活动的特点。

挑战维度由 2、3、4、10、18、24、25 共 7 个项目组成，主要反映个体能否将变化看成是一种挑战，并从中汲取成长力量的特点。

所有 27 个条目得分之和即为该量表的总分，反映了被测者人格坚韧性程度。由于该量表刚完成编制工作，实际应用效果尚有待后续研究证实。

学习小结

1.心理健康不是指对任何事物都能愉快地接受,而是指在对待环境和问题冲突的反应上,能更多地表现出积极的适应倾向。因此,心理健康是一种积极向上、高效且满意的持续心理状态。

2.心理健康的标准包括智力正常、情绪健康、意志健全、人格完整、自我评价正确、人际关系良好、适应能力强、心理行为符合大学生的年龄特征。

3.要发展地看待心理健康标准,很多心理问题可能是人在发展中不可避免的发展性问题,其症状会随着这种发展而自行消失。大学生心理健康的标准也并非凝固不变。

4.大学生常见的心理健康问题包括学业困难、情绪控制、人际交往、人格缺陷、恋爱与性、社会适应等方面。

5.影响大学生心理健康的因素主要包括个体因素和环境因素,环境对大学生心理健康的影响主要来自家庭、社会和学校。

6.大学生可以通过自我功能评估和心理测验等方法进行心理健康的自我评估。

7.大学生心理健康的自我保健主要包括:树立心理健康意识、培养健康生活方式、学会自我心理调节、投身社会实践活动、求助专业心理咨询等。

思考题

通过本章的评估,你已经对自己的心理健康状况有了大概的了解,你打算如何提高自己的心理健康水平?

推荐资源

1.书籍:《心理学改变生活》(第9版),伊斯特伍德·阿特沃特、卡伦·达菲著,邹丹、张莹等译

本书写给那些有兴趣在生活中应用心理学的知识和原理,更好地认识自己,更好地生活的读者。心理学看似神秘,实则有迹可循。人作为个体参与社会,从小到大、从恋爱到结婚、从职场到生活,无数磕碰与烦恼,无数自省与调节,都有心理学的踪影。心理学渗透在生活的各个领域,影响和改变着我们的人生。本书从个人、职场、商场、恋爱、家庭等方面,多角度、多层次地讲解了心理学对生活的巨大影响,结合大量真实心理案例,向读者传授了多种控制负面心理、走出抑郁生活的实用心理调节技巧,再辅以丰富多样的人格测试和心理测验,帮助读者增长智慧,轻松应对生活中的各种压力。

2.电影:《头号玩家》

故事发生在2045年,虚拟现实技术已经渗透到人类生活的每一个角落。哈利迪一手建造了名为"绿洲"的虚拟现实游戏世界,临终前,他宣布自己在游戏中设置了一个彩蛋,找到这枚彩蛋的人即可成为绿洲的继承人。通过了各种考验的男主角在接手绿洲之后,决定每周停止游戏两天,让玩家多接触现实,与家人在一起。这部影片想向观众传达的意思是游戏是一种消遣和娱乐的方式,当一个人过于沉迷游戏后,他会与现实脱离。

3.电影:《心灵奇旅》

该动画讲述了梦想成为爵士钢琴家的男主 Joe Gardner 与厌世的灵魂 22 相遇,它们携手

返回现实世界寻找生命的意义的故事。理发师用剃刀也能救人危难,造型师用针线也会缝补梦想。枝头掉落的树叶,街头鼓起的排风,地铁里忙碌人群中的歌声,角落里饥肠辘辘时的披萨,当你爱上生活的那一刻,就找到了激活生命的火花。原来每天有那么多灵魂经历个体的锤炼,性格的塑造,奋力冲向地球。也会有无数灵魂被生活压垮,迷失进漠漠荒野。人活着最重要的是什么? 不是爱,不是恨,不是痛,也不是成功与失败,而是感知,有些人把它看作是庸俗的生活,有人却认为它是活着的全部意义。

模块二　做最好的自己——健全自我意识

知人者智,自知者明。胜人者有力,自胜者强。

——老子

心灵导读

"我是谁?"这是一个充满了思辨和叩问的永恒话题。古希腊德尔菲神庙镌刻着一句箴言"认识你自己",这也是哲学家苏格拉底穷其一生探索的生命课题。人的一生就是一个不断探索自我、认识自我的过程。认识自我是人生之旅的出发点,是实现自我价值的基石,也是一个人心理健康的重要标志。大学阶段是一个人自我意识发展、完善的重要时期。青年学生需将个体的"小我"融入祖国和时代的"大我",用青春和奋斗报效祖国、服务人民,活出一个最精彩的自我。

学习目标

1. 了解自我意识的概念、内容和结构。

2. 了解和识别大学生自我意识发展的特点及偏差并掌握自我调适的方法。

3. 掌握塑造健康自我意识的方法,学会正确认识自我、积极悦纳自我和有效控制自我。

项目一　自我意识概述

引导案例

迷失的自我意识

刘阳是一名大二学生,他一直都认为自己是个内向的人,不喜欢与人交流,总是独来独往。他经常会感到孤独和无助,但却不知道该如何改变。欣怡是刘阳的同班同学,她是个开朗活泼的女孩,总是能够和周围的人打成一片。她很希望能够和刘阳成为朋友,但却发现刘阳似乎总是避着她。

两个人偶然在图书馆相遇。欣怡主动和刘阳打招呼,并向他询问了一些关于课程的问题。刘阳感到有些意外,但也很快回答了她的提问。在与刘阳的交流中,欣怡发现他对于一些课程的问题有着独特的见解,而刘阳也对欣怡的开朗和自信感到钦佩。随着时间的推移,刘阳和欣怡成了朋友。

在一次班级活动中,欣怡邀请刘阳一起参加了一个团队项目。然而,在项目执行过程中,刘阳遇到了一些困难和挑战。他开始感到焦虑,并怀疑自己是否能够胜任这个任务。在欣怡的鼓励下,刘阳开始逐渐尝试与他人交流,并慢慢地学会表达自己的想法和感受。在这个过程中,刘阳开始意识到自己与欣怡之间的差距。他发现自己在某些方面缺乏自信和勇气,而这些正是他所向往的品质。

一、自我意识的内涵

自我意识(self-consciousness)也称自我,是意识的核心部分,是指个体对自己的身心状况以及自己与周围环境关系的认识,包括对自己的生理状况、心理特征,以及自己与他人及环境的关系等方面的认识。自我意识是个体通过观察、分析外部活动及情境、社会比较等途径获得的,是一个多维度、多层次的心理系统。

自我意识是一种特殊的认识过程,认知的主体和客体都是自身,因此,自我意识是主体我对客体我进行认识,并按照社会的要求对客体我进行调控。比如"我认为我比较乐观",前一个我为主体我,后一个我是客体我。

自我意识是个体在社会化过程中逐步形成和发展起来的。正确的自我意识是一个人心理健康的重要标志,是自我和谐发展的前提。

小故事

斯芬克斯之谜

传说众神居住的奥林匹斯山上有一块石碑,碑上刻着一句箴言——"人,认识你自己。"主神宙斯想把这句箴言告诉给人类,于是他派了女妖斯芬克斯来到古希腊著名的忒拜城附近的悬崖上。女妖把这句箴言化作了一道谜语——什么动物早晨用四条腿走路,中午用两条腿走路,晚上用三条腿走路?每个经过的路人都必须猜。如果猜不出,就会被它吃掉。它吃掉了很多人,直到英雄少年俄狄浦斯给出谜底"人",解救了城堡中的人,斯芬克斯也完成了自己的使命,即告诫人类要认识自己。

二、自我意识的内容

从内容上看,自我意识包括三个方面的内容:生理自我、心理自我和社会自我,如图 2-1 所示。

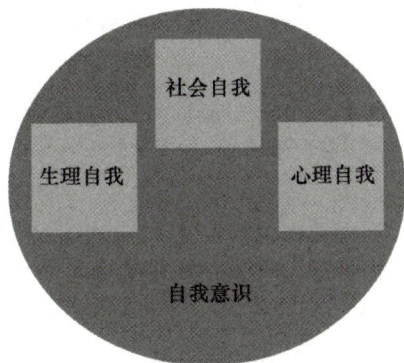

图 2-1 自我意识的内容

(一)生理自我

生理自我是个体对自己生理属性的认识和评价,如对身高、体重、容貌、身材、性别的认识,对生理疾病、温饱饥饿、劳累疲乏的感受等。如果对自己的生理自我不能接纳,就会讨厌自己,表现出自卑,缺乏自信。

(二)心理自我

心理自我是个体对自己心理属性的意识,如对自己知识、能力、情绪、兴趣、爱好、性格、气质等的认识和体验。如果对自己的心理自我评价低,就会否定自己。

(三)社会自我

社会自我是个体对自己社会属性的意识,包括对自己在各种社会关系中角色、地位、权力、人际距离等方面的意识。如果一个人认为自己不善于交流或沟通,周围的人不喜欢自己、不接纳自己,没有知心朋友等,就会感到很孤独、很寂寞。

在影响个体自我意识的因素中,除了这些自我态度外,还有成长经历、生活环境、他人的评价——特别是生命中的重要人物(父母、家人、老师、朋友、同学等)的态度,也会对自我意识起重要作用。

生理自我、心理自我与社会自我是密切联系的、相互影响的,它们都包含着不同的自我认知、自我体验与自我控制,但由于比例和搭配的不同,构成了个体自我意识之间的差异,也使得每个人都有自己对人、对己、对社会的独特看法和体验。

拓展阅读

自我意识:点红实验

1972 年,著名的点红实验由科学家阿姆斯特丹举行,他以 88 名三个月到两岁大的婴幼儿为实验目标,在有关婴儿自我觉知这方面的研究上取得了突破性进展。

实验开始,趁着婴儿还没有发现,测试人员在婴儿的鼻子上涂上一个没有刺激反应的小红点,这个小红点除了照镜子时可以看到,婴儿是不会有反应的。然后在一旁静静地观察婴儿照镜子时的反应。

如果婴儿可以在照镜子时发现自己鼻子上有个小红点,并且在现实中用手去触摸这个小红点或者想要擦除掉,就证明婴儿已经可以区分出自己的形象,也对不属于自己形象的外物有所反应了。这种行为就可以看作是婴儿自我意识出现的标志。

阿姆斯特丹的研究表明,婴儿对自我形象的认识要经历三个发展阶段。

第一个是游戏伙伴阶段:6~10个月。在这个阶段,婴儿很明显对于镜子中的自己比较好奇,但是他认不出这是自己,只会觉得是另一个小伙伴。

第二个是退缩阶段:13~20个月。这个时候的婴儿已经可以开始意识到镜子中的事物和现实中的关系了,但是他很明显会对这种关系有一种逃避的感觉。可能是出了恐惧或者是其他因素,婴儿虽然对镜子中的人物好奇但是不愿意多加交流。

第三个是自我意识出现阶段:20~24个月。这个阶段的婴儿已经可以明显认识到镜子中的那个孩子就是自己,他可以明确感知到自己鼻子上多了个红点,并且用手去触摸红点。这时婴儿在意识到自我的问题上有着明确的分界线。

三、自我意识的结构

自我意识的结构是指自我意识包含哪些成分,它是一个多维度、多层次的复杂心理系统或心理结构。从形式上看,自我意识表现为认知的、情感的、意志的三种形式,分别称为自我认知、自我体验和自我调控。

(一)自我认知

自我认知是自我意识的认知成分,指个体对生理自我、心理自我和社会自我的认识。它包括自我感觉、自我观察、自我观念、自我分析和自我评价等层次。自我认识主要解决"我是一个什么样的人"的问题。

(二)自我体验

自我体验是自我意识的情感成分,在自我认知的基础上产生,反映个体对自己的态度。自我体验的内容十分丰富,包括自我感受、自爱、自尊、自信、自卑、内疚、自豪感、成就感、自我效能感等。自我体验主要集中于我对自己感觉怎么样、能否悦纳自我、对自我是否满意等方面。

(三)自我调控

自我调控是自我意识的意志成分,指个体对自己心理活动和行为的调节与控制。它包括自我检查、自我监督、自我控制、自我激励、自我暗示等。其中自我控制是自我意识结构中的最高阶段。其核心是我将如何实现理想人生、我将如何改变自己。

自我认知、自我体验、自我调控是个体自我意识的核心部分,不可或缺、不可分割,它们相互联系、有机结合、完整统一地构成了一个人的自我意识。大学生健全自我意识的标准就是要有正确的自我认知、积极的自我体验和有效的自我调控。

拓展阅读

自我同一性

自我同一性又称自我认同,是美国精神分析学家爱利克·埃里克森(Erik Erikson,1902—

1994年)人格发展理论中的一个专业术语。他认为,所谓自我认同是指青少年对自己的本质、信仰和一生中的重要方面前后一致及较完善的意识,也就是个人的内部状态与外部环境的整合和协调一致。

自我同一性是个体在特定环境中的自我整合和适应之感,是个体寻求内在一致性和连续性的能力,也是指人格发展的连续性、成熟性和统合感。

埃里克森把同一性定义为"一种熟悉自身的感觉""一种知道自己将会怎样生活的感觉""一种从信赖的人那里获得所期待的认可的内在自信"。

除了自我对自身的认同,有学者特别强调:自我同一性是指当自我对自身的认识与感觉他人对自身认识达成一致时产生的感觉。自我同一性包含两层意义:①个体的内部达到自我整合的和谐状态;②个体对自身的认识与个体感觉到的外界对他的认识达成一致。

项目二　大学生自我意识的发展

引导案例

琳琳,女,20岁,进入大学后,看见身边的同学多才多艺,时尚靓丽,而自己什么都不会,感到很惭愧,再加上总感觉自己在身高和体形方面也不如同学,经常自惭形秽,不愿与人交往。她本想通过努力学习,用优异的成绩来找回自我,但一个学期下来,考试成绩并没有如自己所愿名列前茅,而是处于中上等水平。于是琳琳开始给自己施加压力,经常学习到很晚,以至于第二天精神不济。长此以往,琳琳的性格更加孤僻忧郁。第二学期开学后,琳琳老觉得在同学面前抬不起头来,上课时注意力难以集中,不愿参加集体活动,经常独来独往,不愿意同室友交流,整天愁眉苦脸,逐渐对大学生活失去了兴趣,自暴自弃。

琳琳的自我意识出现了什么偏差?她要怎样才可以变得自信起来?

青年期是个人自我意识迅速发展并趋向成熟的关键时期,大学生正处于这一时期。俄国心理学家科恩认为:"青年初期最有价值的心理成果就是发现了自己的内部世界。对于青年来说,这种发现与哥白尼当时的革命同等重要。"大学阶段的自我意识是大学前的自我意识的继续与深化,同时又有质的变化,对人的一生都有特别重要的意义。

大学生的自我意识在这个阶段会经历一个特别典型的矛盾和整合过程。

一、大学生自我意识发展的特点

(一)"理想自我"与"现实自我"的矛盾

"理想自我"与"现实自我"的冲突是大学生自我意识最突出、最集中的表现。"理想自我"是个人在头脑中构建的自己所期望的自我形象,即"我希望我是什么样的人"。"现实自我"是个人通过社会实践而形成的真实的自我形象,即"我是一个什么样的人"。在现实中,"理想自我"与"现实自我"总是存在一定的差距。大学生由于缺乏社会阅历,不能较好地将理想与现实结合,抱负水平高,成就动机强,容易被现实打击,一旦发现"理想自我"与"现实自我"不一致时,个人便产生很大的苦恼与冲突。合理的差距能够使人不断进步,奋发有为。但是如果差距过大,则有可能引起自我的分裂,导致一系列的心理问题。

(二)独立性与依附性的矛盾

大学生自我意识发展最显著的标志之一是独立意向。一方面,心理的成熟使他们渴望独立,希望自己可以在经济、思想、学习和生活等方面独立,自主做出决定并勇于承担结果,处于向成人的角色过渡的时期。但是另一方面,大学生心理上的独立与经济上的依赖形成明显的反差。由于缺乏社会生活经验,仍需要家庭的经济供给和与父母的感情深厚等原因,他们的依恋、依赖心理仍难以割舍,特别是对那些被父母过多保护、已经习惯于一切都依赖父母的大学生来说,独立性与依附性之间的矛盾就会特别突出。很多大学生把独立理解为"万事不求人",不需要别人的帮助。其实,独立并不意味着独来独往、我行我素和不顾社会规范,而是指在感情上、行为上个体能对自己负全部的责任。一个真正成熟的个体是独立的,既对自己负责,又不排除接受他人适当的帮助。

(三)渴望交往与心灵闭锁的矛盾

青少年时期更加渴望友情与爱情,更加渴望同辈群体的认同。在这个时期,大学生渴望友谊与交往,希望快乐和悲伤有人分享和分担,迫切地希望和朋友互相倾吐心事,共同交流。但不少大学生常感到孤独、寂寞、无聊,不被他人理解。一方面,他们渴望友情,渴望交流与分享,但又不善于表达自己的情感和思想,缺乏人际交往的技巧,共情能力也比较匮乏。另一方面,大学生的自我表露又受到心灵闭锁的影响,总是不经意地将自己的心灵深藏起来,与同学有意无意地保持一定的距离,戒备心比较重,没有理解什么是真正的友谊,不能敞开心扉交流与沟通思想。这种渴望交往与心灵闭锁的矛盾冲突,使得一部分大学生常常陷入人际关系不和谐的苦恼之中。

(四)理智与情感的矛盾

处于青春期晚期的大学生情绪常常表现出两极分化,有情绪水平或高或低、情绪波动性大、易冲动、不易控制等特点。这些特点也表现在大学生自我意识的各个方面,大学生的自我评价常常发生矛盾,对自我的态度常常是波动的。大学生遇事容易冲动,自我控制能力较差,不能较好地处理自己的理智与情感之间的矛盾。特别是当遇到失恋等重大挫折事件时,有时甚至会丧失理智,完全被情感所掌控。

📖 拓展阅读

埃里克森心理社会发展理论

爱利克·埃里克森是美国精神病学家,著名的发展心理学家和精神分析学家。他提出人格的社会心理发展理论,把心理的发展划分为八个阶段(见表2-1),指出每一阶段的特殊社会心理任务,并认为每一阶段都有一个特殊矛盾,矛盾的顺利解决是人格健康发展的前提。

表2-1　埃里克森划分的人生阶段

期别	年龄	心理危机(发展关键)	发展顺利	发展障碍
婴儿期	0~1岁	对人信赖←→对人不信赖	对人信赖,有安全感	与人交往,焦虑不安
婴儿后期	2~3岁	活泼自主←→羞愧怀疑	能自我控制,行动有信心	自我怀疑,行动畏首畏尾

续表

期别	年龄	心理危机（发展关键）	发展顺利	发展障碍
幼儿期	4～5岁	自信←→退缩内疚	有目的方向，能独立进取	畏惧退缩，无自我价值感
儿童期	6～11岁	勤奋进取←→自贬自卑	具有求学、做事、待人的基本能力	缺乏生活基本能力，充满失败感
青年期	12～18岁	自我统合←→角色混乱	自我观念明确，追求方向肯定	生活缺乏目标，时感彷徨迷失
成人前期	18～25岁	友爱亲密←→孤独疏离	成功的感情生活，奠定事业基础	孤独寂寞，无法与人亲密相处
成人中期	26～60岁	精力充沛←→颓废迟滞	热爱家庭，栽培后代	自我恣纵，不顾未来
成人后期	60岁以上	完美无憾←→悲观绝望	随心所欲，安享天年	悔恨旧事，徒呼负负

二、大学生自我意识的偏差及调适

大学生自我意识发展常见的偏差主要包括自卑、自负、自我中心和过分追求完美，面对偏差要学会积极调适。

（一）自卑

1. 自卑及其表现

自卑是一种消极的自我评价或自我意识，自卑感是个体对自己能力和品质评价偏低的一种消极情感。自卑表现为对自己的能力、品质评价过低，同时可伴有一些特殊的情绪体现，诸如害羞、不安、内疚、忧郁、失望等。自卑是大部分人都有过的体验，正如心理学家阿德勒所说："其实，我们每个人都有不同程度的自卑感，但是，这种自卑是因为我们都想让自己更优秀，让自己过更好的生活"。

一般来说，大学生的自卑心理主要表现在以下两方面：

第一，对自己评价过低。如认为自己的外貌、身高以及学习、交往能力不如他人。一个人对自我评价过低就会产生自卑。

第二，有泛化的特点。泛化性的特点是指大学生由于某种原因造成的自卑情绪容易泛化到其他方面上去。如，一位男同学因身材不好引起自卑，并认为同学看不起他，使他感到自己的言谈举止及社交能力均不如别人，这就是不合理的泛化。

2. 自卑的调适方法

阿德勒曾说过："追求优越和超越自卑是人发展的最根本的动力。"我们可以从以下几个方面改变自卑。

（1）积极评价自我。全面客观地认识自己，辩证地看待别人和自己。自卑的人习惯用放大镜看自己的缺点和别人的优点，用显微镜看自己的优点和别人的缺点。个人要改变自卑就要改变认识自己的方式，从优点来认识自己，积极评价自我。

（2）积极自我补偿。补偿是个体在适应社会的过程中面对个人的某些缺陷和不足，力求得到补偿的一种心理适应机制。如盲人尤聪、瞽者尤明的生理补偿现象，勤能补拙、扬长补短，可以说是心理上、才能上的补偿现象。正是这一心理机制的作用,自卑感是许多人前进的动力。

(3)积极自我暗示。暗示法是个人通过积极的自我暗示、自我鼓励,进行自助的方法。自我暗示与人的行为之间有很大的关系,消极的自我暗示导致消极的行为,而积极的暗示则能够激励人、鼓舞人,带来积极的行动。

自卑的人在做事的时候,应不断地积极暗示自己,始终坚信"我能行""我也能够做好"。成功了,自信心得到加强;失败了,也不应气馁,不妨告诉自己"胜败乃兵家常事""慢慢来我会想出办法的"。

人生总是有风有雨,生活总会有光有彩,处理好自卑心理,内心也就会变得更加成熟,而在生活中也就会变得更加理智。

(二)自负

1. 自负及其表现

自负是一种不切实际自高自大的心理表现,是过高地评估自己,是一种过度的自信。从本质上来说,自负是无知的表现,对自己没有正确清晰的认知,从而表现出狂妄和盲从,很容易引发别人的反感。

自负往往以语言、行动等方式表现出来,主要具有以下几种表现:

(1)自视过高,认为自己非常了不起,别人都不行,思维模式是"我好,你不好""我行,你不行"。

(2)对周围的人和事缺乏热情,与他人关系疏远,给人一种与旁人格格不入的感觉。

(3)习惯抬高自己,贬低别人,固执己见,唯我独尊,喜欢将自己的观点强加于人。

(4)有很强的自尊心,面对他人的成果,时常用"酸葡萄心理"来维持自己的心理平衡。

2. 自负的调适方法

(1)提高自我认知。自负的人要全面认识自己,不要因为某方面的优势而忽略自己的缺点。要看到自己的不足,承认自己也需要不断完善。

(2)学会欣赏他人。自负的人要看到他人的长处,欣赏他人的独特性;多与他人交往,以开放的心态尊重和认真对待来自他人的反馈意见;放低姿态,认同别人与自己同属普通社会中的平等个体,与他人平等相处。

(3)用发展的眼光看待问题。在漫长的生命长河里,每个人在每个阶段展示出来的能力和价值都不一样,应该用发展的眼光理性地看待自己和别人的优势和成就。

(三)自我中心

1. 自我中心及表现

自我中心的人凡事从自我出发,不能设身处地进行客观思考;只关心自己,一事当前先替自己打算,不顾忌他人的感受和需要;往往颐指气使,盛气凌人,处事总认为自己对、别人错,好把自己意志强加于人。因而他们不易赢得他人好感和信任,人际关系多不和谐,做事难得他人帮助,易遭挫折。

2. 克服自我中心的方法

(1)要克服自我中心,先得摆正自己的位置,既重视自己也不贬抑他人,自觉地把自己和他人、集体结合起来,走出自我的小天地。

(2)要实事求是、恰如其分地评估自己,既不高傲自大,也不妄自菲薄。

(3)要学会移情,多设身处地地从他人的角度思考问题,尊重他人感受、关心他人。

小故事

青春之花,绽放在扶贫路上

黄文秀是百色市田阳县人,生前是广西壮族自治区百色市乐业县新化镇百坭村第一书记。2019年6月16日,她回家陪护刚做完肝癌手术不久的父亲,因惦记百坭村的防汛抗洪工作,冒着暴雨连夜返回工作岗位,途中遭遇山洪不幸牺牲,年仅30岁。她的故事一直激励着很多大学生。2016年从北京师范大学硕士毕业的黄文秀,毅然选择回到家乡,当一名定向选调生,扎根基层。但是基层工作并不容易,百坭村195户建档立卡贫困户,分散居住在几个不同的山头,群众也表示“你这个小年轻,我们跟你聊了也没用”。但是黄文秀丝毫没有退缩,她用《西行漫记》中的话勉励自己:“让扶过贫的人像战争年代打过仗的人那样自豪,长征的战士死都不怕,这点困难怎么能限制我继续前行。”扶贫工作非常辛苦,但从没人听黄文秀叫过“苦”。她陆续帮村里解决了4个屯的道路硬化问题,组织修建蓄水池4座,完成2个屯的路灯亮化工程。2018年百坭村的贫困发生率从22.88%降至2.71%,实现了贫困户户户有产业,村集体经济项目增收翻倍。

黄文秀的故事对正在自我探索的大学生的启发:真正的自我实现是个人与社会的统一,是摆脱冷漠,关心社会;充分发挥自己所长,脚踏实地;真正把自我实现和实现中华民族伟大复兴中国梦的事业相结合,发光发热。正如黄文秀在入党申请书中写得那样,“一个人要活得有意义,生存得有价值,就不能光为自己而活,要用自己的力量为他人、为国家、为民族、为社会做出贡献!”这样国家才有希望。

(四)过分追求完美

1.表现

追求完美的大学生对自己持过高的要求,期望自己完美无缺,却不顾自己的实际状况。同时,他们不能容忍自己“不完美”的表现,他们对自我十分苛刻,只接受自己理想中“完美”的自我,不肯接纳现实中平凡的或有缺点的自我,其后果往往适得其反,使其对自我的认识和适应更加困难。

2.改善的途径与方法

(1)树立正确的认知观念。人不可能十全十美,每个人都有优缺点。一个人应该接纳自己并肯定自己的价值,不自以为是也不妄自菲薄。

(2)确立合理的评价参照体系和立足点。人应该选择合适的标准,更重要的是以自己为标准,按照自己的条件评定自己的价值,应该立足自己的长处,接受并尽力改进自己的短处。

(3)制定合理恰当的目标。在充分了解自己的基础上对自己有恰当的目标和要求,目标符合自己的实际能力,不苛求自己,不被他人的要求左右。

(4)接纳自己的不完美。人各有所长所短,每个人都是独特的、与众不同的。欣赏自己的独特性,不断自我激励。我们都是不完美的人。我们的缺点、缺陷是我们的一部分,我们必须接受自己,并且适应它们。

▨ 小故事

不完美未必是缺点

有一个人每天都会担两桶水回家,两只木桶,一个完美,一个是有洞的。完美的那个桶,当然会担到一桶水,有洞的那个桶一路都在流水。整整两年了,这个人都风雨无阻地每天来来回回担水,每一次到家有洞的那个桶只剩一半水,因为流了一半。

完美无缺的那个水桶就觉得自己很成功,有洞的那个水桶就很在意自己的缺点,每日它都很痛苦地认为自己不及那个完美的水桶。

有一日,这个流水的桶就忍不住同主人讲:"我很惭愧,因为我的不完美让你每一次都只能担半桶水回家。"主人却说:"我一点也不在意你的缺点。你有没有留意那条路,一边开满了五彩缤纷的花,而另一边却光秃秃的。因为我知道你有这个缺点,所以我特意放了各色各样的花的种子在路旁,顺便利用你的缺点来浇花。这两年来,我们村所有庆典用来布置的花,也是大家在那里采回来的。如果没有你的缺点,我们又怎会有那么多漂亮的花呢?"

项目三　塑造健全的自我意识

▶ 引导案例

王峰,男,19岁,大二学生。高中时代,他勤奋好学,成绩在年级里名列前茅,高考时以优异成绩考入重点大学。进入大学后,他认为高中时代活得太累,在大学里要潇洒一点,因而长期没有奋斗的目标。他英语四级考试通不过,不着急,计算机考试不及格,不在乎,不参加学校里的任何社团,班级活动也没有兴趣,白天逃课睡觉,晚上通宵达旦地上网聊天,还美其名曰"看破红尘"。他学习成绩一落千丈,已经挂了几门科目。

王峰的自我认知和自我控制出现了哪些问题?我们大学生应该如何不断完善自我?

健全的自我意识是心理健康的重要标准,是人类自身内在的一种成功机制,在人才发展中发挥着重要作用。

健全的自我意识有如下标准:

(1)自我意识健全的人,应该是一个有自知之明的人,既知道自己的优势,也知道自己的劣势,能正确评价自我和自我发展。

(2)自我意识健全的人,应该是自我认识、自我体验和自我控制相协调一致的人。

(3)自我意识健全的人,应该是积极自我肯定的、独立的并与外界保持一致的人。

(4)自我意识健全的人,应该是理想自我与现实自我统一的人,有积极的目标意识和内省意识,积极进取、永无止境。

大学生塑造健全的自我意识包括正确认识自我、积极悦纳自我和有效控制自我三个方面。

一、正确认识自我

"人贵有自知之明",全面而正确的自我认知是培养健全的自我意识的基础。心理健康的人能正确认识"我是一个什么样的人",并对自己做出恰当的评价。认识自我,指的是一种健康的自我形象,尊重自己,认识到自己的价值,发现自己的强项和潜力,并在此基础上进一步完善自我。

📖 拓展阅读

乔哈里视窗

乔哈里视窗(johari window)是由美国心理学家乔瑟夫·乔哈里(Joseph Luft)和哈里·英格汉姆(Harry Ingham)于 1955 年共同提出的自我认知模型,又被称为"自我意识的发现——反馈模型"。乔哈里视窗认为人对自己的认识是一个不断探索的过程,将自我分为四个部分:公开区、盲区、隐藏区和未知区如图 2-2 所示。

公开区域代表着你对自己、其他人对你的了解。这包括你的行为、知识、技能、态度和"公共"历史。

盲区代表的是你自己没有意识到的事情,但其他人知道的部分。例如,在有人向你指出之前,你可能不会意识到自己是一个伟大的倾听者。

隐藏区域代表的是你对自己的了解,但你对其他人隐藏的内容。

未知区域代表你和其他人都不知道的事情。例如,你可能有一些你和其他人都不知道的尚未开发的能力。

它是一个简单而有效的工具,用于帮助我们理解自己的行为、情感和互动方式,以及如何与他人建立更有效的沟通和合作。

	自己知道	自己不知道
别人知道	开放我(公开区)	盲目我(盲区)
别人不知道	隐藏我(隐藏区)	未知我(未知区)

图 2-2　乔哈里视窗

正确而全面认识自我,可从以下三个方面进行。

(一)比较法——从我与人的关系认识自我

他人是反映自我的镜子,是认识自我的重要参照物。适当的社会比较和他人反馈都是认识自我的信息来源。有自知之明的人能从这些关系中用心向别人学习,获得足够的经验,然后按照自己的需要去规划自己的前途。

📖 拓展阅读

无处不在的社会比较

有意无意地与别人进行比较,是一种普遍存在的社会心理状态:睡在我上铺的同学已经迈入高管行列,而我还是个平平无奇的打工人;曾经考试不及格的同桌开着豪车来聚会,而我一会儿还要坐地铁回家;别人家的孩子考到全校前十,而我的孩子难得及格;别人 18 岁已经成为世界冠军,而我丢在人群中完全看不到……

借助社会比较,人们可以更准确地认识自己,对自己在人群中有一个精确的定位,"我到底相比他人表现得怎么样"。

1954 年,美国社会心理学家利昂·费斯廷格(Leon Festinger)提出社会比较理论。该理论指出,人类都希望能够准确认识自己,这种内在的驱动力推动我们评价自己的观点和能力。当人们对观点和能力的评判缺乏绝对标准时,寻找一个相对标准进行社会比较,便成为一种

"与生俱来"的本能。

在心理学研究中,社会比较分为上行社会比较、平行社会比较和下行社会比较。其中上行比较经常发生,心理学家认为,人们普遍拥有向上的驱力,鼓励人们朝更优秀的人看齐。但与此同时,当人们看到别人的成功与精彩生活时,自己不如他人的事实更令人糟心。

生活中不仅有社会比较,其实更重要的比较是以自己为参照物,比较过去与现在的自己,可以发现自己的变化,认识自己的发展情况。

(二)经验法——从我与事的关系认识自我

经验法,即我从做事的经验中了解自己。大学生要善于从做事成败经验中认识自己是怎样的人、自己能做什么、自己的优势和限制等,依据自己的能力及所处的环境建立一个合理的期待。

(三)反省法——从我与己的关系中认识自我

反省法,是指个人向内部心理世界寻求答案。把自己作为一个客体来观察,观察自己在日常生活中的点滴表现,观察自己的智力、情绪、意志、能力、气质、性格和身体条件等特点。经常反省可以促进我们不断探索自己,做到真正地了解自己。古人云:"吾日三省吾身,则知明而行无过矣。"不断审视自己,思考自己,可以让自己眼中的自己与真实的自己更接近。

我们可以从以下几个"我"中去认识自己:①自己眼中的我;②别人眼中的我;③自己心中的我。

自我认知是从多方位建立的,既有自己的认识与评价,也有他人的评价。我们不妨自己认真仔细地想一想,用尽量多的形容词描述自己,要忠实于自己的内心。在此基础上,进行他观自我的描述,描述父母眼中的我、同学眼中的我、老师眼中的我、恋人眼中的我、兄弟姐妹眼中的我,再寻找这些描述中共同的品质,将其归类。描述的维度越多,越会找到比较正确的自我。

例:一位大二学生的自我描述

我是一个内向、坚强、上进、自信、有理想、懂事、好学、乐于助人、嫉恶如仇、争强好胜、渴望成功与优秀、有一点自私、妒忌心强、自制力弱、说些小谎的大学男生。

在父母眼中:我是一个懂事、有些害羞、不用父母操心、上进、不乱花钱、有些懒惰的大男孩。

在兄弟姐妹眼中(只有一个妹妹):我是妹妹心中可以依靠与信赖的大哥,是一个诚实守信、爱护妹妹的好哥哥。

在同学眼中:我是一个大方、乐于助人、受人尊敬、好人缘、有些懒散、追求自由的人。

在老师眼中:我是一个默默无闻、成绩优秀、自律、品学兼优的学生。

在恋人眼中:我是一个懂得爱、有责任感、守时守信、有幽默感、坚强的好男人。

这是一个学生的自我描述,也是自我认知的一部分,当自己将这些描述清晰地整理时,你可以与你的同学、家人、朋友、恋人沟通,听取他们对你自己评价的认同度,这也是自我过滤的过程。先将自己的优点列出,并得到大家的认同,再写出自己的弱点,请大家帮助分析,这些澄清的过程也是自我认识不断深化的过程。

二、积极悦纳自我

影响心理健康的关键不是"我是什么样的人",而是"我如何看待我自己"。积极悦纳自我是塑造健全自我意识的核心和关键。

(一)什么是悦纳自我

悦纳自我,首先要无条件地接纳自己所拥有的一切,正确对待自己的短处,充分发挥自己的长处。人本主义心理学家卡尔·罗杰斯说:"一个有趣的悖论是,当我接受自己原本的样子时,我就能改变了"。接纳自己是改变开始的第一步,我们要接受自己的全部。

其次,悦纳自我,就是要喜爱自我,肯定自我,肯定自己的价值,拥有自己的价值感、自豪感和满足感。

最后,悦纳自我,还应该珍惜自己的独特性。每个人都有优点和不足,每个人都是独特的存在。每个人都应该学习从独特的角度接纳自己,而不是从好的和坏的标准评价自己,欣赏自己的独一无二,为自己的这份独特感到自豪。

📖 小故事

《庄子·大宗师》中讲了这样一个故事:子祀和子舆是好朋友。有一天,子舆生了一场怪病,子祀去探望他。见面之后,子祀发现子舆竟然变成了驼背,大吃一惊。但他怕子舆伤心,依然不动声色。谁知子舆一见到子祀就说:"伟大的造物者啊,竟然把我变成了驼背的模样。背上生了五个疮口不说,脸也因为佝偻而贴到了肚脐,两肩高高地隆起,高过头顶,脖颈则朝天突起。"

子祀问他是不是非常讨厌这种病。子舆却悠闲地说:"不,我为什么要讨厌它呢?如果我的左臂变成了一只鸡,我便用它来报晓;如果我的右臂变成弹弓,我便用它去打斑鸠来烤着吃;如果我的尾椎骨变成车轮,我的精神变成马,我便可以乘着它遨游四方,无须另备马车了。再说,得是时机,失是顺应。安于时机而顺应变化,哀乐自然不容易侵入心中。这就是自古以来的解脱。那些不能自我解脱的人,就要为外物所奴役束缚了。物不能胜天,当我改变不了它的时候,为什么要讨厌它呢?"

子舆可谓是豁达之人。面对疾病带来的痛苦、身体状况的改变,依然能够坦然接受,甚至还想到如何利用自己的优势来让自己活得更好。人只有接纳真实的自己,依照自己的本质好好地生活,才能找到最能发挥自己优势的地方,才能使自己的人生更接近成功。

(二)学会悦纳自我

大学生要学会悦纳自我,需要强化五条理念:

一是坚信"只要真正付出努力,同等条件下,别人行,我也一定能行",以此来增强自信心。而强烈的自信和理智的努力能激发个体的潜能,促进成功。成功后的愉悦又可以使个体进一步增添自信,形成良性循环。

二是关注你自己的成功,并将优势积累。每个人身上都有着无数的闪光点,重点在于寻找你自己的闪光点并将其构成亮丽的人生风景线。

三是不忘"尺有所短,寸有所长"。恰当地认同自己,而不是苛求自己。

四是懂得"失之东隅,收之桑榆"。正视自己的短处,既努力扬长更注意补短。

五是记住"失败是成功之母",正确地对待成功和失败。成功是一个人努力所结出的果实。但成功和失败是相辅相成的,成功的果实只有在艰辛的努力中慢慢成熟,而且常常要经过许多的失误和挫折。如果一个人一遇到挫折就灰心、退却,便永远也尝不到成功的美酒。

学会悦纳自我并不是一蹴而就的,它需要时间改变,需要个人努力。我们要学会坚持好习惯来养成悦纳自我。

(1)不要给自己贴上消极的标签,如我笨、我无能。

(2)不要将自己的短处与他人的长处比较。记住你是独特的,欣赏这种独特之处,欣赏这种差别。

(3)人人都有他人所不知的问题和弱点,即使最自信的人也有感到不安全的方面。

(4)与处世积极、喜欢与你同行并享受人生的朋友交往。

(5)笑口常开,培养幽默的性格。

📖 拓展阅读

皮格马利翁效应

这是一则古希腊神话故事。塞浦路斯的国王皮格马利翁是一位有名的雕塑家,他精心地用象牙雕塑了一位美丽可爱的少女,他深深爱上了这个“少女”,并给它取名叫盖拉蒂。他还给盖拉蒂穿上美丽的长袍,并且拥抱它、亲吻它,他真诚地期望自己的爱能被“少女”接受。但它依然是一尊雕像。皮格马利翁感到很绝望,他不愿意再受这种单相思的煎熬,于是,他就带着丰盛的祭品来到阿佛洛狄忒的神殿向她求助,他祈求女神能赐给他一位如盖拉蒂一样优雅、美丽的妻子。他的真诚期望感动了阿佛洛狄忒女神,女神决定帮助他。

皮格马利翁回到家后,径直走到雕像旁,凝视着它。这时,雕像发生了变化,它的脸颊慢慢地呈现出血色,它的眼睛开始释放光芒,它的嘴唇缓缓张开,露出了甜蜜的微笑。盖拉蒂向皮格马利翁走来,她用充满爱意的眼光看着他,浑身散发出温柔的气息。不久,盖拉蒂开始说话了。皮格马利翁惊呆了,一句话也说不出来。皮格马利翁的雕塑成了他的妻子,皮格马利翁称他的妻子为伽拉忒亚。

人们从皮格马利翁的故事中总结出了“皮格马利翁效应”:期望和赞美能产生奇迹。但是对这一效应做出经典证明并使它广泛运用的是美国心理学家罗森塔尔和他的助手们,因此“皮格马利翁效应”又称“罗森塔尔效应”。

三、有效控制自我

(一)什么是自我控制

自我控制是自我意识的最高阶段,是个体心理成熟的重要指标,更是健全自我意识、完善自我的根本途径。

自我控制,也叫自控力,是一个人主动、定向地改变自我的心理品质、特征和行为的心理过程,以达到自我期望的目标。自我控制包括自我激励、自我暗示、自强自律,核心内容是“我将如何规划自己的人生?”“我应该成为什么样的人?”“我可以选择如何做?”

自我认知和自我体验决定自我控制。心理学研究表明:自我控制与大脑额叶的发展紧密相关,当我们生理正常时,自我认知与自我体验决定了自我控制。大学生通过主观能动性,选择认识角度,转变认知观念,调整自我认知评价体系,可以感受积极自我,提高自我控制能力。

拓展阅读

棉花糖实验

心理学家沃尔特·米歇尔做了一个有趣的实验——斯坦福棉花糖实验。实验者让一群4岁的儿童单独待在房间,桌子上放着让他们难以抵挡的棉花糖,同时告诉这些孩子们:如果马上吃,只能吃一颗;如果等15分钟后再吃,就能吃两颗。有的孩子急不可待,把糖马上吃掉了;而另一些孩子则耐住性子,忍住不吃棉花糖。后来,研究人员对当年那些孩子进行了跟踪研究,那些能抵制诱惑的孩子要比那些抵御不了诱惑的孩子取得更加优异的学业成绩,而且在事业上的表现也更为出色,更容易获得成功。

这个实验告诉我们,假如我们能克制自己短暂的愉悦或者快乐,通过持续的自控、自律和适当的延迟满足,这样可以让我们获得真正的快乐以及在人生发展上获得更大的成功。

(二)如何提高自我控制力

自我控制是自我意识的关键环节,"知"与"行"之间有很长的路,大学生常常"心动而不行动",事实上心动是一件容易的事,而真正历练意志则需要更多的自我控制。我们不妨打一个比方:早晨起床,应当是一件最简单不过的事,但对懒惰者而言,也是需要意志的,特别是寒冷冬天的早晨,想想被窝里的温暖,再面对起床的痛苦,都要进行思想斗争,而当意志成为一种习惯时,自我控制便转变为"自动化"。成功的人都有较高的自我控制力。

有研究指出,个体的自我控制资源是有限的,伴随着使用而减弱,这种现象叫作自我控制资源损耗。当个体处于自我损耗状态时,更易向各种诱惑和冲动屈服,导致自我控制失效。因此,有研究者把自我控制资源比喻成肌肉,在过度使用后会疲劳,休息后可以恢复,这就是自我控制的力量模型。该模型认为,就像体育锻炼可以使肌肉变得更强壮一样,自控力也可以通过训练提高。

1. 增强自我觉察力

通过认知调整与心理行为训练,增强自我觉察力,我们可以在学习过程中出现注意力不集中时及时"刹车",在人际交往中出现"嘴比脑子快"时适时扭转。增强自我觉察力是提高自控力的前提和基础。

2. 设定目标

如何更好地设定目标呢?我们在面对一个很大很难的目标时,常常会导致自控失效,目标难以实现。假如我们将目标定为具体可操作、分层次的"小目标",那可想而知,我们可以有充足的自我资源,更大可能通过自我调控去实现目标。

拓展阅读

SMART 目标管理原则

管理学大师彼得·德鲁克提出 SMART 目标管理原则。SMART 原则是由五个英文的首字母组成,即制定目标要符合五条原则。具体如下:

S 代表具体(specific),指目标必须具体,不能笼统。

M 代表可度量(measurable),指目标数量化或者行为化的,是可以量化的。

A 代表可实现(attainable),指目标在付出努力的情况下可以实现,避免设立过高或过低的目标。

R 代表相关性(relevant),指目标与工作的其他目标是相关联的;排除不相关的信息。

T 代表有时限(time-bound),指完成目标的时间限制,必须要有截止时间。

3. 10 分钟法则

当你面对诱惑,迫切想要去"及时满足"的时候,不妨给自己 10 分钟的时间,让自己冷静下来,先做手上的事情。假如过了 10 分钟,你依旧想要,你再去拥有它。其实,研究表明,往往 10 分钟过后你便会没有那么冲动地想要得到这个诱惑,你会慢慢地更加自控,逐渐克服诱惑。

另外,10 分钟法则还可以用于做事情坚持不下去的时候,你不妨告诉自己"坚持 10 分钟,然后就可以放弃"。当 10 分钟结束后,你可以允许自己停下来。但是你会发现,只要开始了,你便会想继续做下去。

小故事

八宝饭

文学大师梁实秋先生在世的时候,有一天我(刘墉)与他同桌用餐。冷盘端上来,梁先生说他有糖尿病,不能吃带甜味的熏鱼。冰糖肘子端上来,他又说不能碰,因为里面加了冰糖。什锦炒饭端上来,他还说不能吃,因为淀粉会转化为糖。最后端上八宝饭,我猜他一定不会碰了。没想到,梁先生居然大笑说:"这个我要。"朋友提醒他"里面既有糖又有饭",梁先生则笑说:"我前面不吃,是为了后面吃啊! 因为我血糖高,得忌口,所以必须计划着,把那'配额'留给最爱。"

"后面要过瘾,前面就得牺牲!"希望大家能想想梁实秋先生的这句话。

(摘选自作家刘墉《成长比成功更重要》)

体验与训练

心理活动 1

20 个"我是谁"

活动目的：帮助学生探索自我，增进自我了解，培养健康积极的自我意识。

操作流程：

①请用 10 分钟独立写出 20 句"我是……的人"，要求尽量选择一些能反映个人风格的语句，比如外形特点、优缺点、兴趣爱好等，避免出现类似"我是一个男生"这样的句子：

我是一个＿＿＿＿＿＿＿＿＿＿＿＿＿＿＿＿＿＿＿＿＿＿＿＿＿的人。

我是一个＿＿＿＿＿＿＿＿＿＿＿＿＿＿＿＿＿＿＿＿＿＿＿＿＿的人。

我是一个＿＿＿＿＿＿＿＿＿＿＿＿＿＿＿＿＿＿＿＿＿＿＿＿＿的人。

我是一个＿＿＿＿＿＿＿＿＿＿＿＿＿＿＿＿＿＿＿＿＿＿＿＿＿的人。

我是一个＿＿＿＿＿＿＿＿＿＿＿＿＿＿＿＿＿＿＿＿＿＿＿＿＿的人。

我是一个＿＿＿＿＿＿＿＿＿＿＿＿＿＿＿＿＿＿＿＿＿＿＿＿＿的人。

我是一个＿＿＿＿＿＿＿＿＿＿＿＿＿＿＿＿＿＿＿＿＿＿＿＿＿的人。

我是一个＿＿＿＿＿＿＿＿＿＿＿＿＿＿＿＿＿＿＿＿＿＿＿＿＿的人。

我是一个＿＿＿＿＿＿＿＿＿＿＿＿＿＿＿＿＿＿＿＿＿＿＿＿＿的人。

我是一个＿＿＿＿＿＿＿＿＿＿＿＿＿＿＿＿＿＿＿＿＿＿＿＿＿的人。

……

②评估你对自己的陈述是积极的还是消极的。

在你列出的每句话的后面加上正号（＋）或负号（－）。正号表示"这句话表达了你对自己肯定满意的态度"，负号的意义则相反，表示"这句话表达了你对自己不满意、否定的态度"。看看你的正号与负号的数量各是多少。

如果你正号的数量大于负号的，说明你的自我接纳状况良好。相反，你的负号将近一半甚至超过一半，这显示你不能很好地接纳自己，你的自尊程度较低，这时你需要内省一番，寻找问题的根源，比如是否过低地评价了自己，是什么原因使你成为这样，有没有改善的可能。

③将陈述的 20 项内容做下列归类：

A. 生理自我（你的体貌特征，如年龄、身高、体形、是否健康等）。

编号：＿＿＿＿＿＿＿＿＿＿＿＿＿＿＿＿

B. 心理自我（你常持有的情绪、情感，如乐观开朗、振奋人心、烦恼沮丧等；才智状况，如智力、能力、聪明、灵活、迟钝、能干等；个性特征，如性格、气质、兴趣、信念、世界观等）。

编号：＿＿＿＿＿＿＿＿＿＿＿＿＿＿＿＿

C. 社会自我（与他人的关系、如何和别人应对进退、对他人常持有的态度和原则，如乐于助人的、爱交朋友的、坦诚的、孤独的等）。

编号：＿＿＿＿＿＿＿＿＿＿＿＿＿＿＿＿

思考与分享：你写得哪方面自我意识最多？你觉得可能的原因是什么？你最看重哪几条？最不看重哪几条？为什么？这对你有什么启发？

＿＿＿＿＿＿＿＿＿＿＿＿＿＿＿＿＿＿＿＿＿＿＿＿＿＿＿＿＿＿＿＿＿＿＿＿＿＿＿

＿＿＿＿＿＿＿＿＿＿＿＿＿＿＿＿＿＿＿＿＿＿＿＿＿＿＿＿＿＿＿＿＿＿＿＿＿＿＿

心理活动 2

"我"的多样性

活动目的：帮助学生做自我反省、促进自我协调和自我整合，进一步增进小组成员间的相互了解。

操作流程：

①回顾不同的人对自己进行评价时使用最多的词汇。

②根据自己的推测和感觉，写出"父母眼中的我""好友眼中的我"，最后写出"自己眼中的我"和"理想的我"。

父母眼中的我 _____

好友眼中的我 _____

自己眼中的我 _____

理想的我 _____

思考与分享：

3～5人一组交流分享，讨论如下问题：周围的人对你的认识一致吗？ 别人对你的认识与你对自己的认识一致吗？ 是否每个人对你的评价都是客观的？ 你怎么综合大家的看法和自己的认识，形成一个对自己较为客观和完整的认识呢？

_____

_____

_____

_____

心理活动 3

我很棒

活动目的：发现自己的优势，增加个人自信心；学会发现别人的优点并加以欣赏，促进相互肯定与接纳。

操作流程：请一位同学自由发言两分钟（内容不限），然后再邀请两位异性同学和一位同性同学真诚地赞美发言同学的优点，帮助学生树立自信。

规则：

①必须说优点。

②夸别人的优点时态度要真诚，不能毫无根据地吹捧，这样反而会伤害别人。

③参加者要注意体验被人称赞时的感受如何，怎样用心去发现别人的长处，怎样做一个乐于欣赏他人的人。

思考与分享：通过这个活动，你有什么发现？

教师点评："我很棒"这个活动，是展示学生自信或从挫折转向自信的舞台。

_____

_____

_____

_____

_____

心理活动4

"我"的乔哈里视窗

活动目的:自我探究,建立更加清晰的自我意识,进一步审视自我和他人之间的关系。

操作流程:

请看下面这些特征描述词汇:

有能力的、令人愉快的、外向的、机敏的、成熟的、自豪的、自信的、有同情心的、聪明的、友爱的、悟性强的、朴素的、平静的、难为情的、紧张的、有适应能力的、难懂的、有弹性的、内向的、焦虑的、反思的、明智的、值得信赖的、大胆的、自信的、快乐的、友善的、善于观察的、轻松的、多愁善感的、温暖的、勇敢的、可信赖的、有用的、博学的、有组织的、有宗教信仰的、害羞的、明智的、平静的、端庄的、理想主义的、必然的、有耐心的、反应敏捷的、愚蠢的、言辞诙谐的、乐于助人的、精力充沛的、独立的、强大的、深思细究的、自然的

①反思你的内在自我,选择你认为最能描述你的词语。

②请一位或多位同学选择他们认为最适合描述你的形容词。

③填写乔哈里窗,并按如下方式填写四个象限(见图2-3):

公开区:写出你和同学都选择的形容词。

隐藏区:写出只有你选择的形容词。

盲区:写出只有同学选择的形容词。

未知区:写出你和同学都没有选择的形容词。

(注:题目中未涉及的词汇,你同样可以选择填写进表格中)

	自己知道	自己不知道
别人知道	开放我(公开区)	盲目我(盲区)
别人不知道	隐藏我(隐藏区)	未知我(未知区)

图2-3 乔哈里窗

思考与分享:看看填充完成的乔哈里窗,思考一下,今后你该如何增加公开区的面积并减少其他象限?

_____
_____
_____
_____
_____
_____

心理活动 5

我是独一无二的

活动目的:学习从独特的角度去欣赏和接纳自己。

操作流程:

3～5 人一组,每位同学独立填写下列句子,填好后在小组内分享交流:

• 我是独一无二的,因为我 _____

• 我是奇妙的,因为我 _____

• 虽然我有缺点,但是我 _____

教师总结:每一个人都是独一无二的,我们要为自己的这份独特感到自豪。引导学生每天默念儿遍这些句子。

_____
_____
_____
_____
_____
_____

心理活动 6

天生我才

活动目的:每位同学通过自我欣赏和倾听他人的自我欣赏,发现自己与他人的优点,增强自信和对他人的信任。

操作流程:

①每位同学写出未完成的语句。

我最欣赏自己的外表是: _____

我最欣赏自己对朋友的态度是: _____

我最欣赏自己对学习的态度是: _____

我最欣赏自己的性格是: _____

我最欣赏自己对家人的态度是: _____

我最欣赏自己做事的态度是: _____

我最欣赏自己的一次成功是: _____

②5～8 人一组,每人在小组中分享自己所写的内容和原因。如果同学之间相互熟悉,还可以让其他同学补充。

_____
_____
_____
_____
_____
_____

心理测试

自我和谐量表(SCCS)

指导语:下面是一些个人对自己看法的陈述,填答时,请您看清每句话的意思,然后圈选一个数字(1代表该句话完全不符合您的情况,2代表比较不符合您的情况,3代表不确定,4代表比较符合您的情况,5代表完全符合您的情况)以代表该句话与您现在对自己的看法相符合的程度,每个人对自己的看法都有其独特性,因此答案是没有对错的。

完全不符合1　　比较不符合2　　不确定3　　比较符合4　　完全符合5

1. 我周围的人往往觉得我对自己的看法有些矛盾	1	2	3	4	5
2. 有时我会对自己在某方面的表现不满意	1	2	3	4	5
3. 每当遇到困难,我总是首先分析造成困难的原因	1	2	3	4	5
4. 我很难恰当表达我对别人的情感反应	1	2	3	4	5
5. 我对很多事情都有自己的观点,但我并不要求别人也与我一样	1	2	3	4	5
6. 我一旦形成对事物的看法,就不会再改变	1	2	3	4	5
7. 我经常对自己的行为不满意	1	2	3	4	5
8. 尽管有时得做一些不愿意的事,但我基本上是按自己意愿办事的	1	2	3	4	5
9. 一件事好是好,不好是不好,没有什么可含糊的	1	2	3	4	5
10. 如果我在某件事上不顺利,我就往往会怀疑自己的能力	1	2	3	4	5
11. 我至少有几个知心朋友	1	2	3	4	5
12. 我觉得我所做的很多事情都是不该做的	1	2	3	4	5
13. 不论别人怎么说,我的观点决不改变	1	2	3	4	5
14. 别人常常会误解我对他们的好意	1	2	3	4	5
15. 很多情况下我不得不对自己的能力表示怀疑	1	2	3	4	5
16. 我朋友中有些是与我截然不同的人,这并不影响我们的关系	1	2	3	4	5
17. 与朋友交往过多容易暴露自己的隐私	1	2	3	4	5
18. 我很了解自己对周围人的情感	1	2	3	4	5
19. 我觉得自己目前的处境与我的要求相距太远	1	2	3	4	5
20. 我很少去想自己所做的事是否应该	1	2	3	4	5
21. 我所遇到的很多问题都无法自己解决	1	2	3	4	5
22. 我很清楚自己是什么样的人	1	2	3	4	5
23. 我能自如地表达我所要表达的意思	1	2	3	4	5
24. 如果有足够的证据,我也可以改变自己的观点	1	2	3	4	5
25. 我很少考虑自己是一个什么样的人	1	2	3	4	5
26. 把心里话告诉别人不仅得不到帮助,还可能招致麻烦	1	2	3	4	5
27. 在遇到问题时,我总觉得别人都离我很远	1	2	3	4	5
28. 我觉得很难发挥出自己应有的水平	1	2	3	4	5
29. 我很担心自己的所作所为会引起别人的误解	1	2	3	4	5

30. 如果我发现自己某些方面表现不佳,总希望尽快弥补	1	2	3	4	5
31. 每个人都在忙自己的事,很难与他们沟通	1	2	3	4	5
32. 我认为能力再强的人也可能遇上难题	1	2	3	4	5
33. 我经常感到自己是孤立无援的	1	2	3	4	5
34. 一旦遇到麻烦,无论怎样做都无济于事	1	2	3	4	5
35. 我总能清楚了解自己的感受	1	2	3	4	5

【评分说明】

各分量表的得分为其包含的项目分直接相加,三个分量表包含的项目及题号为:

(1)自我与经验的不和谐:1、4、7、10、12、14、15、17、19、21、23、27、28、29、31、33。

(2)自我的灵活性:2、3、5、8、11、16、18、22、24、30、32、35。

(3)自我的刻板性:6、9、13、20、25、26、34。

【结果分析】

将自我的灵活性反向计分,再与其他两个分数相加。得分越高自我和谐度越低。在大学生中,低于74分为低分组,75~102分为中间组,103分以上为高分组。

罗森伯格自尊量表(SES)

自尊量表(self-esteem scale,SES)由罗森伯格(Rosenberg)于1965年编制,目前是我国心理学界使用最多的自尊测量工具。

指导语:以下是一组有关自我感觉的句子,请根据每一道题目符合自己的程度来评分。评分有四个等级:4表示非常符合,3表示符合,2表示不符合,1表示非常不符合。

1. 我认为自己是个有价值的人,至少与别人不相上下	4	3	2	1
2. 我觉得我有许多优点	4	3	2	1
3. 总的来说,我倾向于认为自己是一个失败者	4	3	2	1
4. 我能像大多数人一样把事做好	4	3	2	1
5. 我觉得自己没有什么值得自豪的地方	4	3	2	1
6. 我对自己持肯定的态度	4	3	2	1
7. 整体而言,我对自己觉得很满意	4	3	2	1
8. 我希望我能为自己赢得更多的尊重	4	3	2	1
9. 我确实时常感到自己毫无用处	4	3	2	1
10. 我时常觉得自己一无是处	4	3	2	1

【评分说明】

10个题目中包括了5个正向题(1、2、4、6、7题)和5个反向题(3、5、8、9、10题)。在累计总分时,先要将5个反向题的得分反转,即原来评4、3、2、1分的分别转化为1、2、3、4分。将反转后的5个反向题目的得分与另外5个正向题目的得分相加,即为总分。

【结果分析】

1、2、4、6、7正向记分,3、5、8、9、10反向记分,总分范围是10~40分,分值越高,表示自尊程度和自我接纳程度越高。

学习小结

1. 自我意识是指个体对自己的身心状况以及自己与周围环境关系的认识。

2. 自我意识从内容上可分为生理自我、心理自我和社会自我。

3. 自我意识的结构包括自我认知、自我体验和自我调控。

4. 大学生自我意识发展的主要特点是"理想自我"与"现实自我"的矛盾、独立性与依附性的矛盾、渴望交往与心灵闭锁的矛盾以及理智与情感的矛盾之间的整合过程。

5. 大学生自我意识发展常见的偏差主要包括自卑、自负、自我中心和过分追求完美,面对偏差要学会积极调适。

6. 健全的自我意识包括正确认识自我、积极悦纳自我和有效控制自我。

7. 人主要通过社会比较、自我经验和反省三个方面来认识自己。

8. 悦纳自我,包括接纳自己、喜爱自己、肯定自己、珍惜自己的独特性。

9. 自我控制可通过增强自我觉察力、设定目标和10分钟法则训练提高。

思考题

两个"我"

石磊,19岁,大二学生。他相貌堂堂,一表人才。平时,他一方面努力完成学业,另一方面从事一些兼职工作,显得很成熟,与周围的人相处得很好。在别人眼中,他是一个自信、开朗、有幽默感、坚强而有头脑的人。但他说这不是他,他在心底藏着另一个胆小、怯懦、纠结、内耗的自我,他认为这个自我才是真正的"我",而那个外在的"我"不过是表面现象而已。

请思考:石磊的自我意识可能存在什么偏差? 如果你是他,你要如何调整自己?

推荐资源

1. 书籍:《自卑与超越》,(奥)阿尔弗雷德·阿德勒著

《自卑与超越》是个体心理学创始人阿德勒的代表作,改变万千人命运的心理学经典作品。阿德勒认为,每个人都会自卑,但对自卑感的克服和超越,是使我们变得更加优秀的原动力。本书从探寻人生的意义出发,激励个人超越自卑,成为更优秀的人。

2. 电影:《少年派的奇幻漂流》

这是一个引人入胜、扣人心弦的历险故事。通过主人公派在海难中的生存与冒险经历,探讨了自我认知、人生意义和信仰的重要性。在这个充满奇幻与现实交织的故事中,派经历了身份认同的动摇、自我意识的深化,以及对人生意义和信仰的追问与反思。

模块三　开启智慧宝库——学会高效学习

没有任何力量比知识更强大,用知识武装起来的人是不可战胜的。

——高尔基

培育本事的事必须继续不断地去做,又必须随时改善学习方法,提高学习效率,才会成功。

——叶圣陶

书籍是在时代的波涛中航行的思想之船,它小心翼翼地把珍贵的货物运送给一代又一代。

——培根

心灵导读

2018 年 5 月 12 日,习近平总书记在北京大学师生座谈会上讲话时强调:"学习就必须求真学问,求真理、悟道理、明事理,不能满足于碎片化的信息、快餐化的知识。"青年人正处于学习的黄金时期,应该把学习作为首要任务,作为一种责任、一种精神追求、一种生活方式。大学生只有认真对待自己的学业,回应自己内心的热爱召唤,回应建设社会的使命召唤,才能不辜负自己的宝贵年华。

学习目标

1. 了解学习的含义、功能及大学学习的特点。
2. 学会觉察大学阶段面临的学习问题,掌握调适学习心理障碍的方法。
3. 学会调整学习心理状态,在大学阶段培养高质量的学习力。

项目一 成为主动的学习者

引导案例

欣怡是一名大一的女生，开学已经两个月了，可是她很难适应大学的学习方式。她觉得和高中从早到晚的课时安排相比，大学里的上课时间特别分散，课余时间多，可是自己又不知道该干什么，时间就不知不觉溜走了。上课时老师常讲课本上没有的知识，来不及记笔记甚至听不懂，作业也都是做论文和设计，她不知道怎么做，难度很大，学习成绩总上不去，尤其高数和制图课，她总是学不好。她觉得过去在高中时，只要自己上课认真听讲，做好笔记，课后好好复习，学习成绩总是不错的，哪怕有不会的，还可以找老师请教，可是现在下课后，不知道上哪去找老师请教，只能自己去学，可是又不知道怎么学好，她感觉高中的学习方法到大学都不管用了。为此，她很焦虑、苦恼，她担心这样下去期末考试会挂科，她希望老师能给她一些指导。

欣怡要怎样做才能改变现状？作为同学，你该如何帮助欣怡？

一、学习的概念

学习，可以从狭义与广义两种角度理解。狭义上的学习是指一个人可以得到持续变化（知识和技能、方法与过程、情感与价值的改善和升华）的行为方式。例如：通过学校教育而获得知识的过程。广义上的学习是指通过阅读、听讲、研究、观察、理解、探索、实验、实践等手段获得知识或技能的过程。

学习有三种常见功能，分别为拓展视野、能力提升、目标实现。

（一）拓展视野

学习可以帮助我们了解世界、拓宽眼界。通过学习，我们能够接触到各种知识和观点，从而更好地理解社会、文化和科学等领域，帮助我们更好地去探索未知。

（二）能力提升

学习是提升自身能力的有效途径。通过不断学习，我们可以增强专业技能、培养创新思维，不仅能更好地解决当前学习生活中的问题，还能为未来的发展打下坚实基础。

（三）目标实现

学习是实现个人目标的桥梁。无论是考取理想的大学、获得心仪的工作还是追求自我成长，学习都是必不可少的过程。

拓展阅读

我国教育心理学家冯忠良教授认为学生是通过接受学校所传授的经验学习的，可根据教育系统中传递内容的不同，将学生的学习分为知识学习、技能学习、行为规范学习这三类。学习知识、技能可以培养学生的能力，让学生学会做事；学习行为规范可以培养学生的品德，使学生学会做人。学校教育的最终目的是教会学生学会做事和学会做人，促进学生德、智、体的全面发展。

二、大学学习的特点

大学阶段的学习不同于中小学时期，在专业学习基础上可以自由选择想要参与的学习领域，也会更加宽泛。选择可以基于兴趣爱好，也可基于求职目标，也可以通过实践方式去探索。

(一)独特性

学习是大学生最重要的任务。大学阶段的青年正处于智力发展的巅峰期，其记忆力、观察力、思考力、逻辑思维能力与创造性都有很大的发展。大学生学习既不同于儿童的学习，也不同于成人的学习。大学生学习既有一定的专业性、目的性和探索性，又有深刻的社会意义，表现出广泛的兴趣和各种各样的学习方法。

(二)自觉性

大学学习中，无论是学习内容、学习时间还是学习方式都更加强调个体在学习活动中的主动性与自觉性。在大学学习期间，要掌握各种专门知识并追求成为某个专门领域的人才。同时，大学生可根据自己的兴趣爱好，选择实践课程、选修课程，独立地阅读各种书籍、制订学习计划、完成学习目标。在时间的掌握、学习方法的养成、学习内容的选择上，大学生均需独立自主完成。自学能力已经成为衡量大学生学业拓展能力的重要指标。

(三)专业性

大学生的学习有明确的职业定向——为将来走上工作岗位、适应社会需要所进行的学习。专业与学科群的划分也与大学学习、未来职业生涯紧密联系在一起，而专业学习要求大学生既要了解本专业的前沿知识与经典理论，又要掌握与专业相关的基础知识与专业基础，还要通过专门的专业实践达成阶段性学习目标。

(四)多样性

当前，大学生学习获取知识途径的多元化也带动了学习方式的变迁。大学开放式的教学为学生提供了多样的学习之路，除课堂教学外，课外实习、课程设计、科研训练计划、学年论文、学术报告及走向社会的社会实践等都为大学生提供了广泛的学习天地。

(五)创新性

大学生学习通过探索去发现和创新。大学学习不仅仅在于掌握知识，更在于探究知识的形成过程与科学的研究方法，对存在的问题能提出解决的思路。目前，高等学校普遍加强大学生创新能力的培养，在课程设置、课程安排、课程衔接上突出学生的主体地位，体现创新，加大了学生实践环节的培养，旨在提高大学生的创新能力。

三、大学学习导航

(一)专注课堂，关注前沿

在大学课堂里，不同的老师有不同的讲课方式和思路，学会做笔记、找重点，便于更快地跟上课堂节奏。上课时就需要把自己的精力全部放到课堂中。在学习中，要时刻了解自己专业领域发生的最新动态，并从不同渠道的学习中领悟分析事物的角度和方式，大学阶段的学习不仅仅是课本上的知识，更多的是学习思维、技巧、方法。大学学习更加自由、包容，加强与老师、同学的沟通交流，不仅锻炼自身的表达能力，更会便于更好地学习。

(二)学以致用,加强实践

大学期间参加各类活动、比赛有助于更好地将自身所学融入实践锻炼中,从而夯实专业基础。例如:国家级、省级、校级等各种技能比赛不仅是对自身专业基础的检验,更是提升实践能力的有效方式。所以,一定要多参加实践活动,通过主动地学习来实现自我激励和进步。

(三)团队协作,共同进步

三人行必有我师。无论是团队作业、个人作业,学会向优秀的人学习是取得进步的有效方式之一。所有成绩的取得都离不开个人、团队的支持,形成良好的团队协作意识,以共同进步、共同成长的目标为激励,会取得更大的成就。

小故事

马戏团训练动物的方法就是利用了自我设限心理。训练一个动物只需要将它一直用绳子牵住,逐渐地放开绳子动物也不会再逃跑。这个故事告诉我们,人生中的负面经验就像一条铁链,束缚和限制着我们往前探索的脚步。大胆探索、勇敢面对,努力冲破自我限制。

拓展阅读

随着中国经济的迅猛发展,大学生身处的社会生活更加包容、多元。大学生在思想上也更加追求独立,更强调主观感受和个体意识,对生活的质量和品位有更高的标准。在思想、观念、生活以及自己的学习生活安排等方面,大学生都表现出强烈的个性特征。在学习上,学生大多表现出不喜欢教条式的灌输、死板的教学模式。但在面对具体问题时,又出现明显的学习滞后特征。根据某大学一项针对大学新生的调查结果显示:"00"后大学生中,遇到挫折后,大部分人心理素质偏弱,72.3%的人会开始怀疑自己的能力,5.1%的同学会因此一蹶不振,只有9.4%的新生愿意总结经验从头再来。

项目二　学习动机与学习方法

引导案例

刘阳告诉欣怡,大学里专业课最重要,因为以后找工作一定要专业能力过硬,只需要把专业课学习好,其他课应付过去就行,集中精力主攻一件事。欣怡认为这样的想法是错误的,大学学习不仅是为了找工作,更是为了打下人生基础,因此,要广泛学习、提升综合素质。

你认同谁的观点?

一、大学生学习动机

大学生学习动机可依据个人追求、目标实现分为高级、中级、低级三种。

(一)高级学习动机

高级学习动机的人将个人学习目标与社会目标、前进方向保持一致。比如:有人想要做一个对社会有用的专门技术技能型人才,以自己的力量推动社会技术的进步;也有人对本专业学科内容有浓厚的兴趣,想要通过继续深造实现学术目标。

(二)中级学习动机

中级学习动机的人具有一定的向上心理,与某种社会道德责任感挂钩。比如:做一个优秀大学生;得到尊重;报答父母的养育之恩;实现亲人的美好期望。

(三)低级学习动机

低级学习动机的人纯粹是为了追求个人利益的实现,如能够获得一个好的工作岗位、得到较好的物质生活待遇、拿到大学毕业证书等。

📖 拓展阅读

学习是一种行为,而心理学上认为只有动机才能激发、维持和指引行为。这就好像,我们的人生也需要一个终极意义,但支撑你在每天的生活中具体去做事情的只有这个终极意义是不够的。交朋友这个行为需要交往动机驱动,获取工作上的业绩需要成就动机驱动,这就是动机的重要作用。因此,学习也非常需要学习动机。

📝 心理实验

德西效应

心理学家德西给大学生布置了一个任务,在实验室里解有趣的智力难题。

第一阶段,所有的被试者都无奖励。

第二阶段,将被试者分为两组,实验组的被试者完成一道难题可得到 1 美元的报酬,而控制组的被试者跟第一阶段相同,无报酬。

第三阶段,为休息时间,被试者可以在原地自由活动。

参与实验的大学生在这一阶段是否继续解题作为喜爱这项活动程度的指标。实验组(奖励组)被试者在第二阶段确实十分努力,而在第三阶段继续解题的人数很少,表明兴趣与努力的程度在减弱,而控制组(无奖励组)被试者有更多人花更多的休息时间在继续解题,表明兴趣与努力的程度在增强。

分析:心理学研究表明,人们本来会在内在动机的激励下进行某种活动,但是当他们在有了为此而得到外部强化的经验之后就可能发生变化,变得没有外部奖赏就不再进行那一活动了。

启示:外部奖励可能会削弱动机;激发学习动机,慎用物质性奖赏;教育最重要的是激发学生对学习活动本身的动机。

二、影响大学生学习动机的因素

影响学习动机的因素包括:内部因素和外部因素。内部因素主要包括学生的自身需要与目标结构、成熟与年龄特点、学生的性格特征和个别差异、学生学习准备、学习焦虑程度等;外部因素主要通过内因起作用,具体而言,外部因素主要包括教师态度、课堂气氛、环境因素等。

(一)内部因素

1.学习方法

学习过程中从课前预习、听课情况、课后复习、处理课业等,都是有方法可以学习的,好的方法能有效提升学习动机的形成。

2. 成就动机

目标的吸引力越大,成就动机越大,个体施展才干的机会越多,成就动机越强。做很有把握的事和毫无胜算的事都不会激发高的成就动机。因此,要走出舒适区勇于挑战。

3. 价值取向

价值取向的不同影响着个体选择,有人以追求真理为目标,有人则重视物质享受。

4. 学习兴趣

兴趣可以无形中影响着一个人的学习动机。面对实现目标的不同路径,不同兴趣爱好的人做出的选择也是不同的,目标完成度也是不同的。

(二)外部因素

1. 学习氛围

课堂学习氛围、宿舍学习氛围等对大学生学习动机的形成也起到重要作用,好的学习氛围能带动一个人的进步与自律。

2. 社会需求

当前社会经济处于转型时期,社会需求、行业需求必然会直接影响学习目标的制定。高职学生学习目标主要以"就业"为导向,倾向实用性,以实现社会价值为指导。

小故事

两个工人在工地上干活,有一个记者来采访他们,问工人在干什么,其中的一个工人说在盖房子,而另一个工人则说正在建设一个美丽的家园。

对比这两个工人的回答,你觉得哪个工人干活更有激情呢?显然是第二个,因为第二个投入了感情,工作不仅仅是着眼于眼前,更放眼于未来,对未来有更加美好的期盼,那他工作当然是更有动力了。学习也一样,以什么样的态度去对待,那么结果与收获也不同。

三、大学生学习方法

(1)制定学习计划。制定明确的学习目标和计划,将大的目标分解为小的任务,并设定合理的时间表。这样可以帮助我们更好地组织学习内容,提高学习效率。

(2)注重基础知识。打牢基础是学习的关键。在学习新知识之前,确保自己对相关的基础知识有一定的了解和掌握,这样才能更好地理解和应用新的知识。

(3)多样化学习方式。采用多种学习方式,如阅读、听讲座、参加讨论等,以满足不同的学习需求。同时,结合实践和反思,将所学知识应用到实际生活中,加深理解和记忆。

小故事

英国前首相劳合·乔治有一个习惯——随手关住身后的门。有一天,乔治和朋友在院子里散步,他们每经过一扇门,乔治总是随手把门关上。"你有必要把这些门关上吗?"朋友很是纳闷地问。"哦,当然有这个必要。"乔治微笑着对朋友说:"我这一生都在关我身后的门。你知道,这是必须做的事。当你关门时,也将过去的一切留在后面,不管是美好的成就,还是让人懊恼的失误,然后,你又可以重新开始。"朋友听后,陷入了沉思中。乔治正是凭着这种精神一步步走上了英国首相的位置。俗话所说:"为误了头一班火车而懊悔不已的人,肯定还会错过下一班。"

拓展阅读

归因的重要性

归因可以提高处理问题的能力,当学习出现问题时,合理归因能够帮助你有效找到问题的根源所在。当你表现好时倾向把原因归于内在自身,表现差时倾向于归为外在,有助于维护自尊,但如果这种倾向过强,对自己自尊的维护大幅偏离客观事实,不利于自己的反思,影响后续的努力和进步。如果具有相反的倾向,即表现好时归因给外在,表现差时归因于自身内在,虽然有利于反思和努力,但也可能会降低自尊、增加自卑,对个人身心健康产生不利的影响。

在归因可控性较强的事件中,人有较强的掌控感,对学习活动中自己和外界都有较好的控制,但是可控性强也意味着自己需要对学习活动的表现负责,会产生一定的焦虑和责任感,面对重要学习事件可能会产生过度焦虑从而影响表现。而归因可控性较弱的事件,人的掌控感不强,通过努力去改善结果的行为也会变得不积极。

思维模式的重要性

成长型思维认为人们的智力、能力和性格是可以通过个人有意识地学习改变的。因此,会把个人的这些内在素质归因为可以提高的、不稳定且可控的,给努力学习提高这些素质打下基础。

僵化型思维认为人的智力、能力和性格是长久保持在同一个水平上的。所以,在某方面比较出色的人更愿意保持这种持久的聪明性,在某方面比较差的人也不愿努力学习获得提升。

项目三 大学生学习问题与学习力

引导案例

李琦是一名大一的男生,第一学期考试3门课不及格,给自己造成很大的心理压力,怀疑自己没有学习能力,现在一上课就走神,尤其是高数和英语,根本听不懂。马上又要到期末考试了,他特别担心再考不及格,甚至产生想退学的想法。他自己在分析考不及格原因时谈到,刚考上大学时,也曾经对大学生活有一番设想和憧憬,但来到大学后,发现大学并不像想象的那么美好,再加上老师在管理上也不再像中学那样管得很细、很多,也听不到父母整天没完没了地唠叨了。于是便不由自主地松了劲,今天与老乡聚一聚,明天又参加个什么活动,心怎么也收不回来,等到回过神来想学习的时候,想不到大学的课程讲授速度那么快,自己已无从下手了。

一、大学生常见的学习问题

大学阶段常见的学习问题主要表现在四个方面:学习动力缺乏、学习动机强度不当、学习焦虑与学习疲劳、考试焦虑。

(一)学习动力缺乏

(1)逃避学习。不愿意上课,上课时无精打采,对学习抱消极态度,缺乏学习成就感。

(2)缺乏学习的自尊心和自信心。不相信自己有学好的潜力,学不好也不会感到丢面子。

(3)容易分心、缺乏专注力。学习动力缺少会使注意力差,不能专心听课,不能集中思考,易受各种内外因素的干扰,满足于一知半解。

(4)厌倦、冷漠。学习动力缺乏常会导致厌倦情绪,对学习冷漠、畏缩。

(5)缺乏正确的学习策略和方法。学习动力缺乏者不会主动地寻找适合自己的灵活变通的学习策略和方法,因而常常难以适应新的学习情境。

(二)学习动机强度不当

(1)缺乏动机或动机强度过弱。大学生不能专注于学习,学习行为不容易发生,即使发生也不能维持。

(2)学习动机过强。学习动机过强常表现为成就动机过强,干什么事都迫切期待成功,都期望比别人做得好,不能容忍任何失败。

(三)学习焦虑与学习疲劳

(1)学习时心理压力太大,时常感到焦虑、情绪压抑。

(2)怀疑自己的学习能力,总担心自己学习不好,对可能取得的考试成绩顾虑重重,信心不足,忧虑过度,以至寝食不安。

(3)夸大学习中存在的困难,畏难情绪严重,从而造成心理上的不安。

(四)考试焦虑

考试焦虑是由于担心考试失败或渴望获得更好的分数而产生的一种忧虑、担心、期望、紧张的心理状态。

心理实验

棉花糖实验

学会专注目标、抵抗疑惑,学会延迟满足是大学阶段要学会处理的一个重要课题。

斯坦福大学在19世纪60年代末有一个著名实验,在这个实验中,让4岁的孩子们进入到一个房间里,然后在他们每个人面前的碟子上放一块棉花糖。研究人员告诉他们可以把棉花糖吃掉,也可以等15分钟后研究人员回来,他们会获得两块棉花糖。虽然大部分的孩子都说他们会等,但是很多孩子都难以抗拒面前的吸引然后屈服了——在研究人员回来之前就把棉花糖吃了;成功延迟整整15分钟的孩子一般会采取回避策略,例如别过头去或者盖着自己的眼睛。

实验结束后,《时代》杂志进行了跟踪报道。孩子们的行为意义很深远:能够延迟满足的孩子在青年时期很少会过于肥胖、有毒瘾或其他行为问题,他们将来的生活也会更好。

二、大学生学习问题的调适方法

大学是一个知识和智慧相互碰撞的舞台,在这个阶段,大学生要面对各种学习任务和挑战。然而,许多大学生在学习动机方面存在问题,缺乏积极主动性和持久性,这会影响他们的学业成绩和学术发展。

面对学习问题,采取恰当的调适方法,能有效地提高学习能力。

(一)制定明确的目标

一些大学生在学习过程中没有明确的目标,缺乏方向感和使命感。因此,要结合自身情况,制定恰当的目标,按照计划步骤去完成。目标的制定需要遵循由小及大、由易到难的过程,由一个个小目标的完成,到大目标的实现。

(二)有意识地培养自信心

一些大学生对自身能力产生怀疑,导致动力不足,对学习失去兴趣,长此以往便会完全荒废学业。发掘自身优势、找准闪光点,可以从做擅长的事开始,主动、有意识地培养自信心。

(三)分解学习压力

大学生面临繁重的学习任务,长期压力过大,容易感到心力交瘁。要清楚认识到压力是每个人都会遇到的,但能有效地面对压力并妥善处理的能力,才是拉开人与人差距的试金石。所以,尝试去分解学习压力,找到合适排解压力的方式,尝试着将学习压力用生活的乐趣去分解,用平和的心态去处理。

(四)主动追求成就感

一些大学生在学习中没有得到及时的认可和奖励,缺乏成就感,影响学习动力。对成就感的追求不仅限于外界的评价体系,当你主动去追求自我成就时,你的成就感来源就会通过你完成的每一件小事中获取。一次次自我成就的达成,逐步塑造着你内心的自信与笃定,从而会更加助你获得成功。

小故事

"温水煮青蛙"的下一句是"青蛙被煮熟了"。这句话警示人们在逐渐恶化的环境中要保持警觉,及早采取行动,避免无法挽回后果。这句话源自青蛙实验,通过温度逐渐升高,青蛙无察觉而被煮熟,用来形容人们逐渐麻木和失去警觉的现象,提醒人们不要被舒适和习惯所迷惑。它也常被用来批评那些缺乏危机意识和对逐渐恶化的情况漠不关心的人。因此,这句话提醒我们要时刻保持警惕,不要因为逐渐变坏的环境而失去应有的反应和行动能力。

三、大学生学习力的培养

大学阶段最重要的是要培养学习力。学习力包括学习动力、学习毅力、学习能力三个要素。大学生学习力是学习动力、毅力和能力的综合体现,能把知识资源转化为知识资本的能力并服务于终身成长。

大学生如何培养学习力?

(一)培养良好的学习习惯

(1)建立规律的学习时间表,合理安排每天的学习时间。

(2)养成定期复习和总结的习惯,及时消化和巩固所学知识。

(3)创造积极学习环境,远离干扰,设计一个适合学习的空间,保持整洁、安静和舒适。

(4)可以使用记忆卡片、贴纸或海报等视觉辅助工具,激发学习兴趣和记忆力。

(5)制定优先级,将学习任务按重要性和紧急性进行排序,优先处理重要和紧急的任务。这样可以避免被琐事分散注意力,保证时间和精力用于最重要的学习任务上。

(6)制定明确的学习目标。设定具体的学习目标,并分解为小步骤,逐步实现。

(二)养成科学的学习方法

(1)主动参与课堂讨论,积极提问,与老师和同学互动,通过交流加深对知识的理解和记忆。

(2)尝试不同的学习方法,直到找到最适合自己的,如阅读教材、参考书籍、观看视频、做笔记、做练习题等。

(3)寻求帮助和支持。如果遇到困难或有疑问,不要害怕向老师和同学寻求帮助。

(4)尝试不同的学习方式,如口头复述、图表绘制、教授他人等,以此来加强记忆和理解。

(三)多样性的探索与发现

(1)注重综合素质的培养。除了学术知识,还要注重培养其他方面的能力,如语言能力、计算机技能、沟通与团队合作能力等。这些能力在学习和未来的职业发展中都非常重要。

(2)拓宽学习视野。积极参加学术讲座、研讨会和文化活动;阅读相关书籍和文献;关注学术和行业的最新动态。

(3)均衡生活和学习。合理安排学习和休息时间,进行适量的体育锻炼、社交活动和娱乐休闲,保持平衡的生活方式。

(4)利用技术工具。探索和利用适合学习的技术工具,如学习管理软件、在线课程平台、学习笔记应用等。这些工具可以帮助你更好地组织学习材料、追踪学习进度和提高学习效率。

(5)组织学习小组。与同学组建学习小组,共同讨论和解决问题。同学之间通过互相讲解和分享知识,可以加深理解和记忆,并提高学习效果。

(四)持续精进与终身学习能力养成

(1)持续反馈和评估,定期进行自我评估,回顾学习进展和成果。根据反馈结果调整学习策略,找到适合自己的方法和改进空间。

(2)拓展知识领域,除了专业课程,积极拓展其他学科和领域的知识,这样可以培养综合思维和跨学科的能力,提高学习的广度和深度。

(3)坚持自我反思,定期回顾学习成果和不足之处,总结经验教训,找到改进的方向。同时,寻求他人的意见和建议,从不同角度审视自己的学习表现,不断提升自我。

(4)养成持续学习的习惯,学习是一个持续的过程,需要坚持不懈。每天安排一定的学习时间,保持学习的连贯性和积累性,逐渐形成良好的学习习惯。

(5)坚持终身学习,大学只是学习的起点,要保持对学习的热情和持续进取的态度。建立终身学习的意识,不断更新知识和技能,适应社会和职业发展的需求。

拓展阅读

面向中国式现代化,推动职业教育全面融入全民终身学习体系成为深化职业教育改革发展的重大课题。

终身学习是指社会每个成员为适应社会发展和实现个体发展的需要,伴随人一生的持续的学习过程。

20世纪60年代中期以来,在联合国教科文组织及其他有关国际机构的大力提倡、推广和普及下,1994年,"首届世界终身学习会议"在罗马隆重举行,终身学习在世界范围内形成共识。终身教育已经作为一个极其重要的教育概念而在全世界广泛传播。许多国家在制定本国的教育方针、政策或是构建国民教育体系的框架时,均以终身教育的理念为依据,以终身教育提出的各项基本原则为基点,并以实现这些原则为主要目标。

"终身教育"这一术语自1965年在联合国教科文组织主持召开的成人教育促进国际会议期间,由联合国教科文组织成人教育局局长——法国的保罗·朗格朗(Parl Lengrand)正式提出以来,短短数年,已经在世界各国广泛传播,近30年来关于终身教育概念的讨论可谓众说纷纭,甚至迄今为止也没有统一的权威性定论。这一事实不仅从某一侧面反映出这一崭新的教育理念在全世界所受到的关注和重视的程度,同时也证实了该理念在形成科学的概念方面所必需的全面解释与严密论证尚存在理论和实践上的差距。终身教育的概念:终身教育所意味的,并不是指一个具体的实体,而是泛指某种思想或原则,或者说是指某种一系列的关心与研究方法。概括而言,终身教育指人的一生的教育与个人及社会生活全体的教育的总和。

体验与训练

心理活动 1

活动名称:学习中的自我觉察

活动目的:通过活动的开展,帮助学生在学习过程中遇到困难时,学会自我觉察。

活动流程:邀请学生在小组中分享自己在遇到困难时常出现的想法,比如:"太难了,凭我的智商我很难做到""我就是这么没用,什么都做不好""我不可能做到""我太笨了,我肯定学不会""我试一下,应该没问题""是很难,我看能不能想想办法""没问题,肯定能想办法解决的"。

思考分享:反思和总结自己遇到困难时的思维倾向。

_____

_____

_____

_____

心理活动 2

活动名称:学会自我肯定

活动目的:通过活动的开展,让发现和肯定自我成为学习道路上的重要环节。

活动流程:以小组为单位分享一件你成功克服学习难题的事,重点分享的内容是在克服这个学习难题过程中你是怎么想的、如何做的,以及你成功之后的经验分享。

思考分享:学会肯定自我、并将成功经验分享。

_____

_____

_____

_____

心理活动 3

活动名称:制订一份学习计划

活动目的:结合本节课所学,制订一份学习计划并执行。

活动流程:以小组为单位进行学习计划制订活动,根据所学内容从时间管理、目标管理、行动步骤等结合自身情况开展设计,要求详细、具体、操作性强。

思考分享:学习计划制订之后重在执行,通过活动开展将学习过程变得更加有步骤、有目标。

_____

_____

_____

_____

_____

心理活动 4

活动名称：关于学习力与学历的讨论

活动目的：通过该话题的讨论，进一步增强学生对学习力的理解。

活动流程：在课堂上，将班级分为 4~5 个小组，每组就"比学历更重要的是学习力"这一话题进行交流讨论（见图 3-1、图 3-2）。每组选取 1 人进行总结发言。

比学历更重要的是学习力

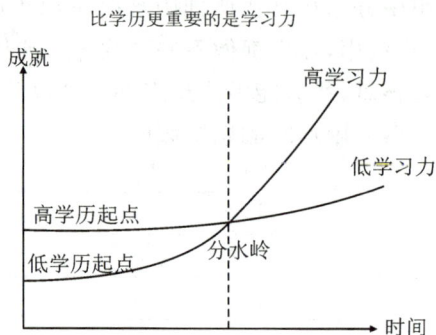

图 3-1

学历与学习力代表什么

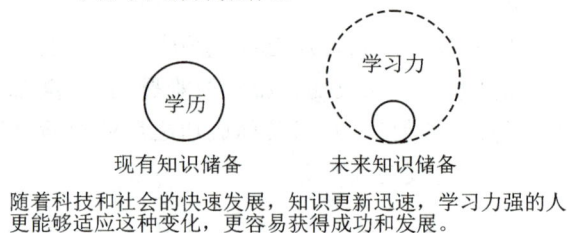

随着科技和社会的快速发展，知识更新迅速，学习力强的人更能够适应这种变化，更容易获得成功和发展。

图 3-2

思考分享：学历反映一个人的学术水平，但学习力更能体现一个人的成长潜力和未来发展潜力。

_____

_____

_____

_____

_____

_____

▌ 心理测试

测试名称：你是成长型思维还是固定型思维

指导语：固定型思维认为自己的能力是天生的、恒定不变的，固定型思维的人面对困难时，总是拼尽全力找借口，很容易妥协和感到绝望。

成长型思维是一种积极向上的思维方式，认为只要通过努力就可以改变现状。成长型思维模式是个人和职业成长的重要因素，能激发你的无限潜能和动力，让你不断进步和成长。

评分标准：对照表 3-1 中的语言表述，每项 1 分，测试自己属于哪种思维模型。

表 3-1　成长型思维与固定型思维

A 组	B 组
这太难了	我在练习中变得更强
我怎么老是出错呢	失败乃成功之母
我不够聪明	我可以学
我不知道该怎么办	克服挑战可以让我成长
我不喜欢有挑战	不试的话，肯定不会成功
我想放弃了	目前不太擅长，但多练习就会了

分数说明：A 组得分大于等于 3 分则属于固定型思维；B 组得分大于等于 3 分则属于成长型思维。

学习小结

1.学习,可以从狭义与广义两种角度理解。狭义上的学习是指一个人可以得到持续变化(知识和技能、方法与过程、情感与价值的改善和升华)的行为方式。广义上的学习是指通过阅读、听讲、研究、观察、理解、探索、实验、实践等手段获得知识或技能的过程。

2.学习有三种常见功能:拓展视野、能力提升、目标实现。

3.大学学习特点:独特性、自觉性、专业性、多样性、创新性。

4.大学学习导航:专注课堂,关注前沿;学以致用,加强实践;团队协作,共同进步。

5.大学生学习动机可依据个人追求、目标实现分为高级、中级、低级三种。高级学习动机是个人目标与社会目标、前进方向能够保持一致的学习动机;中级学习动机是个人向上心理与某种社会道德责任感挂钩的学习动机;低级学习动机纯粹是为了追求个人利益实现的学习动机。

6.影响大学生学习动机的因素分为内部因素、外部因素。

7.大学生常见的学习问题有学习动力缺乏、学习动机强度不当、学习焦虑与学习疲劳、考试焦虑。

8.大学生学习问题的调适方法:制定明确的目标、有意识地培养自信心、分解学习压力、主动追求成就感。

9.大学生学习力的培养:培养良好的学习习惯、养成科学的学习方法、多样性的探索与发现、持续精进与终身学习能力养成。

思考题

作为大学生的你认为应该如何来面对大学阶段的学习呢?

你如何看待终身学习这一理念?

推荐资源

1.书籍:《非暴力沟通》,(美)马歇尔·卢森堡著

这本书教会我们如何与他人沟通交流,如何合理表达自己的情绪和感受,如何提出请求,如何拒绝他人,如何倾听,如何表达自己的愤怒,以及如何化解冲突、调和纷争等。

2.书籍:《自控力:斯坦福大学最受欢迎心理学课程》,(美)凯利·麦格尼格尔(Kelly McGonigal)著

该书提出了意志力的局限性以及培养自控力的重要性。

模块四　在家庭中成长——超越原生家庭

全部教育，或者说千分之九百九十九的教育都归结到榜样上，归结到父母自己生活的端正和完善上。

——列夫·尼古拉耶维奇·托尔斯泰

原生家庭对家里子女的影响越深刻，子女长大以后就越倾向于按照幼年时小小的世界观来观察和感受成年人的大世界。

——卡尔·古斯塔夫·荣格

心灵导读

原生家庭对每个人的成长都有很大的影响作用，它可以给我们带来幸福、愉快，但同时原生家庭带给我们的负面情绪和感受更容易被我们所牢记。原生家庭的不完美，我们或多或少都体会过；原生家庭带来的心理伤害，我们也许都感受过。那些灰暗的、一直难以被别人和自己所理解和接纳、似乎无处安放的感受，其实就来自我们的原生家庭。

在本模块中，我们会从心理学的视角，引导大家如何更好地认识家庭关系，了解原生家庭对心理的影响，从而学会改善与原生家庭的相处模式，使我们有勇气和力量，从与原生家庭的负面关系模式中解脱，恢复自信和力量，得到自由和幸福，实现自我救赎。

学习目标

1. 了解原生家庭的定义，明确原生家庭对大学生心理的影响，掌握如何自我调适、改善关系的基本知识。

2. 掌握改变与家庭关系的技巧，改变消极心态，积极成长，更好地促进心理发展。

3. 了解自身的情绪情感问题，对自己的行为能力进行客观评价，正确认识自己，接纳自己，拥有敢于突破的勇气，化茧成蝶的力量，更好地促进自我发展。

项目一　了解原生家庭

引导案例

陈娜的眼泪

大一刚开始，女生 504 宿舍迎来四名新成员。相比其他三名同学的热情活泼，陈娜的性格非常内向。刚进入大学，一切都是新鲜的，大家一起约着吃饭、上课、参加社团，但这些活动陈娜从不参加，她经常独自一个人活动。每天晚上，在大家叽叽喳喳聊天的时候，陈娜总是默默地在书桌边和妈妈打电话，她不会主动问妈妈，脸上也没有开心的表情，只是像个木偶娃娃一样偶尔应和妈妈一声。时间一天天过去，突然有一天，在和妈妈例行电话的陈娜突然大哭，说道："妈妈，求求你不要逼我了，我不想转专业，我很喜欢现在的专业，从小到大我什么都听你的，能不能给我一点自由，让我学我想学的东西，我不想再回医院了，您难道非得让我再次抑郁住院吗？"

原来，陈娜从小就是特别听话的孩子，爸爸在家庭中存在感不强，妈妈掌控欲特别强烈，小到衣服穿什么，大到选择专业，陈娜必须都听她的，只要陈娜反抗，她就破口大骂，以死相逼，高中时陈娜曾因此严重抑郁。上了大学，妈妈依然操控着陈娜每天的生活，又因专业的选择逼迫她转专业，陈娜再次情绪崩溃。

陈娜的原生家庭对她的心理影响大吗？假如你是陈娜，面对妈妈的掌控，你会怎样应对？

拓展阅读

原生家庭

近些年来，随着家庭教育的普及，原生家庭的概念逐渐进入大学生的视角，常常出现在日常的谈话中，那么什么是原生家庭呢？

想一想，你的家庭里有哪些成员？有爸爸、妈妈，或者爷爷奶奶和姥姥姥爷，甚至还有姑姑和舅舅，表妹和堂兄……他们都是家庭成员，但并不是通常所指的原生家庭。原生家庭特指父母和未婚的子女住在一起组成的家庭，即每个人出生和成长的地方。我们和我们的父母组成我们的原生家庭，父母和他们各自的父母组成他们各自的原生家庭。作为每个人出生和成长的地方，原生家庭不断刻画和塑造着每个人。

一、家庭的定义

家庭作为一个群体，是社会的细胞，是社会生活的基本单位。家庭由婚姻关系、血缘关系及收养关系构成。其特点主要有：

第一，以婚姻、血缘关系为纽带。以婚姻关系为纽带的人与人之间的关系是姻亲；以血缘关系为纽带的人与人之间的关系是血亲（收养关系的是准血亲）。传统社会中，血亲重于姻亲，这是由于传统社会注重传宗接代；现代社会注重婚姻质量，姻亲日益显得重要。

第二,家庭是一种初级社会群体,成员之间有较多的面对面的交往,有直接的互动与合作。

第三,与其他社会关系比较,家庭关系最为密切、深刻。它包括性、生育、赡养、生活、事业、经济、政治、伦理道德、教育等方面的关系。

二、家庭的结构与功能

(一)家庭的结构

1. 家庭的结构要素

(1)家庭成员的数量。

(2)代际层次:在家庭代际关系中,既有连续性,又有间断性。

(3)夫妻数量:夫妻是家庭的核心,家庭中有几对夫妻,就有几个核心。核心越多,家庭越不稳定。

2. 家庭的结构模式

(1)核心家庭:由夫妻和未婚子女组成的家庭。

(2)主干家庭:由夫妻和一对已婚子女,如父、母、子、媳组合而成的家庭。

(3)联合家庭:由夫妻与两对或以上的已婚子女组成的家庭,或兄弟、姐妹结婚后不分家的家庭。

(4)其他家庭:上述三种类型外的家庭,如单亲家庭、丁克家庭等。随着经济和社会的发展,核心家庭已成为家庭的主要结构模式。

(二)家庭的功能

1. 经济功能

经济是家庭功能的重要基础,包括家庭的各种经济活动,如生产、分配、交换、消费、理财等。

2. 性的功能

夫妻性生活是婚姻关系的生物学基础,夫妻之间的性关系是社会(法律、伦理与道德)认可的性关系。

3. 生育功能

家庭是社会的生育单位,种族繁衍的重要保证。

4. 抚养与赡养功能

抚养与赡养功能具体表现为家庭代际关系中的双向的义务与责任。抚养是上一代对下一代的抚育、培养;赡养是下一代对上一代的供养、帮助。

5. 教育功能

教育功能包括父母对子女的教育以及家庭成员之间的互相教育,其中前者最为重要。

6. 感情交流功能

感情交流是家庭精神生活的一部分,是影响家庭幸福的重要因素。

三、家庭中常见的行为模式

家庭中的行为模式指的是家庭成员之间互相沟通的习惯性模式,不仅指语言,也包括其环境,孩子作为家庭的一员,行为举止皆受其影响。

(一)冷漠型

冷漠型的家庭行为模式指的是在家庭中,家庭成员之间缺乏沟通和交流,很少互相关心。以这种行为模式为主导的家庭中,父母之间、父母和孩子之间均缺乏有效的亲密互动,很少感知到家庭的温馨,彼此之间的情感相对淡漠。

(二)失控型

失控型的家庭行为模式指的是在家庭中,家庭成员之间的互动以暴力、打骂为主,大部分有家暴史的家庭属于此类型。在沟通交流中,父母经常无法很好地控制自己的情绪,在表达观点或者感觉受到挑衅时,没有办法控制自己,会对其他家庭成员进行言语或者非言语伤害。在以这种行为模式为主导的家庭中,处于弱势地位的成员,尤其是孩子,其内心极其软弱自卑,很少表达自己的需求,也有一小部分孩子会走上另一条极端道路,变得和施暴者一样暴躁易怒,容易攻击他人。

(三)理智型

理智型的家庭行为模式是指在家庭中,家庭成员情绪稳定、沟通有效、家庭氛围轻松而愉快。这种家庭中,父母文化程度较高,善于反思自己,在与孩子的沟通中,不会强制要求,因势利导、循循善诱,和孩子相处时以朋友自居。因而这种家庭中的孩子性格外向、脾气温和,很容易得到大家的喜欢。

心理实验

芭比娃娃实验

阿尔伯特·班杜拉在斯坦福大学做过一项著名的实验,他与斯坦福大学附属幼儿园的管理者取得联系,挑选了72名儿童作为被试,男女各占一半。通过让儿童观察不同成人榜样从而对待芭比娃娃的行为,他发现:那些见到攻击性成人榜样的儿童,大多数都出现了攻击性行为。他们会模仿之前看到的成人榜样的行为,如坐在芭比娃娃身上,用木棍击打芭比娃娃,把芭比娃娃扔到地上等,甚至还出现了语言攻击,如"打它"等。

拓展阅读

踢猫效应

踢猫效应是指对弱于自己或者等级低于自己的对象发泄不满情绪而产生的连锁反应。人的坏情绪,一般会沿着等级和强弱组成的社会关系链条依次传递。由金字塔尖一直扩散到最底层,无处发泄的最弱小的那一个元素,则成为最终的受害者。踢猫效应描绘的是一种典型的坏情绪的传染。

项目二　原生家庭对大学生发展的影响

引导案例

　　张宏长得人高马大,但是个性非常懦弱。他通常不会发表自己的观点,只会唯唯诺诺地附和别人。说起性格懦弱的原因,张宏回忆说:"我小时候不怎么爱说话,父母觉得我很没用,常常训斥我。他们给我的印象是很凶,他们越凶我,我越害怕,越不敢说话。时间长了,我就习惯于少说点话。即便和别人有不同的观点,我也不敢轻易表达,唯恐遭到呵斥或是嘲笑"。

　　你身边有这样的"张宏"吗? 张宏父母的教养方式属于什么类型?

一、原生家庭的教养方式类型

　　卢梭说:"人的教育在他出生的时候就开始了,在他还不会说话和听别人说话以前,他就已经受到教育了。"可见,家庭的教育方式对孩子的成长起着至关重要的作用。

(一)控制型

　　控制型的父母在对孩子进行教育时,经常忽略孩子的感受,只要求孩子绝对地服从,父母拥有绝对的主动权,孩子是父母命令的执行者。只要孩子愿意听从父母的安排,父母便会满足孩子的需求,反之,孩子便被认为不听话,要进行言语和行动的打压。这种教育方式会使孩子缺乏主见,没有自主的判断力和独立的行动能力。

心理实验

　　艾伦·兰格和朱迪斯·罗丁在一个名叫阿登屋的养老院做了一项关于控制力的实验,这家养老院的老人不仅身心健康状况相似,而且还有相似的社会经济背景。兰格和罗丁随意挑选了两层楼的老人分别进行两种不同的实验。其中,居住在四楼的老人中有 8 名男性,39 名女性,他们需要接受一个责任提升训练。而居住在二楼的老人中有 9 名男性,35 名女性,他们需要保持和往常一样的生活习惯,作为对照组存在。

　　在实验开始后,兰格和罗丁会分别对两种不同实验条件下的老人做出不同的安排。他们让接受责任提升训练组的老人自主决定自己的事情,如房间的布置、是否后天看电影,或者是否接受礼物等;他们对对照组的老人采取相反的措施,直接布置好房间让老人入住,直接宣布后天看电影及领取礼物。然后再使用问卷调查的方式来了解实验期间老人们的精神状态。统计显示,实验组的老人比对照组的老人明显感觉到了更多的快乐,也更富有活力,这都是选择机会和个人控制力所产生的积极作用。其中,实验组 93% 的被试的情况都朝着积极的方向发展,而对照组只有 21% 被试的情况在朝着积极的方向发展。

(二)暴力型

　　暴力型分为言语暴力和行为暴力两种,暴力型的父母大多受"棍棒底下出孝子"的传统思想的影响。他们将孩子视为自己的私人物品,要求孩子绝对地服从,在孩子稍有越界或者不听调遣,父母便会使用言语或者非言语暴力。这种教育方式是对孩子的不负责任,对于经常受到责打的孩子来说,父母的行为不仅会给他们带来恐惧,也可能会让他们的人生变得阴暗。

(三)开明型

开明型的父母跟孩子相处为师亦友,在对待孩子的教育问题上,很少以父母的身份对孩子进行施压,更多的是用自己的人生经验,用孩子能接受的语言进行引导,即使孩子有自己的主见,也会尊重孩子的意见。他们会给孩子设定明确的界限,要求孩子严格遵守,同时也会主动关怀孩子,并能接纳倾听,与孩子共情。在和他们的相处中,孩子愿意敞开心扉,也很少有叛逆期。

(四)溺爱型

溺爱型的父母和开明型父母在对孩子的教养上最显著的差别就是主动性。开明型的父母对孩子的成长虽然不会强迫,但会主动地给孩子提建议,引导孩子积极健康地成长;而溺爱型的父母属于放任自流,一切以孩子的感受为中心,不管是非对错,只要孩子开心。他们不会或者很少对孩子的行为提出要求,任由孩子自己做决定,同时也不告诉他们不良行为的后果,当孩子出现违规的行为时,也是采用忽视或接受的态度,不会进行批评或惩罚。这样的后果就是孩子容易以自我为中心,认为所有人都得一直宠着自己,一旦要求没有得到满足,就会冲动叛逆,甚至出现攻击性行为。

(五)忽略型

忽略型的父母常常忽略孩子的感受,对其行为没有要求,对孩子漠不关心,一般只对孩子提供物质支持,而没有精神支出,很少和孩子进行沟通和情感交流,也不进行教育。这种教养方式下的孩子心态消极、自控力差,并具有攻击倾向。他们不相信有人真的关心自己,爱护自己,缺乏归属感和安全感,无法建立亲密关系,容易产生反社会倾向。

📖 拓展阅读

控制欲源自"不再被需要"心理。世界上的任何一个人,都或多或少地有一些控制欲。有些人是想掌控身边的人,有些人是想掌控身边的事物。一旦我们想要掌控的人或事脱离预定的轨道,我们就会变得不安,甚至感到恐惧。从某种意义上说,我们的控制欲其实源自心理层面的某种不安全感。一般情况下,我们越害怕失去某些东西,就越想把它们紧紧抓在手里,似乎只有这样,才能获得安全感。因为我们害怕失去,害怕失去某些本属于我们的东西之后,我们的内心会变得空空落落。所以,当我们对外部事物产生控制欲的时候,更多地应该关注自身、提升自我、增强自信,这样反而会有意想不到的收获。

二、原生家庭对大学生心理的影响

(一)情绪的产生

原生家庭的行为模式以及父母的教养方式,都会对大学生的情绪产生很大的影响。积极的原生家庭中,父母对孩子的关心满足了孩子的爱和安全感的需要,孩子更容易产生正向的情绪,也愿意分享爱和善意,从而在身边形成一个小的积极的能量场。这促使大学生拥有积极向上的成长氛围,有利于学生成长。反之,消极的原生家庭会让孩子失去自我,丧失自信,更多地体会到难过、伤心等消极情绪,不利于大学生的发展。

(二)人格的形成

原生家庭对大学生的影响还表现在促进健康人格的形成。忽略型、暴力型、控制型教育方式会让孩子和父母产生一定的隔阂。在心理学中,有种常见的情感障碍被称为"失望性情感隔离",具体表现是和父母没有亲人的感觉,不想沟通,也不想有任何情感上的牵挂,最好的相处模式就是各过各的。这是一种心理上的隔离机制,本质就是对父母过于失望,因为早年间缺乏父母的理解与支持,很多情感诉求都没有得到回应,所以不再把父母当作情感依靠。这类人在成年后会有很多心理问题。比如,自卑、敏感、缺乏安全感,容易太在意他人对自己的看法,形成"讨好型人格"。

(三)亲密关系的建立

大学生能否拥有健康的亲密关系和同伴关系也受到原生家庭的影响。卡尔·荣格早就论证过:每一个长大的成人,都很容易倾向于按照幼年时候的世界观,来感受和观察这个世界。如果原生家庭成员之间经常联系、有很强的情感联结,经常互相关心,当遇到事情需要决策时,能提供合理的建议;当遇到困难时,能提供帮助和支持,他才会知道什么是正确的爱,懂得如何表达爱,才能让大学生对周围环境充满信任,愿意释放自己的善意,有利于亲密关系的建立和发展。

(四)自我的发展

原生家庭中,父母是孩子生理、安全需求的首要提供者。当父母关系紧张,孩子的底层需求无法满足,就会导致更高需求中的爱与归属、尊重乃至自我实现也无法满足。其次,父母是孩子最好的老师,孩子最初的世界观、人生观、价值观的形成,大多源于原生家庭。若父母教养目标一致,方式得当,逐步满足需要,孩子才能逐渐学会应对各种挑战,最终实现自我健康发展。

拓展阅读

健康家庭的特性

家庭成员都接纳彼此,并且在地位上是平等的。

家庭成员间注重彼此之间的信任、诚实及开放。

家庭成员间有一致沟通的模式。

家庭成员间彼此互相支持。

家庭成员间共同分担责任。

家庭成员相聚时有说有笑、兴致盎然。

家庭成员间重视家庭传统及仪式。

家庭成员间接纳彼此的差异,同时庆幸每个成员拥有其独特性。

家庭成员间尊重彼此的隐私。

家庭成员的各种感受都被接纳与处理。

家庭成员被鼓励去冒险以及从错误中学习成长。

项目三　学会改变与原生家庭的关系

引导案例

小李上小学的时候,他的父亲总是说些吓唬他的话,诸如"不好好上学,就不要你了""再不听话,就把你送人"之类,每次犯错之后,父亲总是很严厉地批评他甚至动手打他。所以,每次听到父亲这样说,小李都觉得心惊胆战,唯恐自己被父母遗弃。逐渐长大之后,他明白了父亲只是吓唬自己而已。可是,他内心的恐惧非但没有减少,反而让他变得越来越胆小,性格变得越来越内向,不愿意与人交往。他觉得这一切都是父亲造成的,因此遇到什么问题都会归罪于父亲,甚至不和父亲说话,父子关系极其紧张。

假如你是小李,你如何缓解与父亲的关系?

一、接纳自我,重新成长

心理学研究发现:你的幸福或者不幸都是自己选择的结果,你的过去并不能够决定你的未来,就看你自己如何去感知这个世界。年幼的时候,我们往往无法自己做出决定,其实父母不恰当的言行会给我们带来很多的负面情绪,这也是原生家庭给孩子带来伤害的原因。这种伤害会导致我们在成长过程中产生自我认知偏差,也就是认为自己不好,认为自己什么都比不上他人,这就是所说的自卑。但其实每个人都是有优点和缺点的,每个人都不是完美的。想要克服自卑,首先就得接纳自己。

接纳自己是接受真实的自己,接受自己的所有优点和缺点,所有情绪和感情,所有经历和感受,诚实地对待自己。童年时受到的伤害,会给我们带来长期而巨大的影响,即便在长大成人之后,我们在某些时刻也依旧会受其影响,甚至连我们的性格都会因那些伤害而发生巨大的转变。但是,如果因为性格有了缺陷,我们就不再接纳自己,就拒绝成长,那么内心的阴影永远不会消失,我们只会受到更大的伤害。面对内心的阴影,我们应该抱有正确的观念:已经发生的事情,就是既定的事实,一味逃避和排斥,对改变现状并无任何助益。只有放下心中的芥蒂,接纳内心的阴影,才有重新成长的可能。

小故事

乌鸦定律

森林里,一只乌鸦跟朋友白鸽道别,说自己要搬家。白鸽不解:"你为什么非得搬走呢?"乌鸦答道:"这里的人对我太差劲了,他们嫌我叫声难听,一见面就捂着耳朵,我实在待不下去了。"白鸽反问道:"可你有没有想过,倘若不改变自己的声音,你搬到哪去都不会受到欢迎的。"

乌鸦听完后，顿时哑口无言了。

成长路上，一个人成熟的标志，就是能够反省自己，坦然面对自己的缺点和不足，并努力去改变。

二、勇于突破，实现蜕变

很多人无法接纳内心阴影的原因，是那些阴影曾给自己带来痛苦。如果直面内心，那些痛苦势必会被重新提起，自己也将要再次面对那些痛苦的回忆。为了避免再一次经历痛苦，很多人选择将罪责归结于原生家庭，认为不去面对，就可以减少痛苦。然而，实际情况并非如此。越是不敢直面内心，内心的阴影越会成长。只有和内心直接对话，才能发现问题的根源，进而重新成长，形成新的性格。

然而，即便有些人敢于直面内心，尝试做出改变，可是他们也依然有可能半途而废。原因很简单，因为改变的过程甚至比之前经历的过程还要痛苦。毕竟，这是将伤疤揭开重新审视。重历一次痛苦，往往比第一次感受痛苦更加让人痛彻心扉。

接纳和改变的过程固然很痛苦，但是为了成为更好的自己，我们只能一次又一次地尝试和行动。只有聚焦当下，迈开改变的第一步，我们才有改变的机会，才有蜕变的可能。

心理实验

沃尔普做过一个实验，在实验中，沃尔普把一只猫关进实验室的笼子中，对猫进行电击，在电击之前还会伴随着响铃声。经过多次的电击，猫会变得十分焦虑和恐惧，即使没有了响铃声和电击，猫的恐惧和焦虑也不会消失。这个时候，沃尔普给猫提供一条鲜美的鱼，猫居然出现了拒绝的行为。然后，沃尔普把猫从笼子里放出来，同时还给猫提供新鲜的鱼。但是猫在恐惧、焦虑情绪的影响下，依然拒绝进食。无奈之下，沃尔普只好把猫转移到其他实验室内，也就是与之前环境相似的房间里，同时给猫提供新鲜的鱼，但是猫还是拒绝进食。

接下来的实验，沃尔普开始想办法帮助猫消除之前因为电击所造成的恐惧和焦虑。他把猫带进一个与实验室完全不同的房间里喂鱼。由于环境发生了根本的改变，猫的情绪开始变得稳定起来，虽然有犹豫，但是已经开始进食。然后他一步步把实验升级，把实验地点一点点转移到一间与实验室十分相似的房间里，猫重返故地之后，之前遭受伤害的记忆立刻被唤醒，出现了意料之中的焦躁不安的情绪。但是猫依然慢慢战胜了这种不良的情绪，开始进食。后来，沃尔普开始把进食的位置调整到越来越接近笼子的地方，最终甚至转移到笼子里，而猫也一步一步战胜了恐惧和焦虑，能够成功完成进食。系统脱敏疗法也是经过这样层层升级的适应性训练，最终完全消除了焦虑和恐惧。

三、自我分化、打破魔咒

原生家庭对一个人的成长历程有着举足轻重的影响，但在长大成人之后，有了独立的生活空间，却依然坚持认为原生家庭的伤害让自己难以做出改变，使得自己无法取得应有的进步和成绩，那就是在无底线地推卸责任，是心理不成熟的表现。一个在情感方面达到成熟的人，不仅要做到能在感情上和其他人靠近,还要做到不被其他人的态度、需要和建议等左右。在心理学领域,这种现象被称作"分化"。想要将自己从原生家庭的伤害中剥离出来,分化是一种非常理想的方式。我们既可以摆脱过去,成就新的自己,也无须与原生家庭彻底分离,以免产生更多意想不到的心理问题。

首先,要将分化的内容进行分类,按照从易到难的顺序依次进行。这样做,可以减少对分化的恐惧和分化可能带来的挫败感,以免打击自己的积极性。

其次,尝试分化,并时刻注意观察家人的变化。任何人的分化都不只是自己的事情,因为这必然会对家人产生一定的影响。只有观察家人的变化,才能知道分化将会面对什么困难,进而采取相应的措施。

最后,分化成功,完成蜕变。当然,这一步骤并非想象中那样简单,很多人都是在经历了反复分化的过程之后,才完成了蜕变。但是,只要能够循序渐进地坚持下来,最终就会有成功分化的那一天。

在分化成功之后,我们在家庭中的地位及个人的内心感受,都会发生一些变化。与之相应,家庭成员之间的关系、彼此的言行也会发生一些变化。

四、寻求帮助、走出创伤

在心理咨询过程中,很多咨询师和医生都发现了一个类似的情况:许多人长期受负面情绪的影响,其实是源于童年的经历。在童年时期,我们或许遭受某种创伤,但由于年纪较小,且并未过多关注,随着时间的不断累积,一旦被某些事情或人物激发,这种负面情绪就会爆发出来,给我们带来极大的心理冲击。所以,个人的自我救赎尤为重要。

作为大学生,我们有着敏捷的思维和反思能力,一般的情绪和问题我们可以自行化解。但是对于原生家庭之伤,因太过久远和痛苦,我们个人无法承受,或者没有办法自我救赎的时候,求助专业人士就显得尤为重要。一般大学都设有心理咨询室,有心理老师为大家保驾护航。如果想要告别原生家庭之伤,那么我们可以求助心理老师,或者由老师推荐专业的医疗机构帮助我们。这个过程也许很漫长,我们可能会经历一次又一次的尝试和行动,但是请相信,只有我们勇敢迈出第一步,愿意改变和接受别人的帮助,就一定能发现消除阴影的方法,实现与原生家庭的和解,从而成为更好的自己。

📖 小故事

阿德勒的一生

阿尔弗雷德·阿德勒是个体心理学的创始人,奥地利精神病学家,人本主义心理学先驱,个体心理学的创始人,曾追随弗洛伊德探讨神经症问题,但也是精神分析学派内部第一个反对弗洛伊德的心理学体系的心理学家。

其实阿德勒的童年,不是那么的美好。他出生于一个奥地利的犹太家庭。父亲从商,家境般实。但是从小患有佝偻病的阿德勒四岁才开始走路,之后又得了肺炎,连医生都说救不了,但是他就是奇迹般活下来了。在童年期间又经历了 2 次车祸。他的大哥夭折,弟弟在他 3 岁的时候,睡在他旁边,在无声无息中去世了。所以他的整个童年都伴随着疾病和死亡。除了精神上和身体上的折磨,阿德勒还有一个二哥,他不仅身体健康,而且学习成绩优异。阿德勒从小在哥哥优秀的影响下生活,导致了他的自卑。在身心的影响下,他说出了那句著名的话,"不幸的童年,要用一生去治愈"。因为自身的经历,阿德勒从小就立志当一名医生,后期遇到弗洛伊德转战到精神分析领域。1911年因突出强调社会因素的作用,公开反对弗洛伊德的泛性论而两人关系破裂,阿德勒创立个体心理学,另建自由精神分析研究会。阿德勒最著名的代表作之一《自卑与超越》为后人传颂。

体验与训练

心理活动 1

活动名称:家庭观观看

活动目的:让同学们回忆原生家庭中的行为模式,把隐形的模式显性化,有助于学生自我探索和成长。

操作流程:请大家5～6人一组,分享自己家庭中的行为模式,以及这种行为模式对自己的影响。

思考与分享:原生家庭的行为模式你觉得对你影响大吗? 你喜欢这种模式吗? 如果有机会,你想选择哪种?

_____

_____

_____

_____

_____

_____

心理活动 2

活动名称:父母画像

活动目的:深入探索家庭中的行为模式,并通过交流分享,淡化这种模式带来的不良影响。

操作流程:

①请大家5～6人一组,认真回忆以下几个简单的日常情景中父母的反应。

②与身边的同学进行交流,分享彼此在家庭中的感受。

情景如下:

父母让你做某件事你没有去做。

父母让你报考某大学你违背了父母的意愿。

父母看不惯你浪费。

父母觉得你不尊重他们的时候。

……

思考与分享:以上情景在你的原生家庭中常见吗? 当遇到这种场景的时候你的感受是怎么样的? 如果你是父母,你会怎么应对这种场景?

_____

_____

_____

_____

_____

心理活动 3

活动名称:动感小周历

活动目的:思考与父母的相处模式和关系,反思家庭的氛围及是否拥有积极的家庭支持系统。

操作流程:

①请全体同学起立,活动一下身体,回忆一下这一个月和父母相处的点滴。我们以周为单位,从月初开始,总共 4 周,老师念一周,请大家回忆一件与父母之间发生的事情,如果让你感到愉快,就原地跳一跳,如果让你感到不愉快,就低头。

②回忆完成后请大家拿起课前老师发给大家的白纸,把刚才回忆起来的事情写下来,并在快乐的事情前打对号,在难过的事情前打叉。

③请大家仔细观察自己的亲情周历,如果是对号多,恭喜你,你和父母的相处是融洽的,你能得到亲情的滋润;如果是叉号多,那就说明你和父母的关系可能亮起了"红灯",需要警惕了。

思考与分享:你期待和父母的关系是怎么样的? 你觉得怎么做才能达到这种关系?

_____

_____

_____

_____

_____

心理活动 4

活动名称:我想/我不想成为你

活动目的:通过团体分享的模式,弱化原生家庭带给学生的心理创伤,教会学生分化自我,促进成长。

操作流程:

①以小组为单位,每个人抽取不同的纸条,纸条上写着不同的情绪词语,自卑、难过、焦虑、恐惧、高兴、自豪……,请根据纸条上的词语,回忆与父母有关的事情。

②在小组内进行交流,描述此事件,其他小组成员猜测纸条上的情绪词。如果是情绪词积极的,请大家共同说:我想成为你;如果情绪词是消极的,请大家共同说:我不想成为你,并思考,如果换你是父母,你怎么处理这种情况?

思考与分享:这是一次特殊的心灵探索,这种探索中你有没有感悟? 我们应该如何看待自己的原生家庭?

_____

_____

_____

_____

_____

心理活动 5

活动名称:我说你猜

活动目的:更好地剖析自己,了解原生家庭对自己的影响。

操作流程:

①请同学们5～6人一组,分别对自我的性格、爱好、最喜欢的一件事、最难过的一件事等进行阐述。

②请与小组的同学进行猜测,你的家庭教养方式属于哪一类?

思考与分享:父母对孩子的性格养成关系是否很大? 父母对孩子的教养方式对孩子的心理健康会产生什么影响?

_____

_____

_____

_____

_____

_____

_____

心理活动 6

活动名称:勇敢说不

活动目的:利用角色扮演的方式,让学生在安全的氛围中卸下心房,勇于探索,敢于挑战父母的"权威",学会用恰当的方式应对难以应付的生活场景。

操作流程:

①请同学们5～6人为一组,每人在白纸上写上三件关于父母对自己做过的难以忍受的事。

②由小组长收集起来,共同分享这些事情,集思广益,每人轮流回答自己遇到这种情景时候的反应,回答完毕后,大声说:这次,我想勇敢地说不,我不想……,我想要……。

思考与分享:当你勇敢说出"不"之后,你的心情是怎么样的? 这种勇敢地表达内心,会和父母的关系产生什么影响?

_____

_____

_____

_____

_____

_____

心理活动 7

活动名称:正向沟通

活动目的:让学生明白语言的艺术性,懂得正向沟通的重要性。

操作流程:

①老师准备若干张纸条,每张纸条上都有一句某种场景下父母对我们说过的可能会伤害到我们的话。让每个人随机抽取 1 张纸条,并在心里默念几遍纸条上的话,然后闭上眼睛想象父母对自己说了这句话。

②老师让学生在这句话的下面写出自己愿意听到的话。

③收集纸条后,重新将纸条分发给每个同学,请同学们依次读出纸条上的场景及下面由同学们自己补充的自己想听到的话语。

思考与分享:当听到同样场景下父母换种语言表达后,你的感受是什么? 你愿意从自己开始,用积极向上的态度和言语对待身边的人吗?

_____

_____

_____

_____

_____

_____

心理活动 8

活动名称:今天我来当爸妈

活动目的:让学生客观分析自我,明确原生家庭互动模式的主导者,以及自己能否有能力改变。

操作流程:

①请同学们以 6 人为小组,每个人在白纸上写下自己曾与父母发生争执的场景。

②小组内两人一组,分别各自扮演自己书写场景中的父母,让对方同学扮演自己,从场景入手,语言自己发挥,模拟场景下会发生的情况。

思考与分享:自己与父母的互动模式谁占据主导地位? 你是否想过改变与父母的互动模式? 你感觉困难在哪里?

_____

_____

_____

_____

_____

_____

心理活动 9

活动名称:只要开始就不晚

活动目的:通过活动引导学生珍惜时间,尽早开始做自己想做的事,不给自己留遗憾。

操作流程:

①给每人发 1 张白纸,大家在纸上写下自己的实际年龄,然后老师让大家用全国人口的平均寿命(老师提前查好)减去自己的年龄,再减去每天睡觉吃饭等必须花费的时间,看看每个人还剩下多少时间。

②针对剩下的时间我们想做什么,从爱情、亲情、友情方面大家按分组自由讨论 5 分钟。

思考与分享:你剩下的可利用时间是多少,你觉得是长还是短? 在剩下的时间里,亲情方面,你最想改变什么? 最想做什么?

_____

_____

_____

_____

_____

_____

_____

心理活动 10

活动名称:今天由我保护你

活动目的:让学生勇敢正视自己的内心创伤,勇敢地说出心里话,从而放下包袱,促进自我成长。

操作流程:

①老师找一段轻音乐,让学生闭上眼睛思考小时候自己做过什么事情,父母的反应最让自己害怕,在脑海里回忆一遍这个场景及父母的反应。

②写下想对小时候的自己说的话。

思考与分享:小时候的自己没法反抗父母,父母做错事情也没法保护自己,当我们有能力保护自己了,有没有感觉到如释重负?

_____

_____

_____

_____

_____

_____

心理活动 11

活动名称:爱的天平

活动目的:通过这个活动让学生客观认识父母、理解父母,学会换位思考。

操作流程:

①老师给每人发 1 张白纸,并让大家在纸上画 1 个简单的天平,然后在天平的两边分别写上最近父母和自己为彼此做过的事情(父母为自己做的写在右边,自己为父母做的写在左边)。

②写完后,请同学们对比自己写下的每一件事情,思考自己的"爱的天平"是否平衡。

思考与分享:

按分组分享一下自己的"爱的天平",然后其他小组成员客观评价听完后的感受,引导学生多角度看待父母及家庭。

_____

_____

_____

_____

_____

_____

心理测试

测试 1

测试名称:你是否遇到问题父母?

指导语:请大家按照实际情况,如实回答下面问题,所有问题无标准答案,请放心回答。

具体内容:

1. 父母说过你很糟糕,或者一无是处之类的话吗?

2. 他们骂过你吗? 总是训斥你吗?

3. 父母体罚过你吗? 他们用皮带、刷子,或是别的东西打过你吗?

4. 父母曾经酗酒或者吸毒吗? 你对此感到过迷惘、不安、恐惧、伤心或羞愧吗?

5. 父母曾因情感问题,或身心疾病而情绪严重低迷,或者对你不闻不问吗?

6. 你曾经因为父母出现状况,而反过来照顾他们吗? 父母曾对你做过什么不可告人的事吗?

7. 你是否曾在很长的一段时间里,对父母心怀畏惧? 你是否不敢表达自己对父母的愤怒?

8. 你觉得自己与他人的关系,具有伤害性或者毁灭性吗?

9. 你相信如果你与别人过于亲密,他们就会伤害你或者抛弃你,或者伤害你之后再抛弃你吗?

10. 你觉得人们会用最糟糕的方式对待你吗? 生活中也总是遇上倒霉事吗?

11. 你觉得弄清自己的身份、感受和愿望很难吗? 你是否担心人们了解真实的你之后,就不再喜欢你了?

12. 取得成功时,你是否会焦虑,害怕有人揭发你是个骗子?

13. 你会无缘无故地感到愤怒和伤心吗? 你是个完美主义者吗?

14. 你觉得放松下来尽情玩乐很难吗?

15. 你是否觉得有时自己明明出于好意,行事却与你的父母如出一辙?

16. 成年后父母还把你当成孩子对待吗?

17. 你人生中重大决定,大多需要先征得父母的首肯吗?

18. 与父母在一起,或者仅仅想到与父母共度时光,你就会有强烈的情绪反应,或身体反应吗? 与父母的意见不同会让你害怕吗?

19. 父母会用威胁或者令你内疚的手段来操控你吗? 父母会用金钱控制你吗?

20. 你觉得自己要为父母的情绪负责吗? 如果他们不高兴,你会觉得是自己的错吗? 你觉得哄他们开心是你的职责吗?

21. 你是否觉得无论自己做什么,总是对父母有所亏欠?

22. 你是否觉得,总有一天你的父母会变好?

评分标准:每一题回答"是"则加1分,回答"否"则不加分。

分数说明:如果你有三分之一以上的答案都是"是",那么你很有可能是遇到了问题父母。而且就算是父母去世,这个控制和影响也依然在。

测试 2

测试名称：心理健康指数测验

指导语：请大家按照实际情况，如实回答下面问题，一共20道题，自行选择 A、B、C、D。A 表示最近一周内出现这种情况的日子不超过一天；B 表示最近一周内曾有 1～2 天出现这种情况；C 表示最近一周内曾有 3～4 天出现这种情况；D 表示最近一周内曾有 5～7 天出现过这种情况。

具体内容：

1. 我因一些事而烦恼。

2. 胃口不好，不大想吃东西。

3. 心里觉得苦闷，难以消除。

4. 总觉得自己不如别人。

5. 做事时无法集中精力。

6. 自觉情绪低沉。

7. 做任何事情都觉得费力。

8. 觉得前途没有希望。

9. 觉得自己的生活是失败的。

10. 感到害怕。

11. 睡眠不好。

12. 高兴不起来。

13. 说话比往常少了。

14. 感到孤单。

15. 人们对我不太友好。

16. 觉得生活没有意思。

17. 曾哭泣过。

18. 感到忧愁。

19. 觉得人们不喜欢我。

20. 无法继续日常工作。

评分标准：每题答 A 得 0 分，答 B 得 1 分，答 C 得 2 分，答 D 得 3 分。各题得分相加，统计总分。

分数说明：

16 分以下，说明你可能有轻度的心理困惑，可尝试进行自我心理调节；得分在 16 分以上，说明你有较严重的心理困惑与烦恼，这时候你应该寻求老师或者专业人士的帮助。

▶ 学习小结

1. 家庭作为一个群体,是社会的细胞,是社会生活的基本单位,家庭是由婚姻关系、血缘关系及收养关系构成的。

2. 家庭的结构要素包括:家庭成员的数量、代际层次、夫妻数量。

3. 家庭的结构模式有核心家庭、主干家庭、联合家庭、其他家庭四种。

4. 家庭的功能包括:经济功能、性的功能、生育功能、抚养与赡养功能、教育功能、感情交流功能。

5. 家庭中常见的行为模式包括冷漠型、失控型、理智型。

6. 原生家庭的教养方式类型包括:控制型、暴力型、开明型、溺爱型、忽略型。

7. 原生家庭对大学生心理的影响包括以下几个方面:情绪的产生、人格的形成、亲密关系的建立以及自我的发展。

8. 改变与原生家庭的关系包括:接纳自我、重新成长;勇于突破、实现蜕变;寻求帮助、走出创伤;自我分化,打破魔咒。

9. 自我分化包括三个步骤:将要分化的内容进行分类、尝试分化,并时刻注意观察家人的变化;分化成功,完成蜕变。

▶ 思考题

1. 在你的印象中,父母有没有要求你服从他们的一切要求? 你觉得这种控制欲对你产生了怎样的影响?

2. 你认为你的原生家庭幸福吗? 你觉得原生家庭对你最大的影响是什么?

3. 对你来说,自我分化难在哪儿? 怎么做才能达到更好的效果?

▶ 推荐资源

1. 书籍:《为何家会伤人》,武志红著

本书精选"健康·心理"专栏32篇阐述家庭教育与个人成长的文章,包括父母溺爱、高考压力、青少年网络成瘾等方方面面的家庭问题。所取案例真实,分析透彻。专业的心理学原理与概念在作者笔下变得生动鲜活,足以被所有普通人理解、接受,进而促进为人父母者的成长,不让家庭伤人的悲剧再次重演。

2. 书籍:《这不是你的错——如何治愈童年创伤》,贝弗利·恩格尔著

本书深入探究了因童年创伤引发的羞耻感的具体表现形式及其对受害者造成的影响,在理论和实践的支持下,结合了有关自我同情、同情心和羞耻感的开创性研究,其特定的流程和专门的训练可以让童年创伤的受害者减轻或消除自身的羞耻感,不再沉沦于过往。这是一本操作性很强的自愈手册,如果你正遭受因童年创伤引发的羞耻感的折磨,本书将带你踏上逐步克服羞耻感的旅程,教你用一双不同的眼睛看世界:一双不被"我低人一等、残缺不全、毫无价值、不值得被爱"等观念蒙蔽的眼睛。

3. 纪录片:《四个春天》

《四个春天》是一部以真实家庭生活为背景的纪录片。15岁离家,在异乡漂泊多年的导演以自己南方小城里的父母为主角,在四年光阴里,记录了他们的美丽日常。在如诗的美丽生活

图景中,影像缓缓雕刻出一个幸福家庭近二十年的温柔变迁,以及他们如何以自己的方式面对流转的时间、人生的得失起落。

4. 电影:《何以为家》

该片讲述了赞恩的父母在无力抚养和教育孩子的状况下依然不停生育,作为家中的长子赞恩,弱小的肩膀承担了无数生活的重压。当妹妹被强行卖给商贩为妻时,赞恩愤怒离家,之后遇到一对没有合法身份的母子,相互扶持勉强生活。然而生活并没有眷顾赞恩,重重磨难迫使他向法官状告他的亲生父母。

友情在我过去的生活里,就像一盏明灯,照彻了我的灵魂,使我的生存有了一点点光彩。

——巴金

人生最美好的东西,就是他同别人的友谊。

——林肯

心灵导读

对于大学生来说,良好的人际关系是心理正常发展、个性保持健康和具有安全感、幸福感和归属感的必然要求。然而,并不是每个大学生都能处理好人际关系,据有关调查表明,大学生心理问题中,关于人际交往的占 50％以上。在人际交往过程中,由于受到社会影响加上家庭教育和自身素质的原因,相当多的大学生都存在着不同程度的人际关系困扰和与之相关的心理问题。

学习目标

1.帮助大学生了解人际关系的相关基本理论和知识。

2.把握人际交往的基本原则和技巧,提高人际交往能力。

3.了解人际关系中的问题,正确认识人际关系的价值。

项目一　人际关系概述

引导案例

　　王力是一名大三学生,也是学生干部,学习成绩优秀,但是在学校的人际关系比较紧张,无法和寝室同学友好相处,在班里和一部分学生也无法正常交往,同学眼中他就是一个清高、傲慢的人,非常不好接近。王力也因此非常烦恼,只要是他主持的活动项目,似乎同学们的参与积极性均不高,就好像故意在和他作对,他自己长期以来的做人原则即为:我行我素,万事不求人。日常学习中,他也很少去求别人,几乎不接受他人的帮助,同样也认为自己没有帮助他人的义务,在班里同学向他请教的时候,他大部分情况也是说不知道,或者是在讲完后一阵奚落别人:"上课时候不好好听讲,下课了又不会,下次不要再问我这么简单的问题了"。长此以往,也就导致班里同学都不想和他交往。王力的人际关系越来越差,他自己对自己的人际关系现状也非常不满意,经常会感觉到孤独、寂寞,不管是在宿舍还是在班里都没有归属感,甚至这种孤独感让他感觉到窒息、恐惧以及迷茫,但是他并不知道如何改善这一情况。

一、人际关系的概念

　　《中国大百科全书·心理学》中认为人际关系是指人们在共同活动过程中,为满足各自需求而建立的相关心理关系,主要体现为人们心理上的距离远近以及个体对他人所具备的心理倾向和行为等。

二、人际关系的类型与发展阶段

(一)人际关系的类型

　　人际关系根据不同的划分标准可以分为不同的类型,如果根据人际关系形成基础的不同,可以划分为血缘人际关系、地缘人际关系、业缘人际关系。

　　血缘关系指父母与子女的关系、兄弟姐妹之间的关系及由此衍生出的亲戚关系。目前家庭教养方式与大学生的相关研究得到充分重视,家庭中的人际关系显得相当重要。

　　地缘关系指居住在共同的地区而产生的人际关系,如同乡关系、邻里关系等。这种关系因共同的乡土观念、相似的生活方式、相同的语言文化带来更多的心理相容性,特别是大学新生初次离家求学,所以在一定程度上,校园内的同乡同学在我们适应校园新环境的过程中起着心理稳定剂的作用。

　　业缘关系是指共同的事业、爱好而结成的关系,如师生关系、师徒关系等。师生关系是平等的身份,是以学术为纽带而建立的一种志同道合的关系。

拓展阅读

神奇的六度空间

　　1967年,哈佛大学的社会心理学家米尔格拉姆(Milgram)设计了一个"连锁信"实验。他将一套连锁信件随机发送给居住在内布拉斯加州奥马哈的160个人,信中放了一个波士顿股票经纪人的名字,信中要求每位收信人将这封信寄给自己认为是比较接近那个股票经纪人的朋友。朋友收信后照此办理。最终,大部分信在经过五六个步骤后都抵达了该股票经纪人手中。"六度空间"的概念由此而来,米尔格兰姆也将它称为"六度分割"(six degrees of separation)理论。简单来说,"六度分割"指在这个社会里,任何两个人之间想建立一种联系,最多需要六个人(不包括这两个人在内),无论这两个人是否认识,生活在地球上任何地方,他们之间只有六度分割。这个连锁实验,体现了一个似乎很普遍的客观规律:社会化的现代人类社会成员之间,都可能通过"六度空间"而联系起来,绝对没有联系的 A 与 B 是不存在的。社会网络其实并不高深,它的理论基础正是"六度分隔"。而社会性软件则是建立在真实的社会网络上的增值性软件和服务。

(二)人际关系发展阶段

人际关系的发展会经历四个阶段,分别为:

第一,定向阶段。在人际交往中,人们对正在交往的对象具有很高的选择性。进入一个交往场合时,人们往往会选择性地注意某些人,而对另外一些人视而不见,或者只是礼貌性地打个招呼。对于注意到的对象人们会进行初步的沟通,谈谈无关紧要的话题,这就是定向阶段。在定向阶段,人们只有比较表层的自我表露,例如谈谈自己的兴趣、专业、对最近发生的新闻事件的看法等。

第二,情感探索阶段。交往双方主要是建立真实关系。虽然其中已经融入了部分情感,然而依旧避免对对方私密有所涉及,所体现出来的自我信息也多为表面信息。在这种情况下人际关系需要一定的社交安全距离。

拓展阅读

刺猬困境

刺猬困境这个词来自哲学家亚瑟·叔本华(Arthur Schopenhauer)的寓言:在一个寒冷的冬日,一群刺猬挤在一起,互相取暖以防受冻。但很快它们就感觉到了彼此的尖刺,刺痛导致它们不得不分开。然而寒冷会迅速袭来,寒冷的风促使两只刺猬再次尝试亲近,但是尖锐的刺同样再次刺痛了彼此。就这样,两只刺猬在这两种痛苦之间来回辗转,直到它们发现一个可以忍受的距离……可以肯定的是,这是一种对相互取暖需要的不完美的距离,但这个距离同样也能防止两只刺猬受到彼此尖刺的伤害。

第三,情感交流阶段。双方人际关系已经逐渐从正式交往开始向非正式交往进行转变。主要体现在双方已经具备一定的信任感以及安全性,个人私密问题也可以相互进行交流,也可以和对方进行赞赏、建议等真实互动信息,所投入的情感也较深。

第四,稳定交往阶段。此阶段为人际关系发展最高阶段。交往双方已经存在高度心理相容性,也允许对方进入自身大部分私密领域,可以相互分享自己的生活,甚至发展成为"生死之交"。然而实际上,可以达到这一层关系的人际关系非常少,大部分人和自己的亲朋好友关系都是在第三阶段。

三、人际关系的功能

(一)身心保健功能

心理学研究和人们亲身实践发现,正常人际交往和良好人际关系对于任何一个人都具有重要作用,是人们心理正常发展以及生活幸福的重要保障。对个人而言,社交是个体、人类生存以及发展中的重要组成部分,良好的人际关系更能给人们带来安全感以及归属感,并有助于提升自我意识,得到友谊或者是他人的帮助,进一步促进人的身心健康。反之如果不具备良好的人际关系,也就会对人们身心健康产生不良影响,引发出现焦虑、愤怒以及不安等不良情绪,甚至可能会引发出现神经衰弱、偏头痛等疾病。

(二)知识信息功能

通过人际交往不但可以实施信息交流,也能够进行思想交换,主要可以起到沟通信息、开拓视野以及增长知识的作用,同时也可以促进个人发展,实现自我成长,即"独学而无友,则孤陋而寡闻"。心理学家研究发现,一个人生存中,除去 8 小时睡眠时间,剩下 70.9% 的时间都是在和他人沟通、交往中度过的。

(三)自我认知功能

人们都认为自己对自己非常了解,实际上这是一厢情愿的看法,了解别人难,了解自己更难。自我认知则是建立在自我体察以及分析基础上所实施的自我评价,难免会受到自我认知水平的限制。我们的自我认知水平往往是在和他人交往的过程中形成的,所以自我认同途径也存在以人为镜以及和社会的对比。通过他人可以更好地认识自己,只有不断拓展自己的交往范围,才能对自我有更加全面的认识,发现自身价值,以免出现夜郎自大或者妄自菲薄的心理。

(四)社会化功能

人际交往本身就是对社会认识、体验人生以及实施自我完成的一个重要途径,也是个人逐步改变的过程。在此过程中,个人可以不断积累经验,实现成长,若一个人可以长期向正确的方向努力,更有助于实现自身价值。可见在人际交往过程中,可以起到开拓视野以及提升自我的作用。

四、人际交往的影响因素

人际交往主要受到以下因素的影响。

(一)个体因素

每个人都具有自己的人格特质以及兴趣爱好等,这些因素均会对个人人际交往产生影响。一般性格越外向,和周围人的关系越好,也更能够吸引他人目光;内向的人在人际交往过程中往往需要更多的时间。另外,个人兴趣爱好也会对自身人际交往质量以及频率产生影响,若一个人比较喜欢运动或者音乐等,也就喜欢和具有同一兴趣的人进行交往,进而建立更加深层的关系。

(二)环境因素

人际交往过程中的场所、氛围以及时间等都会对双方情绪产生一定影响,进而影响交往。例如,在嘈杂环境中,人们容易产生焦虑情绪,进而导致无法轻松交流。反之,如果是在舒适、自然环境下,也就更便于进行愉快交往。另外,交往时间也会对交往质量产生影响。

(三)情境因素

情境不同相应的也会对人们交往方式以及受众产生影响。比如,在正式环境下,人们交往以及表达中更加倾向于正式、客套;在非正式场合,交往过程会更加轻松和自然。另外,不同年龄的人在交往过程中也具有差异,这些情境因素均会对人们交往产生影响。

(四)外部因素

外部因素也容易对人际交往产生影响,比如社会因素、文化背景以及地理因素等,都会对人们的交往产生影响,进而直接对交往质量和数量产生影响。

项目二　大学生人际关系常见问题及调适

引导案例

王帅的故事

王帅考入大学后,发现自己和同学相比非常"土气",内心产生了不如人的自卑感。因此,不敢和别人交往,怕别人不喜欢自己,交往时又敏感多疑,于是更不满意自己。为此,王帅很苦恼。

王帅认为:我来自农村,自幼学习勤奋刻苦,成绩很好,好不容易考上大学,全家人、全村人都为我高兴。但是来到学校后,我发现自己什么都不是,不会说普通话,说家乡话别人有时候听不懂,甚至引得别人发笑,穿着、举止动作都显得土气,我没什么业余爱好和文艺才能,在举行文体活动时,自己总是独坐一隅,好尴尬。在宿舍聊天时,城市同学侃侃而谈,引经据典,风趣幽默,更显得自己孤陋寡闻,插不上话,有时好不容易发表一下看法,也常常惹得舍友笑话。我觉得自己处处不如人,现在我都不和舍友聊天了,上课也怕老师提问,碰到同学就紧张,不自然,同学肯定也认为我是一个怪物,其实我特别想和同学交往,但内心又很害怕,我觉得心里特别难受,我该怎么办?

一、缺乏自信,不敢交往

自卑是由于一些条件的限制和认识上的偏差,认为自己在某方面不如别人,从而产生了轻视自己,不敢交往。例如,有的同学认为自己长得不够漂亮,家境不好,学习成绩不如别人,从而不敢主动与人沟通,怕被别人看不起。其实每个人既有长处,也有不足。如果只看到自己的不足,便会失去许多交往的机会。

(一)怕被拒绝

别人拒绝我怎么办? 这是很多不敢交往的同学在心里萦绕的想法。他们在沟通前先去设想"别人不愿意和我交往怎么办""别人拒绝我怎么办",当有这些预设心理时就会不敢主动沟通。另外,有人在过去的沟通中有过失败的经历,因此他们用以往的经验来判断现在,活在以前的恐惧当中,不敢主动沟通。例如,有的人曾经被别人拒绝过,现在很怕再被拒绝,因此不敢主动与人沟通。

(二)羞于主动

有的人由于自卑,在与人交往时有羞怯心理。羞怯的背后是缺乏内心安全的感觉,这些人总是过分关注自己,不断地在心里问自己"我看起来怎么样",或者"他们会如何看我"。他们总是很担心给别人留下诸如没有魅力不够完美的印象,但往往越关注这些,其结果就越令人失望。

二、自我中心，拒绝交往

(一)我只顾我

有些同学在群体中总是以自我为中心，我行我素，只考虑自己的利益、自己的感受，从来不顾及别人的感受，也不顾及别人的利益。在宿舍里生活，他不顾别人是否在学习或休息，常常无休止地大声打电话，而当他想休息时，他又会严厉地斥责别人打扰了他。这种人很少参加集体活动，宿舍打扫卫生永远找不到他。心中只有自己的人，别人也不会看重他。

(二)他人跟我无关

自我中心的人待人处事的原则是"事不关己，高高挂起"。哪个同学生病了，哪个同学家里有困难了，他永远看不到，同学的事好像永远与他无关，和别人相处时情感冷漠。在集体生活中，需要相互帮助，那些关心别人的人总会赢得大家的拥护，而对别人漠不关心的人，别人也会远离他。

(三)我永远正确

自我中心的人在与别人沟通时，总认为自己的意见最正确，从不听取别人的意见。当别人不赞同他的意见时，他就会立即反击别人，找出一大堆理由证明自己绝对正确，别人都有问题。他傲视别人的态度，常常使人感觉他拒人于千里之外，很难与之交往。

三、猜疑嫉妒，阻碍交往

有的人总爱猜疑和嫉妒别人，从而极大地影响了与别人的人际关系。

(一)猜疑导致误解

猜疑在人际交往的过程中表现为自我牵连倾向太重，总觉得其他什么事情都会与自己有关，对他人的言行过分敏感、多疑。例如，有时别人发表了一些看法，有的人就猜疑，这是不是说我呢？是不是对我有什么看法？他说的话是什么用意？当猜疑成为行为习惯时，其敏感多疑的反应就会令人不喜欢，猜疑者自身也会感受到强大的压力。生活中大部分的误解都是源于一方或者双方猜疑。如果疑心过重的话，就会因一些根本没有或不会发生的事情而忧愁恼怒、郁郁寡欢，变得孤独寂寞，从而损害正常的人际关系，影响身心健康。

(二)嫉妒伤害你我

嫉妒是对超过自己的人感到恐惧和愤怒的混合心理。嫉妒是把别人的优势视为对自己的威胁，害怕别人的优势显出自己的不足，从而不能容忍别人的快乐与优秀。嫉妒者时刻处于高度戒备的状态，嫉妒的本质是社会比较，并对比较后不利于自己的结果产生负面体验。嫉妒潜藏着破坏力，一个嫉妒者很难去靠近他身边的人，嫉妒也会迫使周围的人远离自己。

四、缺乏技巧，不会交往

有些人有与人沟通的意愿，但由于缺乏人际交往技能，沟通总是不顺畅，影响了与同学间的和谐关系，也给自己带来了困扰。

(一)封闭自我

有的人习惯于把自己隐藏起来，封闭自我，不与别人交流。他们无论在学习上、生活上或家庭问题上遇到了困难,从来不对别人讲,担心讲出来被别人看不起,或视自己为弱者。他们内心的冲突与困惑常常不向别人流露总觉得自己的问题谁也帮不了。封闭自我的人欠缺安全感,对他人不信任。一个人的能力再强,也不可能做到全知全能,而应当敞开心扉,多和别人交流,通过交流你会发现,你的困难也许并没有你想象得那么严重,别人一个小的建议,可能就化解了你的困扰。长期封闭自我,会使自己内心感到孤独寂寞,还会使内心压力越积越大,终有一天会摧毁你的身心健康。

(二)取悦他人

有的人在与人沟通交往的过程中,刻意地取悦他人。讨好者通常自我价值感都很低,并且认为只有通过取悦的方式才能真正得到对方的认同。从以上看,取悦他人是为了能够获得他人的认可而采取的一种策略,但往往这种策略可能既无法得到别人对自己的认可,更重要的是还可能给自己内心带来伤害。

📖 拓展阅读

讨好型人格

儿童心理学家让·皮亚杰所说:"孩子被迫放弃心理边界建立后,会牺牲自我需求,这样的结果是孩子的潜意识里觉得自己内心的需求是不重要的,自我价值感会慢慢地降低,在自己的内心中认为顺从和讨好,才能让别人不找自己麻烦。"这样的"好"孩子在长大后通常都有鲜明的特点。比如,在人际交往中会不自觉地去迎合对方的看法,对对方的观点、行为一味地认同,顺应对方的想法而无视自己的真实感受,即使自己和对方的想法不一致,也会因为担心对方不高兴而否认自己,认同对方,说话做事小心谨慎。

对于讨好型人格的孩子来说,"不"就像一种禁忌,是无法说出口的,在与人交往中,永远对别人有求必应,即使自己为难也不会拒绝别人,担心因为自己的拒绝而惹对方不高兴,导致自己被抛弃。不管对方的要求是否合理、是否在自己能力范围之内,几乎是直接的、条件反射性地答应,即使自己有很大的压力,对于别人的要求也很难说出"不"。

讨好型人格的人往往过度地在意别人对自己的评价和期待,甚至会因为和别人的期待有所差别而感到内疚、自责。他们通常避免让他人感到不悦,避免和他人发生任何冲突来收获别人的爱和安全感。讨好型人格是很害怕表达真实的自己,担心真实的自己不被接纳,自己将会被孤立,将没有爱和认可。"对不起、是我不好、我的错"这几乎是讨好型人格挂在嘴边上的词,哪怕他没有犯错,内心都会承担过错,但这些道歉往往是出于恐惧,而非歉意。

(三)抱怨他人

有的人在与别人沟通时,总是爱抱怨别人,遇到问题或者困难时把责任推到别人身上。指责者的言谈话语中总是以"你"作为主语,即"你怎么总是这样?""都是你把事情搞糟了!""要不是你……"指责者看上去气势汹汹,但与外表相反的是,其内心却很脆弱。他们一旦遇到问题就把所有人的注意力转移到别人身上,以减轻自己身上的压力。抱怨通常表现为对别人的评判和批评。当我们开始抱怨、指责别人时,就好像在对别人说"那不是我的问题",而根本不关心如何解决问题。面对指责和抱怨时,自己出于自卫的本能可能会躲开或者表现出激烈的反驳。因此,无论是何种关系,没有人愿意与爱抱怨的人合作和交往。

项目三　增进人际关系的艺术

引导案例

　　小丽是一名在校大学生,和室友关系处得很糟糕。她高中的时候除了刻苦学习没有其他的爱好,也没有什么朋友。因高考成绩不理想,补习了一年。考入大学后,辅导员安排小丽当寝室长,她也想好好与寝室同学相处。但时间一长,小丽发现自己真的无法和室友们相处,小丽习惯早睡,她们却喜欢聊到深夜;小丽比较爱干净,她们却喜欢乱丢乱放,把寝室搞得乱七八糟。小丽以寝室长的身份给她们提出一些建议和要求,她们不但不听,反而恶言相骂。就这样小丽与室友经常因为一些琐事发生争执,小丽认为自己是对的,但她们并不理睬,几乎没人跟小丽说话。现在小丽和室友的关系很糟糕,已经到了孤立无援的地步。

一、人际交往的基本原则

(一)民主平等、尊重友爱原则

　　平等是指社会主体在社会关系、社会生活中处于同等的地位,具有相同的发展机会,享有同等的权利。在当今社会,人们只有社会分工和职责范围的差异,而没有高低贵贱之分,而我们大学生交往过程中,更加注重主体间的平等和尊重。马斯洛曾经提出,人人都存在尊重的需要。在人际交往过程中,实现对自尊心满足的基础上,才可以获取最大愉悦,进而更加愿意接受对方的观点和建议。

(二)积极主动、理解宽容原则

　　在大学生人际交往中,不能积极主动和他人交往,对他人不够理解和宽容,是导致人际交往困难的一个主要原因。当代大学生应该主动热情地和他人交往,不但要主动表现自己,同时也需要积极接纳他人,真诚与人沟通和交流。在交往过程中也要学会悦纳他人,表示自身对他人的喜欢之情。每个人的个性和成长环境不同,认知也会存在差异,交往过程中难免会出现各种分歧和矛盾,因此需要主动理解他人,求同存异,以此进一步拓展自身交往空间,消除人际关系中的冲突。

小故事

"六尺巷"的故事

　　据说清代中期,当朝宰相张英与一位姓叶的侍郎都是安徽桐城人,两家毗邻而居,因为两家都要起房造屋,为争地皮而发生了争执。张老夫人便写信给张英,要张英出面干预。这位宰相看罢来信,立即作诗劝导老夫人:"千里修书只为墙,让他三尺又何妨?万里长城今犹在,不见当年秦始皇。"张老夫人知书明理,立即把墙主动后移三尺;叶家见此情景,深感惭愧,也马上把墙让后三尺。这样,张叶两家的院墙之间,就形成了六尺宽的巷道,成了有名的"六尺巷"。六尺巷的故事告诉我们:礼让、和睦是中华民族的传统美德,古代开明之士尚能如此,今天的同学之间、师生之间、亲子之间,在处理小矛盾时应该做得更好。道理就是这样:争一争,行不通;让一让,六尺巷。六尺巷的故事弘扬了一种美德,体现了一种胸怀。只有人人学会谦让人人学会宽容,这个社会才能真正变得和谐。

(三)真诚信任、心理相容原则

如果怀疑和畏惧他人,很难对他人具有信任,也就无法建立良好的人际关系。所以,想要优化人际关系,也就需要坚持真诚信任、心理相容原则。待人接物方面,最大化做到不弄虚作假,真诚自然,进而建立良好的人际关系。心理相容也是学会换位思考,真诚地做到为他人着想,学会从不同角度思考问题,学会站在他人视角思考问题,进而做到相互理解、消除误会,提升感情。

(四)互惠互助、互补共进原则

以自我为中心,不顾及他人感受,难免会对人际关系产生影响。所以,想要对人际关系进行优化,也就需要真正关心他人,做到互惠互助。其中互惠互助,并不是等价交换,而是一种自愿付出。大学生进行交往中,都具有自身的特点,不但要学会发现他人优点和长处,也需要对他人的缺点和不足提供帮助,做到真诚理解、互相帮助、共同进步。

拓展阅读

人缘型的大学生最受欢迎

根据我国心理学家黄希庭的研究,大学生班级的非正式人际关系类型可区分为人缘型、首领型、嫌弃型、孤立型。人缘型和嫌弃型的个性特征分别如表5-1和表5-2所示。

表5-1　人缘型的个性品质

序号	个性品质
1	尊重他人、关心他人、对人一视同仁、富有同情心
2	热心班级集体活动、对工作非常负责任
3	稳重、耐心、忠厚老实
4	热情、开朗、喜欢交往、待人真诚
5	聪颖、善于思考、成绩优良、乐于助人
6	重视自己的独立性,有自制力,并且有谦逊的品德
7	有多方面的兴趣和爱好
8	有审美的眼光和幽默感
9	温文尔雅、举止端庄

表5-2　嫌弃型的个性品质

序号	个性品质
1	以自我为中心,只关心自己,不为他人的处境和利益着想,有较强的嫉妒心
2	对班集体的工作敷衍了事缺乏责任,或浮夸不诚实,或完全置身于集体之外
3	虚伪、固执、爱吹毛求疵
4	不尊重他人、支配欲强

续表

序号	个性品质
5	对人冷漠、孤僻、不合群
6	有敌对、猜疑和报复的性格
7	行为古怪、喜怒无常、粗鲁、暴躁、神经质
8	学习成绩好,但不肯帮助别人甚至小视他人
9	势利眼,想方设法巴结领导而不听取群众意见
10	学习不努力、目无组织纪律、不求上进
11	兴趣贫乏
12	狂妄自大、自命不凡
13	自我期望很高、小气、对人际关系过分敏感

二、人际交往的技巧

(一)沟通技巧

在人际交往过程中,沟通是基本技能之一。大学生日常交往中,主要存在两种沟通方式,即口头沟通和书面沟通。在口头沟通过程中,要学会主动倾听他人看法和建议,且将自己的观点准确表达出来;书面沟通,即会采用恰当语言以及文体进行书面写作,便于沟通。

📖 小故事

谁是最珍贵的小金人

很久以前,古埃及一个国王为了考验他的大臣们,让人打造了三个一模一样的小金人。上朝的时候,国王对群臣说:"这三个小金人只有些许的不同,大家不能用秤,看看这三个小金人哪个最有价值。"大臣们围过来,左看右看,上看下看,每个小金人都金碧辉煌,难以分辨。最后,有一位马上就要退位的老大臣说他有办法,只见他胸有成竹地拿来三根稻草,先插入第一个小金人的耳朵里,稻草从另一边耳朵出来了。然后轮到第二个小金人,稻草从嘴巴里直接掉出来。而第三个小金人,稻草从耳朵放进去后,就掉进了肚子里,什么响动也没有,也不见从什么地方出来。老臣说:"第三个金人最有价值!"国王赞许地点了点头。

这个故事告诉了我们倾听是一种很珍贵的品质,在人际交往中倾听是最佳的技巧。第三个小金人之所以被认为是最有价值是因为其能倾听。其实,人也同样,最有价值的人不一定是最能说会道的人。善于倾听,消化在心,这才是一个有价值的人的素质。

(二)社交能力

在社会上,和陌生人建立关系,并积极维护友谊,是一个必备技能。在学校里,可以积极主动地参与各种活动以及社交场合,学会和不同的人进行沟通,以此逐渐扩大自身交际圈。另外,在和他人沟通中,也需要注意自身行为,严格遵守社交礼仪,以将自身良好形象展示出来。

(三)解决冲突能力

大学生人际交往中,难免会出现一些冲突。想要和他人良好相处,也就需要学会一定的解决冲突的技巧。在此过程中,解决冲突能力主要为倾听、妥协、理解以及释放情绪等,面对问题和冲突,首先要做到冷静思考,对问题本质实施分析,之后采用相应方法进行协商和处理。

(四)情绪管理能力

大学生在人际交往过程中,情绪稳定是一个基本能力。在学校我们对某些问题进行处理时,难免会出现情绪波动,想要实现对自身情绪的良好处理,就需要掌握放松、理性面对以及减压的方式,从而选择适合自身的情绪管理方式。

三、人际交往的心理效应

人际交往中的心理效应,常见的有以下四种。

(一)首因效应

首因效应是人们初次见面时产生的印象,也称"第一印象",其对人的认知具有强烈的影响。人们初次相遇,总是首先观察对方的衣着、相貌、举止及其他可察觉到的动作反应,然后根据观察到的印象对对方作出一个初步的评价。

虽然第一印象是在很短的时间内根据有限的、表面的观察资料得出来的,但由于它的新异性和双方鲜明的情绪色彩,却能在人的脑海中留下深刻的烙印。如果某人初次见面时给人留下了良好的第一印象,这种印象就会左右人们以后对他的认识,使人们总是以肯定的眼光看待他,即使后来他发生了很大的变化,人们也很难改变这种印象,反之亦然,这就是第一印象的定势作用。

拓展阅读

如何建立良好的第一印象

关于如何建立良好的第一印象,戴尔·卡耐基在《怎样赢得朋友和影响他人》一书中提出了六条途径。

(1)真诚地对别人感兴趣;

(2)保持轻松的微笑;

(3)多提别人的名字;

(4)做一个耐心的听者,鼓励别人谈他自己;

(5)聊一些符合别人兴趣的话题;

(6)以真诚的方式让别人感到他很重要。

(二)晕轮效应

晕轮效应指在人际交往中,对某人的某一种特性特别欣赏或特别厌恶,从而影响了对他的其他品质的认识和评价。晕轮效应的产生是由于在人际交往中掌握有关对方信息资料不足的情况下做出总体判断的结果。例如,一个人对某人产生了良好印象后,便以偏概全,认为这个人一切都很好,好像是被一个积极的光环笼罩着,从而也把其他好的品质赋予他,反之亦然。

人们常说的"爱屋及乌""情人眼里出西施"就是晕轮效应。一些人视乌鸦为"不祥之物",但因为爱屋里的人,就连屋檐上的乌鸦都一起爱上了。热恋着的人,是透过玫瑰色眼镜来看待一切的,在他们眼里,恋人的一切都是美好的。

晕轮效应往往会影响人们的相互交往。如在一个集体里,当你对某人印象好时就觉得他处处顺眼,甚至觉得他的缺点、错误也是可爱的;当你对某人印象不好时,就觉得他处处不顺眼,"憎人及物",对其优点、成绩也视而不见。这种心理状态必然会影响人际关系的融洽与和谐。

(三)定势效应

定势效应是指在人的头脑中存在某些固定化认识,影响着对人的认知和评价。其中有的是个体自己形成的,有些则是社会上长期流传和沿袭下来的习惯看法、观念。人们在交往中不仅会对个人形成印象,而且对群体也会形成印象,并且这种对群体的印象还会影响到群体中个人的认知,这也叫社会刻板印象,即人们对社会上某一类人所形成的概括而固定的看法,如果一个人属于某个职业、某个民族,就认为他一定具有这个职业或民族的特性。

一般来说,定势效应的产生是以过去有限的经验为基础,源于对人的群体归类。如在人们脑子里,女性总是柔弱的,男性总是强壮的,知识分子书生气,工人粗犷豪放,会计师都精打细算等。好就永远好,坏就是永远坏。定势效应在人际交往中有利有弊:一方面,它会导致在认识别人的过程中存在某种程度的简化,有助于人们对他人有一个概括的了解;另一方面,倘若在非本质方面做出概括而忽视了人的个别差异,就会形成偏见,做出错误的判断。在人际交往中必须克服上述心理偏见,要辩证地、发展地、全面地、历史地观察了解一个人,提高对人、对事认识的广度和深度,从而提高交往的水平。

(四)投射效应

投射效应是指在人际交往中,认知者形成对别人的印象时总是假设他人与自己有相同的倾向、特征,亦即"由己推人"。

投射效应在大学生人际交往中表现形式是多种多样的。如有的大学生对别人有意见总以为别人对他怀有敌意,甚至觉得对方的一举一动都带有挑衅色彩;有的同学喜欢背后议论别人,总以为别人也会时常在背后议论他;有的大学生自己对某件事感兴趣,也以为他人会感兴趣,在一起聊天时,口若悬河,高谈阔论,完全不顾及他人;有的大学生用自己的主观愿望或主观想象去投射他人,如有的男生或女生内心喜欢一个异性,希望对方也喜欢自己,进而把对方的一个眼神、一个笑脸、一个友好的表示甚至一句玩笑都看成对自己的表白。

投射效应的实质就在于从主观出发简单地去认知他人,自我与非我不分,主观与客观不分,认知的主体与认知的对象不分,其结果导致认知的主观性、任意性。因此,在认知过程中应注意客观性,力求从客观实际出发,深入考察,摒弃主观臆断、妄想猜测,尽量减少人际交往中的误会和矛盾。

小故事

邻人偷斧

中国古代有一个关于丢斧子的故事,说某人丢了斧子,无端怀疑是邻居的孩子偷的,从这个假想的目标出发,他观察邻居儿子的言行举止、神情仪态,无一不像偷斧子的样子。思考的结果进一步巩固和强化了原先的假想目标,最终断定偷斧子的一定是邻居的儿子。可是,等找到斧子以后,再看邻居的儿子,竟然一点也不像窃斧者。

体验与训练

心理活动 1

串名字游戏

活动目标:在游戏过程中深化了解,以此促进大学生人际关系发展。

操作流程:

①所有成员全部围成一个群。

②随意指出一个学生进行自我介绍,第二名学生轮流。

③最后一名进行自我介绍的学生需要将前面所有学生的名字进行复述。

思考与分享:通过学生的自我介绍,讲解活动安排,引导学生在一个民主平等、相互尊重的环境中相互认识,迅速拉近他们之间的距离。

_____

_____

_____

_____

_____

_____

_____

心理活动 2

滚雪球

活动目标:在陌生环境中相互了解,以此建立热情的团队氛围,以此提升学生的交谈和沟通能力。

操作流程:

①抽出 5 人参加比赛,3 男 2 女,前后排列在起跑线上。

②发出指令后,各队第一名学生向前奔跑,直到摸到标志物后,回到起点,拉上第二位学生的手一起向前跑,以此进行,直到整个队伍手拉手完成任务。

③所用时间最短的队伍即为胜利队伍。

思考与分享:需要整个团队的共同合作、紧密配合,彼此之间需要具备一定信任。

_____

_____

_____

_____

_____

_____

_____

心理活动 3

八仙过海

培养目标:引导学生感受挫折情绪,以此提升学生的自我情绪控制能力和不放弃意识,建立更加轻松的活动现场,促进学生人际关系发展。

操作流程:

①告诉同学们,接下来是一个激发创造力的游戏。

②所有学生全部站到屋内一角,然后要从屋子的这一侧到另一侧。

③在移动过程中每个人的方法不可重复。

④现场示范,比如我走过来了,其他人也就不可以用这一方法,可以选择跳着过来等。

⑤所有学生了解后,宣布游戏开始。

⑥所有学生完成后,再次回到屋子的另一侧,规则不变。

思考与分享:

团队成员相互支持,由此可以帮助学生建立更好的人际关系。

_____

_____

_____

_____

_____

_____

_____

心理活动 4

众志成城

培养目标:引导同学加强合作互助、共建和谐的人际关系。

操作流程:

①老师将学生分成约 10 人 1 组并给每组发 1 张报纸,各组把报纸铺在地上且所有组站在报纸上,保持 5 秒,且脚不能踩在地面上,否则该组淘汰。

②各组将报纸对折,大家重新站在报纸上,规则同上,以此类推,直到大家觉得完成任务游戏结束。

思考与分享:老师问大家"你认为是什么原因让你所在的小组一步一步完成挑战的?""你在的组挑战失败的原因有哪些? 这对你有什么启发?",并根据大家的回答进行总结。

_____

_____

_____

_____

_____

心理测试

大学生人际关系综合诊断量表

指导语:这是一份人际关系行为困扰的诊断量表,共 28 道题目。您判定"是"选是,您判定"非"选否,两种回答。请您根据自己的实际情况回答,答案没有对错之分。

内容及实施方法:

1.关于自己的烦恼有口难言。(是、否)

2.和生人见面感觉不自然。(是、否)

3.过分地羡慕和妒忌别人。(是、否)

4.与异性交往太少。(是、否)

5.对连续不断地会谈感到困难。(是、否)

6.在社交场合,感到紧张。(是、否)

7.时常伤害别人。(是、否)

8.与异性来往感觉不自然。(是、否)

9.与一大群朋友在一起,常感到孤寂或失落。(是、否)

10.极易受窘。(是、否)

11.与别人不能和睦相处。(是、否)

12.不知道与异性相处如何适可而止。(是、否)

13.当不熟悉的人对自己倾诉他的生平遭遇以求同情时,自己常感到不自在。(是、否)

14.担心别人对自己有什么坏印象。(是、否)

15.总是尽力使别人赏识自己。(是、否)

16.暗自思慕异性。(是、否)

17.时常避免表达自己的感受。(是、否)

18.对自己的仪表(容貌)缺乏信心。(是、否)

19.讨厌某人或被某人所讨厌。(是、否)

20.瞧不起异性。(是、否)

21.不能专注地倾听。(是、否)

22.自己的烦恼无人可倾诉。(是、否)

23.受别人排斥与冷漠。(是、否)

24.被异性瞧不起。(是、否)

25.不能广泛地听取各种意见与看法。(是、否)

26.自己常因受伤害而暗自伤心。(是、否)

27.常被别人谈论、愚弄。(是、否)

28.与异性交往不知如何更好相处。(是、否)

评分说明：

本次测试共设置 28 个题目，设置两个选项，分别为"是""否"，"是"则为 1 分，"否"则为 0 分。

结果分析：

总分情况：0～8 分，即为和他人交往困扰比较小；9～14 分，即为和他人交往中存在一定困扰；15～28 分，即为和他人交往中存在比较严重的困扰。通常情况下得分在 20 分以上，即代表被测试者存在比较严重的人际关系困扰，且心理上也存在一定的障碍。

学习小结

1.人际关系是指人们在共同活动过程中,为满足各自需求而建立的相关心理关系,主要体现为人们心理上的距离远近以及个体对他人所具备的心理倾向和行为等。

2.人际关系根据不同的划分标准可以分为不同的类型,如果根据人际关系形成基础的不同,可以划分为血缘人际关系、地缘人际关系、业缘人际关系。

3.人际关系的功能包括:身心保健功能、知识信息功能、自我认知功能与社会化功能。

4.人际关系的影响因素包括:个体因素、环境因素、情境因素、外部因素。

5.大学生常见的人际关系问题分别为:缺乏自信、不敢交往;自我中心、拒绝交往;猜疑嫉妒、阻碍交往;缺乏技巧、不会交往。

6.人际交往有民主平等、尊重友爱;积极主动、激烈宽容;真诚信任、心理相容;互惠互助、互补共进五个基本原则。

7.需要掌握沟通技巧、提高社交能力、解决冲突的能力以及情绪管理能力才能提高人际交往的技巧。

8.人际交往的心理学效应分别为:首因效应、晕轮效应、定势效应和投射效应。

思考题

结合你自己的实际谈谈怎样对常见的人际关系问题进行调适。

推荐资源

1.书籍:《走出心智误区:直面复杂世界的领导力》,(美)珍妮弗·加维·贝格著

本书基于成人发展、复杂性理论和领导力咨询方面的丰富经验,珍妮弗·加维·贝格发现了五种常见的"心智误区",分别是:简化故事的心智误区、感觉正确的心智误区、渴求共识的心智误区、渴望掌控的心智误区和捍卫自我的心智误区。通过本书,我们不仅能够了解这些本能反应如何将我们在这个瞬息万变的世界里引向错误的方向,还将获得行之有效的技巧和方法,帮助我们走出误区,提升直面复杂世界的领导力。

2.书籍:《沟通的艺术》,(美)戴尔·卡耐基著,吕冬青译

该书共有五个部分,通过成功演讲的基本原则,演讲、演讲者及听众,有备演讲和即席演讲的目的,沟通的艺术和成功演讲的挑战等内容,让读者了解良好的人际关系的沟通。

3.电影:《当哈利遇到莎莉》

该电影被誉为亲密关系题材电影中的经典之作,并多次被评为史上最佳浪漫喜剧电影之一。影片的成功不仅在于其出色的剧本和演员表现,还因其对当代文化价值的准确反映而备受观众喜爱。此外,电影还传达了与人交往中诚实和坦率的重要性。

模块六　　学会爱的艺术——解读爱情密码

爱情不仅是鲜花、微笑、亲吻和春风。它也是严寒时的青松、黑夜中的火花、长途跋涉中手挽手的挽扶。

——艾明之

爱情，这不单是延续种属的本能，不单是性欲，而且是融合了各种成分的一个体系，是男女之间社会交往的一种形式，是完整的生物、心理、美感和道德体验。只有人才具有复杂而完备的爱情。

——瓦西列夫

心灵导读

爱情是一种美好的情感，更是一种深思熟虑的行为。成熟爱情中的个体是平等的，是携手共进的。爱情应以情投意合、志同道合为基础，无论处于顺境还是逆境，是富裕还是贫穷，是健康还是伤病，爱一个人就要自觉地承担对方的责任。好的爱情能让彼此成为更好的自己。本模块将从爱情概述、大学生健康恋爱观的培养、大学生性心理健康三方面为大学生解开这些疑问，使大家能够更好地体验爱情的浪漫与美好。

学习目标

1. 了解大学生恋爱心理发展特点及发展规律。
2. 培养健康良好的恋爱观以及合理表达爱的能力。
3. 了解大学生性心理的发展以及性心理的特点。

项目一　爱情概述

引导案例

乐然是大学三年级学生,是家里的独生女,家在江苏。自上大学以来,生活过得很单调,平时除了上课就是和舍友们聊天逛街。可是在大一后半学期,她发现舍友们都陆陆续续地谈恋爱了,自己一个人孤零零的,很少有人陪。后来同班的男生石磊向她表白,刚开始她没有接受,但是也没有拒绝。两个人就这样一直相处着,一起上课、吃饭、逛街等。自己一直也没有那种心动的感觉。到了这学期,石磊出去实习了,奇怪的是,她感觉不太好,情绪非常低落,对做任何事情都提不起兴趣。乐然很困惑,经常问自己:"我是爱上他了吗? 我们这样也是爱情?"

爱情是人类永恒的主题,也是每个人生命中不可或缺的一部分。所有人都渴望收获一份美丽的爱情,但很多人却在爱情里彷徨失措:有的人不知爱情为何物,有的人不知如何爱人,有的人在爱情里过于理想主义,还有的人在爱情中没能很好地把握住自己,伤人更自伤……究其原因是多数人没有意识到爱情或者说爱,是一种能力而非本能。想要更好地理解爱情、实践爱情,要从理解爱情的概念开始。

一、爱情概述

爱情是一种人与人之间强烈的情感连接,包含依恋、亲近、向往等特性,并且表现为无私专一、无所不尽其极的特点。

(一)爱情的三元理论

20 世纪 90 年代美国耶鲁大学心理学教授罗伯特·斯滕伯格的爱情的三元理论是目前解释人类爱情心理学最有影响力的观点。他认为,各种不同的爱情都能够由三个构成成分组合而成,分别为亲密(intimacy)、激情(passion)、承诺(commitment)。

亲密与友谊较为相似,美国咨询专栏作家安·兰德斯曾用"熊熊燃烧着的友谊"来形容爱情。亲密是指恋爱双方在爱情关系中能够促进双方产生亲近、志同道合、不分彼此等感觉。

激情是指恋爱双方处于一种"强烈地渴望跟对方结合的状态",表现为强烈的情绪唤醒状态和性吸引力。

承诺主要是指双方为了维系爱情关系所做的保证、投入、忠诚、义务等,反映的是完全与情感或性情无关的决策。

心理实验

爱的实验

1959 年,美国威斯康星大学心理学家哈洛用恒河幼猴做了一系列实验:将新出生的幼猴放在一个笼子里,其中放着两只假的母猴,一个用铁丝做成,胸前安装了一个能够提供奶水的橡皮奶头;另一个不能提供奶水,但是由绒布做成。哈洛惊奇地发现,幼猴经常与"绒布母猴"待在一起,只有在饿了的时候才会到"铁丝母猴"那里喝几口奶水。由此看出,婴儿自出生之日起,最大的需求不是寻求食物,而是要克服他来到这个世界上的孤独与恐惧感,寻找一个合适的依恋对象,去接触、玩耍。这份起源于人类本能的依恋,它的核心是安全感,这份安全感也是爱的最深的核心。

由上述实验可以得出,亲密关系为我们提供了情感的安全与温暖,提供了一个"大本营",我们可以从它出发,去勇敢地面对生活中的风风雨雨。另外,社会心理学认为,人生来就有归属的需要,渴望被了解、被认同、被接纳、被重视、被赞赏以及被人需要。当我们被接纳、被人需要的时候,可以感受到自己的重要性,自我价值感会提升,感受到存在的意义。而当情投意合的两个人结合时,他们经常能够给予对方认同和接纳,也同样让对方感到被需要,由此满足了彼此归属的需要。

(二)爱情的类型

爱情三角理论认为亲密、激情、承诺就是爱情三角形的三条边。可以说,一段真心投入的爱情关系中,亲密、激情、承诺三者缺一不可。每个成分的强度都可由低到高地变化,所以爱情的三角可能有各种形状。我们可以把这些形状大致分为七种类型,图 6-1 列出了七种类型的组合方式,表 6-1 列出了七种类型中亲密、激情、承诺的程度。

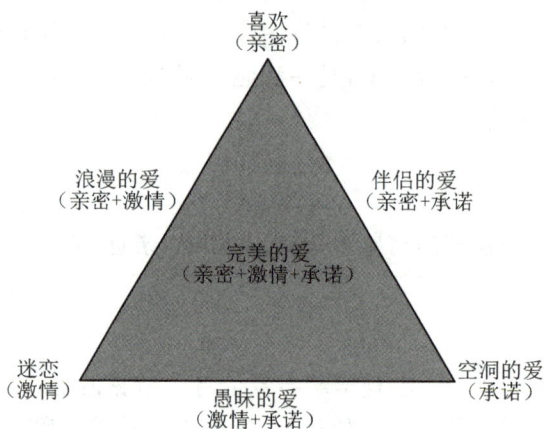

图 6-1 爱情的七种类型

表 6-1 爱情的七种类型中亲密、激情、承诺的程度

类型	亲密	激情	承诺
喜欢	高	低	低
迷恋	低	高	低
空洞的爱	低	低	高
浪漫的爱	高	高	低
伴侣的爱	高	低	高
愚昧的爱	低	高	高
完美的爱	高	高	高

二、大学生恋爱心理发展的特点

对于情感体验丰富的大学生们来讲,校园爱情是大学生活中的重要一课,也是人生中的必

要一课。但由于在看待爱、选择爱、表达爱、实践爱等方面的不够成熟与理性,使得很多大学生的恋爱具有以下特征。

(一)注重恋爱过程,轻视恋爱结果

注重恋爱过程,有利于双方互相了解和加深认识,也有利于培养感情和增加心理相容度。同时也表明大学生不愿落入世俗,着意追求爱的真谛。但只注重恋爱过程,强调爱的现在进行时,把恋爱与婚姻相分离。一些大学生把恋爱当作一种感情体验,借以寻求刺激,满足精神享受。还有一些大学生是为了充实课余生活,解除寂寞,把恋爱当作一种消遣。

注重恋爱过程,轻视恋爱结果,实质上是只强调爱的权利,而否认了爱的责任。只注重恋爱过程的情感投入和体验,认为恋爱不必托付终身。这种缺乏责任感的盲目恋爱是危险的,是不可取的。

(二)注重主观感受,轻视理性思考

大学生仍处于青春期,其恋爱有着明显的冲动性。一是对自己的感情缺乏审慎思考,有相当部分同学与恋人原本不认识,偶然邂逅,凭一时冲动就做出草率的决定。二是情感强度大,不易控制,理性分析问题的能力容易受限。三是情绪波动大,自控力差,热恋中的人常常处于激动兴奋的状态,受情感支配的程度比平时大得多,而理智则处于比较脆弱的地位。

(三)注重恋爱投入,轻视学业任务

绝大多数大学生能够正确看待学业与爱情的关系,期待学业和爱情双丰收。但真正能够正确处理好学业与爱情关系的大学生为数不多。调查显示:认为"学习第一,恋爱第二"占 39.9%;而"不确定,随缘的"占 35.9%;"无所谓,开心就好的"占 8.1%;认为"两者缺一不可的"占 16.1%。可见,大学生在如何正确处理好学业和爱情的关系这个重大问题上的认识是模糊的。摆正学业与爱情的位置,仍然是大学生难以控制而又必须正确对待的问题。

📖 拓展阅读

罗密欧与朱丽叶效应

罗密欧与朱丽叶效应是指因客观与个人主观需要不相符而产生强烈的抵触情绪,并引发一种负向要求和行为的心理活动倾向。例如,有的大学生在恋爱过程中,双方父母的反对或其他不利因素往往会使彼此相爱的态度更加坚决,关系更加紧密,难舍难分。

📝 小故事

钱钟书与杨绛的爱情

钱钟书与夫人杨绛相伴了一生,他们的爱情经得起考验,同时他们守得住流年的平淡,二人在精神和情感上都很有默契。

1932 年春天,杨绛考入清华大学并与钱钟书相识,两人的感情也在相处中迅速升温。1935 年,二人成婚,结为伉俪。不久后一同出国留学,无论在牛津还是巴黎,都留下了他们相亲相爱的足迹。抗日战争爆发后,夫妇二人选择了回国,辗转任教北大、清华等高校,同时从事文学研究。清华初见、情投意合的"闪婚"、异国他乡的甜蜜、动荡年代的坚守、艰难岁月的相扶、痛彻心扉的别离是他们一生相伴相随的写照。"绝无仅有地结合了各不相容的三者:妻子、情人、朋友。"这是钱钟书对杨绛的评价。

杨绛在 2011 年百岁之时说过这样一段话:"我是一位老人,净说些老话。对于时代,我是落伍者,没有什么良言贡献给现代婚姻。只是在物质至上的时代潮流下,想提醒年轻的朋友,男女结合最重要的是感情,或双方相互理解的程度,理解得够深才能相互欣赏吸引、支持鼓励,从而两情相悦。我以为,夫妻间最重要的是朋友关系,即使不能做知心朋友,也该是能做得伴侣朋友或相互尊重的伴侣。"

钱钟书与杨绛从恋爱走向了婚姻,互为知己、相随相伴、共同成长,令人感动,他们的爱情及为人处世的方式都给后世做出了很好的示范。

三、大学生恋爱的影响因素

(一)个人特质和偏好

每个人对爱情的态度、价值观以及对伴侣的要求都会不同,这些个人特质和偏好会影响一个人对恋爱的选择和决策。

(二)社会和文化背景

社会和文化背景对个人的恋爱观念和行为习惯有着深远的影响。宗教、价值观、道德观念等都会塑造一个人对爱情的认知和行为方式。

(三)家庭和教育环境

家庭和教育环境对个人的恋爱观念和态度有重要影响。家庭关系的稳定与和谐、父母的婚姻状况、父母的期望和教育方式等都会影响一个人对爱情的看法和态度。

(四)经济和社会地位

经济状况和社会地位对恋爱的选择和发展也有影响。一方面,经济稳定可以提供更好的生活条件和安全感;另一方面,社会地位和身份认同也会对恋爱关系产生影响。

(五)交往圈子和社交网络

一个人所处的社交圈子和社交网络会影响其遇到潜在伴侣的机会和范围。班级、学院、社团或学生组织等都是可能结识恋爱对象的地方。

📖 拓展阅读

和异性频繁聊天会产生恋爱错觉?

生活中有好多东西和人在一开始让你感到非常讨厌。比如,某一首歌曲、某一个人。但随着时间的推移,你发现他(它)没有那么讨厌了,甚至会慢慢喜欢上他(它)。这是一种称之为"单纯接触效应"的心理效应,指的是人们与其他人或物品接触的次数越多,就越对他们有好感。

单纯接触效应是办公室恋情产生的重要原因。网上流传这样一个故事:一位男士给他远方的女朋友写了数百封情书,最后她嫁给了邮递员。

如果和异性聊天很频繁,经常分享生活中的事情,这些行为都会增加二人的亲密度。这时就会给对方产生恋爱的错觉。但是光有亲密度没有激情和承诺,显然是兄弟,不是爱情。

人都有倾诉和分享的需求,如果对方能随时满足倾听你的苦闷并与你共鸣,经常嘘寒问暖,这时也会给人产生恋爱的错觉。

项目二　培养健康恋爱观

　　思敏和俊杰是一对恋爱不久的情侣。思敏生性浪漫,对爱情有着很多的想象,对男友俊杰也有很多要求。一次,两个人发生了很激烈的争吵,原因是思敏在过生日时俊杰没有准备鲜花或礼物等。面对思敏的指责,俊杰很难理解,并表示思敏没有说过要花。可思敏坚持认为,若俊杰真的在乎自己,就应该猜得到自己的心思,如果自己开口要的话就不浪漫了。为此二人吵吵闹闹,甚至到了要分手的地步。

　　爱情隐藏在平凡而真实的生活中。爱情是人与人之间的强烈的依恋、亲近、向往以及无私专一的情感。然而现实生活中我们却常常看到,人们的爱情表现各不相同,有的缠绵悱恻,有的波澜不惊,有的亲密无间,有的若即若离。爱情为什么会如此不同呢?我们应当如何维持亲密美好的爱情关系呢?

一、大学生恋爱表达的心理误区

　　大学生正处于对爱情渴望的青春时期,在此阶段一旦遇到心仪的对象或是正处于热恋期,都会急切地想向对方表达自己的爱,但在选择爱的表达方式时有些学生却不够理性和成熟。其实,爱的表达方式不仅体现了一个人的心理成熟度,而且会直接影响到恋爱双方的心理关系。不适当的恋爱表达往往会事与愿违,最终让爱的甜蜜渐行渐远,所以在恋爱建立和维护期如何正确地表达心中的爱也是大学生值得学习的一门课。

(一)不会倾听爱的语言

　　要表达心中的爱,首先就要学会认真倾听对方的心声,爱的表达不是一厢情愿的事情。爱的表达需要建立在相互了解、相互沟通、相互尊重的基础之上,爱情不是把自己的喜好强加在对方身上。有不少同学在恋爱中会有这样的困扰:为什么我这样对他(她),他(她)却不理解不高兴?其实,这就是因为没有去倾听对方的心声而造成了爱的误解,我们本能地觉得对方应该喜欢和感动于我们的言行,却忘记了有些时候爱还需要倾听。

(二)习惯用自己喜欢的方式去表达爱

　　当我们习惯了用自己的方式去爱对方时,对方往往不能感受到你的爱意,做出的反应与你的预期就会不符,这时表达的一方就会产生心理失落,不及时沟通的话还会产生更加严重的矛盾或冲突。曾经有一对相爱的情侣,男生总是想着要让女生了解自己的爱,于是他用身上所有的钱去买了一箱苹果送给女孩,他幻想着女孩看见这箱爱的苹果时会多么高兴,可当女孩看到苹果时却并没有表现出他所期待的开心。为此,男生很难过,他不解地问:"为什么我费尽心思,你却不高兴?"女生淡淡地回答:"其实我只是想要一箱香蕉而已。"故事里的男生就是在用自己的方式去爱对方,而有些大学生在表达爱时也常犯这样的错误。

(三)认为对方应该了解自己的想法

　　有些大学生不喜欢将自己需求爱的方式表达出来,他(她)们固执地认为如果对方爱我,那么他(她)就应该了解我的想法,知道我现在的需求。其实,我们每个人都有独立的成长背景和思想,就是结婚多年的夫妻也不可能默契到只要一个眼神或是一个动作就知道对方在想什么需要什么,所以片面地将对方了解不了解自己的想法作为对方是否爱自己的判断标准是不可取的。这种秘而不宣的表达方式也会让爱情的美好打折扣。

📖 **拓展阅读**

依恋与亲密关系

心理学有关研究发现,我们现在与他人的关系会受到早年生活中与其他重要人亲密关系的影响。恋爱关系也不例外。那早年生活是如何影响恋爱关系的呢?发展心理学认为是依恋。婴儿对养育者的依恋越安全,他们就越容易和他人包括恋人建立良好的关系。依恋(attachment)是指婴儿和主要抚养者之间一种互惠的、持续的情感联结,双方对这种关系的质量都有贡献。对婴儿而言,依恋具有适应性的价值,确保其身心需求都能被满足。

心理学家安斯沃斯研究发现,婴儿因为抚养者抚养方式的不同,会形成4种不同的依恋模式:安全型、逃避型、矛盾型以及紊乱型依恋模式。之后的研究者发现,婴儿时期的依恋模式会非常一致地出现在18岁以后的恋爱关系中。

安全型依恋:当母亲离开时,孩子会哭闹,但是过一段时间之后,孩子就会自己玩耍。当母亲回来时会很高兴、伸手要抱抱。过一会儿他就不要母亲了。长大之后,他与恋人之间的关系也是如此,当恋人离开,会非常想念,当恋人回来之后,很高兴,但是过一段时间之后,就会归于平静。

逃避型依恋:当母亲离开时,你离开便离开了,似乎与他毫无关系。长大之后,他对恋人也是如此。你离开不离开没有关系。所以很多人会认为,对方根本不爱自己。

矛盾型依恋:当母亲离开时,会扯着母亲的大腿不放,哭闹,直到母亲回来为止。往往这样的人在成人之后会对恋人非常依恋,一旦失恋,会长久地无法自拔,甚至自杀。

紊乱型依恋:一般发生在暴力家庭中,当母亲离开时,他想追上去,可是又僵在那里不动或向后退?当母亲回来时,他是逃避的。不会伸手要抱抱。这在成人之后的恋爱关系中,对于恋人也是矛盾的,既想亲近又很排斥。

二、学会正确地表达爱情

作为一名婚姻辅导专家,盖瑞·查普曼博士每天都会遇到各种各样来自配偶间的抱怨:"为什么杂志上有那么多教人向配偶示爱的方式,人们还是对爱无比苦恼?"这促使盖瑞·查普曼博士不得不深入研究其中的症结。经过20多年的研究,他发现,并非这些示爱的方式不好。纵然示爱的方式有1万种,用错了地方,也是毫无用途。在他看来,要想正确地表达爱情,每个人都需要五种爱的语言:肯定的言辞、精心的时刻、接受礼物、服务的行动和身体的接触。

(一)爱的语言之一:肯定的话语(words of affirmation)

心理学家威廉·詹姆斯说过,人类最深处的需要,就是感觉被人欣赏。对那些安全感低、有自卑情结的人,如果恋人能给一些鼓励的话语,往往会激发出他极大的潜力。肯定话语的关键词:鼓励、肯定、仁慈、谦和。

(二)爱的言语之二:高质量时光(quality time)

高质量时光的重点在于彼此注意力和情感交集共度的时刻。高质量对话是高质量时光的一部分。双方在友善不受干扰的环境中,分享彼此的经验、思想、感受和愿望。高质量对话与肯定的话语的不同之处在于,肯定的话语焦点在我们说什么,高质量对话焦点在我们听什么。保持眼神的交流,给双方全部的注意力去倾听和观察,感受双方正经历怎样的情绪和感受。

(三)爱的语言之三:接受礼物(receiving gift)

礼物是一件你可以拿在手里,说:"你看,他总是记得我"的东西。因为我们肯定是先想到谁,才会送礼物。礼物本身是否值钱不重要,重要的是被人挂念。只在心里有想法是不算数的,思想经由礼物显化并当做爱的表示送出去才算数。孩子们从小就有送礼物给父母的倾向,婚礼中也有赠送戒指的传统。因为礼物是爱的视觉象征,但它对不同的人重要性是不同的,因为这取决于他们主导的爱的语言是什么。如果他的爱语是接受礼物,那你就可以成为送礼物的高手,这是最容易学的爱语。礼物可以是买的也可以是手工制作的。

(四)爱的语言之四:服务的行动(acts of service)

服务的行动指你爱的人想要你做的事。你通过为对方服务的行为来让他高兴,通过替对方做事,来表达你对对方的爱。服务是需要投入时间和精力的,以正面积极态度来完成的就是爱的表现。我们每个人每天都在决定是爱还是不爱彼此。如果选择去爱,那么就按照对方希望的方式,将我们的爱最有效地表达出来。比如做一顿饭、洗碗、丢垃圾、打扫家里和遛狗等。

(五)爱的语言之五:身体接触(physical touch)

身体接触是沟通情感的一种方式。有研究表明,长期被拥抱亲吻的婴儿比长期没有身体抚触的婴儿在情绪发展上会更健康。身体接触是表达爱的有力工具,比如牵手、亲吻和拥抱等。对有些人来说,身体接触是他们主导的爱的语言,缺少会感觉不到爱。足够的身体接触可以让他们的"储爱槽"安全感十足。

三、学会面对失恋

小故事

苏格拉底和失恋者的对话

一天,哲学家苏格拉底遇到了一个失恋的人……

苏格拉底:"孩子,为什么悲伤?"

失恋者:"我失恋了。"

苏格拉底:"哦,这很正常。如果失恋了没有悲伤,恋爱大概也就没有什么味道了。可是,年轻人,我怎么发现你对失恋的投入甚至比你对恋爱的投入还要倾心呢?"

失恋者:"到手的葡萄给丢了,这份遗憾,这份失落,您非个中人,怎知其中的酸楚啊。"

苏格拉底:"丢了就丢了,何不继续向前走去,鲜美的葡萄还有很多。"

失恋者:"我要等到海枯石烂,直到他回心转意向我走来。"

苏格拉底:"但这一天也许永远不会到来。"

失恋者:"那我就用自杀来表示我的诚心。"

苏格拉底:"如果这样,你不但失去了你的恋人,同时还失去了你自己,你会蒙受双倍的损失。"

失恋者:"您说我该怎么办? 我真的很爱他。"

苏格拉底:"真的很爱他? 那你当然希望你所爱的人幸福。"

失恋者:"那是自然。"

苏格拉底:"如果他认为离开你是一种幸福呢?"

失恋者:"不会的! 他曾经跟我说,只有跟我在一起的时候,他才感到幸福!"

苏格拉底:"那是曾经,是过去,可他现在并不这么认为。"

失恋者:"这就是说,他一直在骗我?"

苏格拉底:"不,他一直对你很忠诚。当他爱你的时候,他和你在一起,现在他不爱你,他就离去了,世界上再也没有比这更大的忠诚。如果他不再爱你,却要装着对你很有感情,甚至跟你结婚、生子,那才是真正的欺骗呢。"

失恋者:"可是,他现在不爱我了,我却还苦苦地爱着他,这是多么不公平啊!"

苏格拉底:"的确不公平,我是说你对所爱的那个人不公平。本来,爱他是你的权利,但爱不爱你则是他的权利,而你想在自己行使权利的时候剥夺别人行使权利的自由,这是何等的不公平!"

失恋者:"依您的说法,这一切倒成了我的错?"

苏格拉底:"是的,从一开始你就犯错。如果你能给他带来幸福,他是不会从你的生活中离开的,要知道,没有人会逃避幸福。"

失恋者:"可他连机会都不给我,您说可恶不可恶?"

苏格拉底:"当然可恶。好在你现在已经摆脱了这个可恶的人,你应该感到高兴,孩子。"

失恋者:"高兴? 怎么可能呢,不管怎么说,我是被人给抛弃了。"

苏格拉底:"时间会抚平你心灵的创伤。"

失恋者:"但愿我也有这一天,可我第一步应该从哪里做起呢?"

苏格拉底:"去感谢那个抛弃你的人,为他祝福。"

失恋者:"为什么?"

苏格拉底:"因为他给了你忠诚,给了你寻找幸福的新的机会。"

爱情是美好的,但通往爱情的道路总是不平坦的,有成功的希望也有失败的可能。所谓失恋,就是指恋爱的一方被其恋爱对象抛弃。失恋引起的主要情绪反应是痛苦不堪和失落悲伤。如果不能及时排解这种强烈的情绪,就容易导致心理失衡,性格反常。

(一)失恋的常见心态

1. 失落消极

失恋者会感到羞愧难当,陷入自卑和迷惘,心灰意冷,走向怯懦封闭,既不愿意学习,也不愿意与人交往,严重者会感到绝望。

2. 自欺欺人

失恋者对抛弃自己的人仍然一往情深,对爱情生活充满了美好的回忆和幻想,否认失恋的存在,从而陷入单相思的情绪泥潭。

3. 不爱即恨

失恋者或因为失恋而绝望暴怒,失去理智,泄私愤,图报复,造成毁坏性的结局;或从此嫉俗厌世,怀疑一切,看什么都不顺眼,发牢骚;或从此玩世不恭,得过且过寻求刺激,发泄心中不满。

(二)终止恋爱关系

虽然我们都期望自己的爱情一帆风顺,但现实往往不尽如人意。有些同学在恋爱交往过程中,随着相互了解的不断加深,会产生出彼此不太适合的感觉,这时如何冷静地处理分手问题,和平地终止恋爱关系就变得尤为重要了。

1. 把握恰当的时机

谈分手问题的场合和时机都要把握得十分准确,做到既能妥善处理事情,又可以顾及双方的颜面。分手时最好不要选择在公开的场合或对方伤心的情况下,可以选择在放假前或是长时间离别前谈论分手,这样可以给对方充分的时间接受。

2. 巧妙运用策略

在分手时,语言一定不要生硬,要尽可能委婉一些,特别要注意肯定和感谢对方在这段感情里的付出。努力控制自己的情绪,不要简单而冷漠地指责对方或争吵,不将分手的责任完全地推给对方。在讨论分手问题时应理智对待,在处理经济纠纷时应相互协商。

3. 不回避自身责任

恋爱失败是由多重原因造成的,不能一味强调自己的无辜,要勇于分担责任。如果是自己的问题造成了分手,应真诚地向对方致歉,取得对方的谅解。

4. 果断地说"再见"

对于恋爱关系的终止行为,最忌当断不断拖泥带水。给分手事件中的另一方留有复合的想象,或是由于不好意思拒绝而与对方"兄妹相称"等,这些行为都会给双方带来精神上的困扰,是不利于恋爱关系顺利终止的行为。每个人都有被爱的权力,当然也有不爱的权力,在断绝恋爱关系时,果断地分手是一种善良的行为选择。

📖 拓展阅读

煤气灯效应

"你太敏感了。"

"你太情绪化了,而且其他人也是这么觉得的。"

"你认为我伤害了你,我只是太在乎你了。"

"你应该知道我会有什么反应。"

……

以上这些试图通过轻视对方的感受和推卸责任来控制和打压对方的行为被称为"煤气灯效应"。"煤气灯效应"这一概念最早出自 1944 年美国导演乔治·库克执导的一部电影。在这部悬疑片中,一个控制欲极强的丈夫试图通过对环境进行微妙的改变,包括缓慢而稳定地调暗煤气灯上的火焰,让妻子怀疑自己对现实的感知,从而失去控制感。

在当今互联网它还有个更广为人知的称谓——PUA。PUA 开始常被用来形容那些以"情感操纵"为核心手段,企图通过学习"套路"在两性关系中占据主导地位的群体。尽管 PUA 常常被用于描述恋爱和婚姻关系,但煤气灯也可能出现在朋友和亲人之间。

(三)失恋的调适方法

1. 倾诉

失恋者精神遭受打击,被悔恨、遗憾、愤怒、惆怅、失望、孤独等不良情绪困扰,主动找朋友倾诉,释放心理负荷。可以用口头语言,把自己的烦恼和苦闷向知心朋友毫无保留地倾诉出来,并听听他们的劝慰和评说,这样心里会平静一些。也可以用书面文字,如写日记或书信把自己的苦闷记录下来,或给自己看,或给朋友看,这样便能释放自己的苦恼,并寻得心理安慰和寄托。

2. 移情

及时适当地把情感转移到失恋对象以外的他人、事或物上。发展密切的朋友关系,交流思想,倾吐苦闷,陶冶性情;投身到大自然的博大胸怀中,从而得到抚慰。例如恩格斯失恋后登上阿尔卑斯山脉,在雄伟壮观的大自然面前,个人的情感和精神得到超脱。

3. 疏通

疏通指的是借助理智来获得解脱,由理智的"我"来提醒、暗示和战胜感情的"我"。爱情是以互爱为前提的,不可因一厢情愿而强求,应该尊重对方选择爱人的权利。也可以进行反向思维,多想对方的不足点,分析自己的优势,鼓足勇气,迎接新的生活。还可以这样设想,失恋固然是失去了一次机会,然而却让你进入了另一个充满机会的世界。正如海伦·凯勒所言"一扇幸福之门对你关闭的同时,另一扇幸福之门却在你面前洞开了"。

4. 宽容

失恋带来的仇恨和报复心理并不能挽回失去的爱情,只能使心态更加失衡,而宽容能让人释怀。既然对方觉得分手更幸福,就让他离开吧。

5. 立志

失恋者积极的态度会使"自我"得到更新和升华,全身心地投入到工作中去,许多失恋者因此而创造出了辉煌的成就。像歌德、贝多芬、罗曼·罗兰、诺贝尔、居里夫人、牛顿等历史名人都曾饱受失恋的痛苦。他们是用奋斗的办法更新"自我",积极转移失恋痛苦的楷模。

项目三 大学生性心理健康

引导案例

佳妮和张伟在谈恋爱。随着二人进一步的相知和磨合,彼此感情日渐深厚,亲密的举动也越来越多。两个人在电影院里看到爱情主题的电影中主人公亲密地拥抱在一起时,也不由地会感觉到身体内有一股很强的能量,让彼此的身体都不太安分。这一次,张伟在影片中出现男女主人公亲密场景时,压低声音在佳妮的耳朵旁柔声说:"我也希望这样。再过几天就是我的生日了,你愿意送我这份特别的生日礼物吗?"

大学生恋爱期间是否应该向对方提出性要求?如何决定是否答应对方的性要求?如何在维持好关系的基础上拒绝对方的性要求?这是本项目中我们要探讨的问题。

大学阶段是学生心理生理趋向成熟的重要阶段,拥有正确的性观念,性道德和自我保护意识,对其一生的身心健康发展具有重要的指导意义。因此,培养大学生健康正确的性心理以促进大学生身心的健康发展,成为当前高校心理健康教育中一项不可忽视的重要任务。

一、合理的性心理观念

进化论的视角认为人类作为自然界的一部分,性的功能主要是为了生殖和繁衍后代。随着社会的发展,性也有了更多不同的含义,它包括:人对身体的理解和人与身体的关系、生理性别、社会性别及认同、性倾向、性亲密、性愉悦和生殖、情感依恋和爱情。总的来说,性是人类的天性和本能,但它的概念非常复杂,涵盖了生理、社会、心理、精神、伦理和文化等多个维度,且伴随人一生的持续发展。

对于大学生而言,青春期处于性冲动高峰期,在这个时期人表现出强烈的性冲动,这是一个生理健康的人的正常表现。我们也要认识到:性需要是人正常的生理需要,是建立亲密关系的基础之一;爱情建立在性欲的基础上,爱情之所以能够产生,其所具有的物质基础就是生命的存活和性欲的产生。但同时,我们还要认识到爱情还有三个特性:①利他性,以对方的幸福为自己的幸福;②忠诚性,爱情是长期、稳定的,否则就是幼稚的感情;③成长性,爱情中的双方既有和对方融合的时候,也能保证双方人格的独立和自由,能够促进双方的幸福和成长。

因此可以说,性是爱情这种亲密关系的一部分,但是亲密关系不等于性。

📖 拓展阅读

健康性心理的自然属性

马克思认为:"在现实性上,人与人之间直接的、自然的、必然关系是男女之间的关系"。性关系是两性中最自然和最基本的生物性和社会性关系。性是一个自然的生理现象,按照弗洛伊德的观点,人的发展也是性心理的发展,这一发展从婴儿期就已开始。性行为是人类各种行为中最普遍、最正常存在的自然现象。换句话说,性行为是源自身体自然的性冲动的积欲,而不是靠意志的或故意的或来自色情挑逗的行为。性欲是人的基本欲望,是属于人生活中很自然的一部分,要用自然的态度去面对性,树立自然的性爱观,只有这样才能获得相关的正确知识,才能去建立健康的性态度和性行为。

二、青春期性心理发展的时期

美国心理学家赫洛克认为青春期性心理的发展一般可分为以下四个时期。

(一)性抵触期

在青春发育之初,有一段较短的时期,青少年总想远远地避开异性,以少女表现得尤为明显,这主要与生理因素有关。由于第二性征的生理变化,青少年对自身所发生的剧变感到茫然与害羞,本能地产生对异性的疏远和反感。

(二)仰慕长者期

在青春发育中期,男女青年常对周围环境中的某些在体育、文艺、学识以及外貌上特别出众者(多是同性或异性的年长者),仰慕爱戴、心向往之,而且尽量模仿这些长者的言谈举止,以致入迷。

(三)向往异性期

在青春发育后期,随着性发育的渐趋成熟,青年人常对与自己年龄相当的异性产生兴趣,并希望在接触过程中吸引异性对自己的注意。但由于青年人情绪不稳,自我意识甚强,因而在与异性接触的过程中,容易引起冲突,常因琐碎小事而争吵甚至绝交,因此交往对象之间常有转移。

(四)恋爱期

青春发育完成,已达成年阶段,青年人把友情集中寄予自己钟情的一个异性身上,彼此常在一起,情投意合,在工作、学习中互相帮助,生活中互相照顾体贴,憧憬婚后的美满生活,并开始为组织未来的家庭做准备工作。这时的青年人对周围环境的注意减少,女青年常充满浪漫的幻想,向往被爱,易于多愁善感;男青年则有强烈的爱别人的欲望,从而得到独立感的满足,他们的情绪往往较兴奋。

大学生处于向往异性期向恋爱期过渡的阶段。但由于大学生存在成熟的性生理与不成熟的性心理的矛盾,因此大学生在这个阶段更应该加强对自身性心理的了解和学习。目前,我国在校大学生的年龄一般在 17 岁至 23 岁,在这一阶段,性的成熟与整个身体的发育已基本完成,但是性心理的发展并未达到成熟。这时期的大学生好像一辆马力十足但方向盘和制动器并不灵敏的汽车。这一时期是大学生真正发现自我的时期。

三、大学生性心理问题及调适

(一)性冲动

性冲动是男女大学生生理、心理的正常反应,是在性诱因刺激下,性兴奋强度逐渐增加并企图诉诸行为的一种心理体验。研究表明,引起性冲动的原因有内部和外部两种,激素(荷尔蒙)是造成性冲动的内部因素,就外部因素而言,心理因素和社会因素起着较大的作用。

调适的方法:

首先是适度压抑。适度健康的压抑表现为:压抑并不费力气,个人应清楚知道压抑的是什么;压抑不妨碍心理活动效率,不妨碍人的社会功能。

其次是升华。即用一种积极的,富有建设性的,能为社会所接受的方式来取代性欲,转移性欲。一些学者认为,强烈的性冲动可以转化为高水准的情绪活动和理智活动。弗洛伊德甚至认为性冲动的升华创造了文学、艺术和社会文明。

最后是宣泄。即以某种性的方式获得性冲动的满足。对大学生来讲,性自慰和婚前性行为是较常用的方式。要教育大学生懂得,性宣泄不只是一个生理行为,其方式应符合社会规范,有益于身心健康。

(二)性梦

性梦,是指人在睡梦中梦见与性对象发生性接触而出现性冲动或性高潮的现象。心理学家认为,对青年期的学生而言,性梦是一种调整性过高的自慰现象。异性间的性吸引,有时会导致性冲动,但在清醒的意识状态下,理智和道德可以抑制这种冲动;然而在进入梦乡后,这种被压抑的性冲动就像弗洛伊德说的,按"本我"的享乐原则行事,可以不受理智道德的约束了。弗洛伊德认为,梦是愿望的满足,在清醒状态下不敢想不敢做的性心理、性行为都可以在梦中现出使大脑皮层非常活跃的兴奋灶。这种性梦的自然宣泄,类似一种安全阀的作用,可以缓解累积的压力,是性生理、性心理发育正常的标志。

调适的方法:

首先,重视科学性知识的学习,包括性生理和性心理的有关知识,掌握性生理和性心理的发展规律。只有正确看待自己的性生理变化和性意识活动,才能有效地消除性无知所产生的不良情绪。

其次,睡前进行适当的体育锻炼,以利于上床后尽快入睡。

最后,尽量避免夜间过多涉及与性有关的话题和活动,有意识地培养自己保持性健康的克制力。

(三)性幻想

性幻想也称性想象,是一种介于意识和潜意识之间的,带有性色彩的精神自慰行为,是在没有异性参与的情况下,在大脑中进行的自我满足的性欲活动,故又称"意淫"。幻想一般分为三种:第一种是不伴有性行为的性幻想,又称"白日梦";第二种伴随性自慰的性幻想;第三种是伴随性生活的性幻想。

调适的方法:

首先,树立文明的性观念。将性视为"下流",把性看作是"万恶之首"的思想,是落后愚昧的。作为当代大学生,应抛弃这些陈旧的性观念,树立文明的性观念。要敢于正视性的问题,科学对待性问题,把性看成正常的生理、心理现象,避免自我道德谴责所产生的强烈的罪恶感和自卑心理。

其次,指导学生正常的异性交往,开展正常的异性交往活动,建立异性间的友谊,能够满足青春期青年学生的心理需要,减少人为的压抑,防止形成强迫性观念。

(四)性自慰

性自慰俗称手淫。我国青少年性自慰焦虑的发病率普遍高于西方国家,除了性教育的普及程度低外,还与"手淫"这种习惯性称呼的明显贬义也有很大的关系。因此,近年来我国已经将手淫更名为性自慰,它界定了性行为的对象为个体自身,其功能在于心理缓释,从而有助于人们正确看待这种行为,克服偏见,缓解心理压力。

性自慰引起的心理困惑,表现在以下几方面:①虽然从理论上知道性自慰是一种自慰行为,但潜意识中仍然认为有害。②性自慰行为引起大学生对自己的消极评价。这种消极的自我评价,阻碍了与别人的正常交往,影响了他们的自我表现,也影响了他们的生活和学业。③性自慰行为引起无休止的联想和一系列强迫性观念,给大学生带来心理上的疲惫和沉重的压力。

调适的方法:

首先,改变认知。国外大量的研究表明,性自慰是性宣泄的一种方式,对身体无害。性自慰的危害主要是由于对性自慰行为的过分担忧而引起的心理困惑。所以,必须正确认识性自慰行为,改变错误的认知,消除过分担忧,才能减轻危害。

其次,调整行为。改变不健康,不科学的生活方式,积极参加集体活动,加强人际交往,培养广泛的兴趣爱好,缓解对性自慰问题的关注。

最后,发展独立意识。性自慰行为引起的心理困惑的实质是大学生青春期的自恋倾向,说明其心理断乳的问题尚未解决好,缺乏自信,关注自我。要解决这一问题,必须发展独立意识,把注意力转向外界,关注社会,关注学业,树立远大理想,追求高层次的心理需要。

📖 拓展阅读

如何避免性冲动带来的伤害

在恋爱的过程中,可以通过一些有效的措施来帮助自己或对方克服过分的性冲动。

(1)约会的时间最好不要选择在晚上。因为借助夜幕的"掩护",恋人间容易表现得比较亲昵,此时稍一冲动、稍一疏忽,就可能逾越界限,做出事后会使双方都后悔的事情。

(2)"君子不立于危墙之下"。约会时衣着最好不要过于透明、暴露。女方应该清楚地知道在什么情况下拒绝对方更容易,是穿戴整齐的时候,还是袒胸露背的时候。如果决心不选择婚前性行为,在穿戴上就要选择适合保护自己的衣物。

(3)约会的地点最好选择人较多、较热闹的地方。在这些地方既可以共度一段美好的时光,又可以靠环境的帮助,实行自我约束。僻静处、私人卧房、旅馆的客房都是比较危险的地方。在青年男女独处时,这些场所对克服性冲动有弊无利。在家里交谈,就选择家里有人时,将房门虚掩着。

(4)当女方发现男方产生了性冲动,自己特别不愿意接受时,可以适当地提醒他或者把他带到人多的地方,或谈些别的话题,以转移其注意力。最好不要采取简单、粗暴的拒绝方式,以免伤害对方的自尊和两个人的感情。

体验与训练

心理活动 1

我的爱情

活动目的:了解在恋爱中有哪些品质受异性欢迎。

活动过程:请同学们在空白纸的左边写下你喜欢的异性品质,在右边写下你不喜欢的异性品质。请同学自由组合,一组 10 人分组讨论。充分讨论后,小组内选出前三项,请小组代表在班里分享。

思考与分享:这些异性喜欢和不喜欢的品质,对你有什么启示? 在你眼里,最美的爱情应该是什么样的?

_____

_____

_____

_____

心理活动 2

如何谈一段好的恋爱

活动目的:维持良好的恋爱关系,合理处理冲突。

活动过程:请同学们阅读下文案例,并以 3～5 人为小组依次讨论案例后的思考题。

杨帆决定与同院师兄张伟从普通朋友转为恋爱关系。除了上课的时间之外,两人经常约着一起吃饭、上自习,也时常出去看电影、逛街,有时也会学着其他情侣在宿舍门口吻别。随着时间的推移,热恋期的甜蜜过去之后,两人之间的问题也开始慢慢浮现。杨帆希望张伟花更多时间跟自己在一起,少跟哥们儿在一起玩游戏,张伟则觉得自己和哥们儿一起玩游戏也很重要;杨帆喜欢看音乐剧,张伟却实在欣赏不来,每次都心不在焉;每次出去约会,张伟都主动买单,但是时间久了,经济压力很大,心里也开始怀疑杨帆有没有心疼自己;每到节日、纪念日,张伟都是心事重重,生怕送的礼物不合杨帆的心意而导致不欢而散。这一天,张伟接到老师的通知,有一个为期一年的国外联合培养机会很适合他……

思考与讨论:

1.你觉得两人最突出的分歧是什么?

2.如果你是张伟,你是否会选择出国进行联合培养? 如果你是杨帆,会如何改善与张伟的关系?

3.如何平衡双方在感情中的付出?

4.双方对于相处时间和方式有冲突时该如何解决?

_____

_____

_____

_____

心理活动 3

秘密问题游戏

活动目的:探索自己内心的性观念。

活动过程:从表6-2所示的词汇中找出你认为与性有关的词汇,匿名写在一张纸条上。将全班同学的纸条收集上来后,每个同学再从中任意抽取一张纸条。

表6-2 词语选择

1.快乐	2.好玩	3.污秽	4.生育	5.恐惧
6.爱	7.美妙	8.信任	9.羞耻	10.不满足
11.委身	12.忠贞	13.尴尬	14.压力	15.例行公事
16.表现	17.欢乐	18.实验	19.释放	20.难为情
21.舒服	22.无奈	23.罪	24.厌恶	25.内疚
26.无助	27.享受	28.压抑	29.乏味	30.满足
31.美丽	32.征服	33.沟通	34.禁忌	35.亲密
36.融洽	37.遗憾	38.自卑	39.自信	40.和谐

5~6人分为一组讨论,在小组中交流对于纸条上别的同学所写下对性的词汇的看法。

思考与分享:

1.你是如何看待性以及大学生性行为的?

2.你认为健康的性观念应当符合哪些原则?

_____

_____

_____

_____

心理测试

爱情态度自评量表

指导语:请在你认为最能体现你想法的项目上划圈,并将所有的分数相加。(1=完全同意、2=有点同意、3=不确定、4=有点不同意、5=完全不同意)

	1	2	3	4	5
1. 爱是没有意义的,仅此而已。	1	2	3	4	5
2. 当你完全陷入爱河的时候,自己能确信这是一个事实。	1	2	3	4	5
3. 为了爱一个人你会想结婚,但是却不能结婚,这成了一个悲剧。	1	2	3	4	5
4. 当爱情来临时,你自己能意识到。	1	2	3	4	5
5. 只要彼此真心相爱,现实的利益并不重要,你们会彼此适应的。	1	2	3	4	5
6. 哪怕只是很短时间地接触,只要你认为爱上对方,结婚也是可以的。	1	2	3	4	5
7. 如果你将要爱上一个人,你会很快"了解"。	1	2	3	4	5
8. 只要两个人相爱,学历上的差异没有什么关系。	1	2	3	4	5
9. 即使你不喜欢某个人的朋友,可是你还是会不考虑他(她)的朋友关系而爱上这个人。	1	2	3	4	5
10. 当你陷入爱河时,你通常会头脑发昏而不冷静。	1	2	3	4	5
11. "一见钟情"通常是最深刻、最持久的爱。	1	2	3	4	5
12. 当你恋爱时,伴侣从事什么职业并不重要,因为无论如何你都会爱他(她)。	1	2	3	4	5
13. 只要你真正爱一个人,你就可以解决你和他遇到的一切问题。	1	2	3	4	5
14. 通常你只能真正与这个世界上的一两个人相爱或者相处快乐。	1	2	3	4	5
15. 不考虑其他因素,如果你真正爱上一个人,这已经可以成为你要与那个人结婚的足够好的理由了。	1	2	3	4	5
16. 爱上一个你愿意与之结婚的人很有必要。	1	2	3	4	5
17. 爱不仅仅是一种感情,而且是一种关系。	1	2	3	4	5
18. 如果不相爱,就不应该结婚。	1	2	3	4	5
19. 大多数人的真爱在一生中只有一次。	1	2	3	4	5
20. 对大多数人来说,不管在哪里,总会有一个理想的伴侣。	1	2	3	4	5
21. 在大多数情况下,你找到合适的伴侣时,会清醒地"意识到"。	1	2	3	4	5
22. 嫉妒或者猜疑是会直接随着爱而发生变化的,也就是说,你爱得越多,你就会越嫉妒或者越猜疑。	1	2	3	4	5

23.当你陷入爱河时,你会被感觉而不是理性所指挥。	1	2	3	4	5
24.对爱的最好描述是令人兴奋而不是平静。	1	2	3	4	5
25.大部分的离婚可能是因为不再相爱,而不是不能相互适应。	1	2	3	4	5
26.当你恋爱时,你的判断力常常不太清晰。	1	2	3	4	5
27.通常人一生中只有一次爱情。	1	2	3	4	5
28.爱情通常是一种热烈和难以控制的情绪。	1	2	3	4	5

29.当选择一个伴侣结婚时,与爱相比,社会地位和学历层次的
差异并不重要。　　　　　　　　　　　　　　　　1　2　3　4　5

30.无论其他人怎么说,爱情都是不可以理解的。　　1　2　3　4　5

计分规则:选择完全同意得 1 分,选择有点同意得 2 分,选择不确定得 3 分,选择有点不同意得 4 分,选择完全不同意得 5 分。将所有题目得分相加即为总分。

结果分析:若总分偏低,说明你更倾向于是一个浪漫主义者;若总分偏高,说明你更倾向于是一个现实主义者;若总分在 90 分左右,那么你在浪漫与现实的爱情观中处于一个中等位置。

学习小结

1.爱情包含亲密、激情和承诺 3 种成分,根据不同成分的组合,爱情可以分为 8 种类型。

2.大学生恋爱的影响因素有个人特质和偏好、社会和文化背景、家庭和教育环境、经济和社会地位、交往圈子和社交网络。

3.恋爱关系需要经营,每个人需要的爱的语言主要有 5 种:肯定的言辞、精心的时刻、接受礼物、服务的行动和身体的接触。

4.恋爱是两个人选择的结果,能够面对分开是成熟的表现,要学习如何面对恋爱失败。

5.当我们面临失恋时可以使用倾诉、移情、疏通、宽容、立志的方法来走出失恋的痛苦。

6.除了生物性,爱情还有利他性、忠诚性、成长性三个特性。

7.青春期性心理的发展可分为 4 个时期:性抵触期、仰慕长者期、向往异性期和恋爱期。大学生处于向往异性期向恋爱期过渡的阶段。

思考题

有同学会有这样的困惑——大学期间应不应该恋爱? 大学期间恋爱是否耽误自己的学业和学生活动? 如果两个人恋爱走不到一起是否还有恋爱的必要? 没有感受过校园恋爱日后想来会不会后悔?

你怎么看待大学期间谈恋爱的问题?

推荐资源

1.书籍:《爱的艺术》,弗洛姆著

这本书对于爱是什么有着不同于一般人的诠释,是关于指导人生意义的心灵哲学,被誉为当代爱的艺术理论专著的作品。

2.书籍:《爱情就是一物降一物》,李一帆著

本书作者用幽默而犀利的笔调,结合心理学的方法,分析了金庸小说中青年男女的爱情故事。

3.电影:《失恋 33 天》

本片讲述高端婚礼策划师黄小仙做梦也想不到,相恋七年的男友居然和自己的闺蜜走到了一起,这让一向刻薄强势的她无论如何也不能忍受。可是地球并不会因为某人的失恋而停止运转,黄小仙在面对情感失意的同时,还不得不面对工作上的压力。在明白了种种之后,也就是在黄小仙失恋的第 33 天里,在那个灯火阑珊的城市里,她发现爱她的人其实一直伴她左右。

模块七　做情绪的主人——有效管理情绪

能控制好自己情绪的人,比能拿下一座城池的将军更伟大。

——拿破仑

任何时候,一个人都不应该做自己情绪的奴隶,不应该使一切行动都受制于自己的情绪,而应该反过来控制情绪。

——罗伯·怀特

🫖 心灵导读

大学生是一个承载社会、家长高期望值的群体,自我定位高,成才的愿望强,但他们的心理发展尚未完全成熟、稳定,心理承受和适应能力相对较弱。随着社会经济的快速发展和生活竞争的日益加剧,大学生面临的经济、学业、就业、情感等压力越来越大,随之在情绪调节和管理方面反映出来的心理困惑和问题日益突出。

情绪管理作为大学生对自身情绪进行觉知、控制与调节的手段,与大学生自身联系紧密,应广泛应用于高校思想政治教育实践中。积极培养大学生情绪管理能力,是维持大学生心理健康的必然需要,是落实高校"以人为本"管理理念的重要体现,是进一步加强和改进大学生思想政治教育的必然条件,这有助于大学生成长为具有稳定情绪、拥有理性平和心态、积极进取的人。

⧁ 学习目标

1. 了解情绪的定义、种类、表现及功能。

2. 认识常见的大学生情绪问题,初步掌握大学生情绪管理的方法。

3. 转化思维,帮助大学生养成积极情绪。

4. 了解情商的内涵,初步掌握提高大学生情商的策略。

项目一　情绪概述

引导案例

欣怡的舍友小佳从记事以来到大学,这一路走来可谓一帆风顺,没有经历什么大风大浪——有温暖的家,有从小玩到大的朋友,到哪里也都能结交到一些朋友,学习也算顺利。但她总觉得生活中缺少了点什么,究竟缺少的是什么,她心里并没有答案。

上周系里组织学生参加了一个交流座谈会,大家都侃侃而谈,她看到了一双双热情而充满梦想光芒的眼睛,这种眼神让她感觉熟悉而陌生。所有的这些细细碎碎的心情点滴终于积累到极点,泛滥成灾。莫名的烦躁与悲伤升腾、包裹了她,犹如一石激起万层浪,往日的平静不再有了,发呆的时间变长了,她更愿意一个人待着。她不知道自己怎么了,真的是自己太敏感了吗? 自己该怎么打破当下的状态呢?

小佳为什么会感到不知所措? 你是否也有这样的情感体验? 如果你是欣怡,你将会如何帮助小佳化解心中的疑惑? 本项目我们将一起走进情绪,了解情绪是什么,情绪有哪几种类型,情绪的表现和功能又有哪些。

一、情绪的定义

情绪(emotion)指伴随着认知和意识过程产生的对外界事物的态度,是对客观事物和主体需求之间关系的反应,是以个体的愿望和需要为中介的一种心理活动。人们对周围世界有着不同的态度和体验,如愉快与高兴、忧愁与悲伤、激动与愤怒、恐惧与绝望、欣赏与爱慕、厌恶与憎恨等,所有这些喜、怒、忧、思、恐、悲、惊、爱、惧、恨,都是人对现实的体验形式,都是情绪的不同表现形式。

通常,人们会将情感一词与情绪混淆起来使用,实际上它们是两个既有联系又有区别的概念。情感是在情绪的基础上产生的,并对情绪产生巨大的影响。从需要的角度看,情绪是和有机体需要相联系的体验形式,如给一个饥饿的人赠送美味的食物,他会产生积极的情绪体验,反之则会产生消极的情绪体验;而情感则是同人的高级社会性需要相联系的,如友谊感、理智感、道德感等。从发生早晚角度看,情绪发生较早,是人类和动物所共有的;而情感发生较晚,是人类特有的心理现象,是个体发展到社会化进程的一定阶段才产生的,它和人的社会需要相联系,在社会实践中逐渐发展起来。从稳定性程度看,情绪具有情境性、不稳定性和易变性的特点,会随情境的变化而变化;而情感既具有情境性,又具有稳固性和长期性,它是反复地从多方面感受事物的过程中逐渐形成的,是持久的、稳定的、反映本质需求关系的态度体验。

拓展阅读

多巴胺的作用

来自瑞典的科学家阿尔维德·卡尔森(Arvid Carlsson)教授首先发现了多巴胺,他在20世纪50年代后期进行的一系列开创性的工作,证明多巴胺是大脑中的一种重要递质。卡尔森发明了一种高灵敏度测定多巴胺的方法,发现多巴胺在大脑中的含量高于去甲肾上腺素,尤其集中于脑部基底核,而后者是控制运动机能的重要部位。他由此得出结论:多巴胺本身即为一种神经递质。

研究表明多巴胺和运动、情感、内分泌都有关系,可以传递兴奋和开心的信息。运动时人体会产生多巴胺,使人愉悦兴奋,通过运动的方式,既可以宣泄消极情绪,又能锻炼身体,增进心理健康。

二、情绪的种类

关于情绪的种类,古今中外说法不一。我国古代有喜、怒、忧、思、悲、恐、惊等七情说,美国心理学家普拉切克提出了悲痛、恐惧、惊奇、接受、狂喜、狂怒、警惕、憎恨八种基本情绪。尽管对于情绪种类的说法众说纷纭,但一般认为有四种基本的情绪,分别是快乐、愤怒、恐惧和悲哀。

(一)快乐

快乐是人类精神上的一种愉悦,是一种心灵上的满足,是由内而外感受到的一种非常舒服的感觉。就心理状态而言,快乐是指追求的目的和愿望实现之后感到幸福和满足的一种愉快的情绪体验。快乐的程度可分为满意、愉快、欢乐、狂喜。

(二)愤怒

愤怒指所追求的目的受到阻碍、愿望无法实现时产生的情绪体验。愤怒时紧张感增加,有时不能自我控制,甚至出现攻击行为。愤怒也有程度上的区别,一般的愿望无法实现时,只会感到不快乐或生气,但当遇到不合理的阻碍或恶意的破坏时,愤怒会急剧爆发。这种情绪对人的身心的伤害也是明显的。

(三)恐惧

恐惧是企图摆脱和逃避某种危险情境而又无力应付时产生的情绪体验。恐惧的产生不仅由于危险情境的存在,还与个人排除危险的能力和应对危险的手段有关。一个初次出海的人遇到惊涛骇浪或者鲨鱼袭击会感到恐惧无比,而一个经验丰富的水手对此可能已经司空见惯,泰然自若。

(四)悲哀

悲哀指心爱的事物失去时,或理想和愿望破灭时产生的情绪体验。悲哀的程度取决于失去的事物对自己的重要性和价值。悲哀时带来的紧张的释放,会导致哭泣。当然,悲哀并不总是消极的,它有时能够转化为前进的动力。

三、情绪的表现

情绪作为一种内心体验,一旦产生,通常会伴随相应的非语言行为,情绪所伴随出现的这些相应的身体姿态和面部表情就是情绪的外部表现,它经常成为人们判断和推测情绪的外部指标。通常情况下,喜欢某种东西会微笑,厌恶某个人会撇嘴,专注某件事会眉头紧锁,感到紧张会屏气凝神,我们能从外部动作上看出个人情绪的变化。总体上我们把情绪的表现可以分为三类:面部表情、言语表情、肢体表情。

(一)面部表情

面部表情是指通过眼部肌肉、颜面肌肉和口部肌肉来表现各种情绪状态。眼睛能最直接、最完整、最深刻、最丰富地表现人的情绪。比如,高兴时"眉开眼笑",悲伤时"两眼无光",气愤时"怒目而视",恐惧时"目瞪口呆"等。当我们喜欢一个人时,会更容易展现出笑容,因为这是表达爱的最简单、最直接的方式。面部表情不仅能够传递我们的情感,也能够影响我们的情感状态,甚至影响我们周围的人。

(二)言语表情

言语表情则是情绪在言语的声调、音速、音响的变化上表现出的各种情绪状态。人在高兴时语调激昂、节奏轻快,悲哀时音调低沉、节奏缓慢,愤怒时语气生硬、态度凶狠。同样一句话用不同的方式讲出来则会表现出不同的含义,如"你干吗",用升调说出来时表示疑问,用降调语气则表示不耐烦,用感叹语气强调"吗"字则表示责备。

(三)肢体表情

肢体表情是通过四肢与躯体的变化来表现个体各种情绪状态的动作,可以代替语言达到传情达意的沟通目的。例如,点头表示同意,摇头表示反对,低头表示屈服,垂头表示丧气。欢乐时手舞足蹈,悔恨时顿足捶胸,惧怕时手足无措,羞涩时扭扭捏捏。我们可以通过拥抱、亲吻、握手等肢体动作来表达我们对他人的关爱和支持,同时也需要注意他人肢体语言所表达的情感状态,从而更好地与他人沟通和交流。

小故事

表情与情绪

有一对夫妻,他们已经结婚多年,感情一直很好。但是,最近他们开始遇到了一些问题,感觉彼此之间的距离越来越远。这时,妻子注意到丈夫的面部表情和肢体语言发生了变化,他们的沟通也越来越困难。妻子开始感到不安,因为她觉得自己无法理解丈夫的情感状态。

于是,妻子努力观察丈夫的面部表情和肢体语言,并尝试通过自己的面部表情和肢体语言来表达自己的情感状态。她开始更多地微笑、拥抱和握手,表达自己的关爱和支持。她还开始注意自己的姿势和语调,尝试让自己更加自信和放松。

随着时间的推移,丈夫也开始注意到妻子的变化,更多地表达自己的情感和感受。他们之间的沟通变得更加顺畅,感情也变得更加亲密。这个故事告诉我们,爱的表达方式不仅仅局限于口头语言,面部表情和肢体语言同样重要。当我们能够更好地运用这些表达方式时,就能够更好地表达自己的情感,更好地理解他人的情感,从而建立更加紧密的关系。

四、情绪的功能

(一)情绪的信号功能

情绪是有机体生存和发展的一种重要方式,如动物遇到危险时产生害怕情绪,从而发出呼救信号,就是动物求生的一种手段。婴儿为了满足基本的生理需要反映出来的情绪,也能为婴儿提供生理所需。在人类生活中,情绪直接反映着人们生存的状况,是人们心理活动的晴雨表,如快乐表示处境顺遂,愤怒表示处境坎坷,悲哀表示处境不顺,恐惧表示处境动荡。人们通过情绪传递信息以更好地适应社会,比如通过察言观色了解对方的情绪状况,从而进行社会交往。总之,人们通过情绪洞察他人的处境与状况,以便更好地进行人际关系交往。

(二)情绪的动机功能

情绪能够以一种与生理性动机或者社会性动机相同的方式激发和引导个体的行为。从情绪的动力性特征看,情绪分为积极增力的情绪和消极减力的情绪。愉快、喜悦、自信等积极增力的情绪会提高人们的活动能力,而恐惧、痛苦、自卑等消极减力的情绪会降低人们的活动积极性。但是有的情绪同时兼具增力和减力两种动力性质,如有人会因为悲痛而消沉,也有人会化悲痛为力量,而处于良好的情绪状态下,会提高个人大脑活动的效率。

(三)情绪的健康功能

健康功能是指情绪对个体的身心健康有增进和损害的功能。积极的情绪有助于身心健康,消极的情绪会引起各种疾病,如溃疡、偏头痛、高血压、哮喘等,甚至有些癌症也是因为患者长期心情压抑导致的。一项长达30年的关于情绪与健康关系的追踪研究发现,年轻时性情压抑、焦虑和愤怒的人患结核病、心脏病和癌症的比例是性情沉稳的人的4倍。因此,积极而乐观的情绪体验是保持心理平衡与身体健康的重要条件。

项目二　大学生情绪管理

引导案例

子涵今年上大学三年级,但她并不像同龄人那样开朗,悲观情绪总是萦绕着她。她时常觉得生活没有目标,最近这种情绪越来越强烈,好像做什么都没心情,很孤独,周围的环境又让她觉得很无趣。她也想改变,但又觉得自己能力不够,越来越自卑,不爱说话,于是也就显得有些孤僻。她也是个爱思考的人,曾用很长一段时间来思考活着的意义,但她发现自己找不到答案。她觉得很迷惘,眼看就要大学毕业了,她不知道以后的路该怎么走。

在心理咨询室里,她对心理老师说:"我很不幸,可以说是在同学和邻居的指指点点下长大的。我从小心里就充满了自卑,很封闭、很悲观,导致了我从来交不到朋友,别人看我外表冷漠也不敢和我交流。现在长大了,我有不少追求者,我也爱上了一个男孩,现在是我的男朋友,可是我总是很悲观,认为我们早晚会分开。他开始还能忍受,可现在经常因为这个和我吵架,我也知道自己不对,可就是不能改变。"

通过这个案例可以看到子涵深陷在负面情绪的泥潭当中无法缓解。你是否也有这样的时刻? 面对负面情绪你是如何应对的? 本项目我们将了解如何进行情绪管理。

一、识别情绪

(一)体察情绪

人的情绪是不断变动的,每个人都会有情绪的兴奋期或者低潮期,而情绪的变化是有规律的,只有接受并体察自我情绪,才能真正地顺应内心,帮助内心回归平和。

首先,要正视自己的情绪。不论你是否承认,情绪总是存在,一味地否定只会导致情绪长期积压,从而难以控制,带来更坏的影响,因此勇于正视自己的情绪,接受它并适当地发泄。

其次,要认识自己的情绪。习惯性地自我反思,回顾以往的各种情绪经历,并思考当时为什么会产生这样的情绪,这种情绪导致了什么后果。

最后,缓解并调理自己的情绪。寻找自己的情绪源头,理解和接受他人的错误,从而轻松地控制消极情绪,培养积极的情绪。比如,当自己受到老师批评而生气,这时不妨采取"寻根溯源"的方式来解决,给自己这样一个思考:我现在很生气,是因为老师的指责吗? 我为什么会因为他人指责生气,而不是就问题本身自我反思呢? 上一次我没有遵守时间约定错过面试被老师严厉批评,如果我当时意识到自己的问题所在,类似的情况就不会再发生,我确实有拖延的毛病,忠言逆耳利于行,所以应该从自身找问题,而不是因为一句话生气。

(二)感知情绪

学会感知情绪,才能在每天的情绪变化中积极主动地调试自己的心理状态,从而更好地控制情绪。通常来说,低情商者对自己及他人的情绪感知能力弱,容易导致情绪失控;而高情商者对自身的情绪能够做理智的分析。其实对自身情绪的评估能力越强,越有利于问题的解决。可以从"做什么"和"如何做"两个方面进行正念技能训练,以更好地"感受"自己的感受。

第一,当生气时,留意当下身体的感觉,只是单纯地关注内心情绪变化的出现与消失,不作任何回应。接下来,用语言把生气的感觉表达出来,语言的描述不能有任何的情绪和思想色彩,我们可以全身心投入并体验自己的情绪,对当前的感受和事情不予回避。

第二,关注正在发生的一切,而不需要进行任何评价。集中精力去关注担忧、焦虑等情绪,然后本着让事情向好的方向发展的目标来衡量自己的情绪,避免感情用事,防止因为情绪失控而做出不恰当的事,说出不负责任的话。

拓展阅读

了解自己一天的情绪变化

早上醒来,有什么感觉?

今天你有可能遇到哪些烦心事或挑战?

昨晚是否做梦了? 如果有,梦给你留下什么感受?

回想今天,你主要的情绪是:快乐? 沮丧? 满足? 怨恨? 不耐烦? 沉闷? 疲惫?

回到宿舍或回到家感受如何:寂寞? 释放? 安详?

与亲人或朋友有什么情感交流吗?

晚上入睡时,是否还有什么情绪在头脑中漂浮?

二、表达情绪

情绪表达是指在不同情境中通过恰当的方式准确表达情绪的能力,包括向自我表达、向他人表达和向客观环境表达。适当的情绪表达能够帮助自己进行合理的宣泄,从而保持心理平衡,增进心理健康。

(一)向自我表达

向自我表达是指将情绪提到意识层面,使个体意识到情绪的性质、特点和产生的原因等。向自我表达是情绪表达的关键和基础,只有当我们对情绪有了清晰的意识时,才有可能将情绪清晰地表达出来。向自我表达的途径有很多,比如给自己写信或是养成记录心情的习惯,这样可以帮助自己厘清思路,使原本紧张的情绪得到暂时的舒缓,从而能更加冷静地解决问题。

心理实验

冥想训练

找一个安静的地方,找一个舒适的座椅。

多做几次深呼吸,不去想任何事情,让情绪从心中自然浮出。

体会一下这是什么情绪,发生了什么让你有这样的情绪。

慢慢地说出自己的感受,不要阻止情绪的表达。

(二)向他人表达

向他人表达就是将情绪向周围的人表达出来,让他人知道我们的情绪。通常情况下,我们表达的对象是引发我们情绪的人。如:当朋友送你礼物时,你会用拥抱、高兴的表情及言语表达喜悦;当你受到伤害时,你会用抗议、指责等对他人表达不满与愤怒;当你感到烦恼和迷茫时,也可以向老师、家人、朋友诉说等。但是注意在表达的时候要合理调整自己的语气和态度。

(三)向客观环境表达

在空旷的操场上奔跑、在安静的房间里哭泣等就是在向客观环境表达。登上高山,你会顿感心胸开阔;放眼大海,你会有超脱之感。每一个人都有属于自己的"秘密基地",可以选择自己熟悉且隐蔽的地方和自己的内心来一次对话,这种表达对于那些不善与人交往的人来说很重要。

心理实验

说出自己心中的话

1. 找一个合适的场所,在你面前放一把椅子,假设对面坐着你想要对其表达心事的人。

2. 也可以找一个能代表对方的物品,如照片、一朵花等。

3. 尽量将心中所有想说的话都说出来,不要克制自己的情感。

三、调控情绪

前面谈到,情绪管理要进行情绪表达,但这并不意味着我们可以任由情绪宣泄,好的情绪表达要掌控自发表达和理性控制的平衡。

对于容易冲动和情绪化的人来说,表达情绪前要控制一下自己,先让自己冷静一下,再说出要讲的话;对于严格控制自己情绪的人来说,就需要更加放松,多体察自己的情感,并且更乐于轻松地表达它们。用"控制"自己情绪的方式告诉对方,要点之一就是表达对方的行为带给自己的感受,而不是指责对方。通常用"我"的信息来表达感受更为有效。例如,"熄灯后你还在用电脑,鼠标的声音让我睡不着,导致白天上课没精神,我觉得很难受"。如果还能再加上一些建设性的意见,那么会有更好的效果。

四、大学生常见情绪问题

(一)焦虑

焦虑是个体对当前或预感到的挫折产生的一种紧张、忧虑、不安而兼有恐惧的消极的情绪状态,它包括自尊心与自信心的丧失、失败感与内疚感的增加等。大学生常见的焦虑原因包括家庭环境、学习压力、就业压力、人际交往、恋爱问题等。例如：一些学生在大学时期对自身期望比较高，一旦产生心理落差时，就会产生自卑感和自责感，导致焦虑情绪；还有一些学生会由于恋爱不顺或者失恋等原因而引发焦虑情绪；除此之外还有很多大学生对未来感到迷茫，由于没有真正的实践经验，面对就业也会感到焦虑恐慌。

想要摆脱焦虑情绪，就要适时地安慰和劝导自己。我们产生焦虑的原因无外乎过分执着或者害怕失败两种情况。对于前者而言，若解决现实问题确实超出我们能力之外，这时就需要乐观一些，学会接受不可避免的事实，凡事尽力而为。对于后者而言，我们大可不必去放大事件本身，调整好个人得失心，只要积极争取，问题就会得到解决。

(二)抑郁

我们周围常常有这样的人，当生活环境发生重大变化，人生之旅遇到一些挫折时，便精神不振、心神不定。很多大学生的抑郁是由于对一些负性事件的不正确认识，以及对自我价值的不合理评价，比如心理上无力承受家庭、就业、学业等方面的压力。抑郁情绪的主要表现为：情绪低落、思维迟缓、郁郁寡欢、闷闷不乐，甚至失去兴趣，对生活感到无力。因此，改变不合理观念，对出现的负性生活事件和自我价值建立正确认识，是克服和消除抑郁的关键要素。

研究表明，克服抑郁的有效办法有：从事可振奋情绪的活动，参与助人的公益活动，观看让人热血的运动比赛，看喜剧电影，阅读让人精神振奋的书等。不过值得注意的是，有些活动则会让人沮丧，比如长时间看电视会使人陷入心情低潮状态。

(三)嫉妒

嫉妒是指他人在某些方面胜过自己引起的不快甚至是痛苦的情绪体验。西班牙作家塞万提斯说："嫉妒是万恶的根源，美德的蟊贼。"嫉妒是自尊心的一种异常表现，在大学生中普遍存在。嫉妒包括焦虑、恐惧、悲哀、失望、愤怒、敌意、憎恨、羡慕、羞耻等不愉快的情绪体验，是一种错综复杂的情绪体验。

嫉妒既有积极的一面，也有消极的一面，有的人能够利用嫉妒体察自己的内在缺失，从而改善自我，而有的人则深陷其中无法自我调节，从而产生痛苦、忧伤的体验与感受。因此，我们应该把精力集中在专业知识、技能的学习上，培养广泛的兴趣，积极参加各类有益身心的活动，如体育比赛、文艺演出、社会实践，不断丰富知识、发展各项能力。

(四)愤怒

愤怒是由于客观事物与人的主观愿望相违背，或因愿望无法实现，人们内心产生的一种激烈的情绪反应。愤怒对人的身心有极为不利的影响，愤怒会使人的自制力减弱或丧失，不能正确评价自己行为的意义和后果，做出不理智的冲动行为，如打架斗殴、毁损物品等。还有人会因一句不顺耳的话、一件不顺心的事，就暴跳如雷，或出口伤人，或拳脚相向。

心理学研究表明，当愤怒发生时，可能导致人体心跳加快、心律失常、血压升高等躯体性疾病，同时还会使人的自制力减弱甚至丧失，思维受阻、行为冲动，甚至会干出一些让人后悔不迭的事或造成不可挽回的损失。减少愤怒的一个办法是降低与攻击性行为模式的接触，如少看有暴力情节的电影、电视。也可进行自我暗示，如在情绪激动时心中默念"要冷静、别发火"，或在床头墙壁上贴"制怒""三思而行"等条幅，以时刻提醒自己。

(五)自卑

自卑是个体对自己的评价过低，轻视自己或看不起自己，担心失去他人尊重的心理状态。

自卑情绪容易泛化到其他方面,比如有自卑感的大学生往往对自己的不足和别人对自己的评价很敏感,常把别人的无关言行看成对自己的轻视。

自卑情绪人人都有,只是程度不同罢了。一个经常遭到失败和挫折的人,其自信心就会日益减弱,自卑感就会日益严重。因此,有自卑情结的人,往往需要积累勇气从内心接受自己本来的样子,建立恰当的自我认同,既肯定自己的长处,又能接纳自己的不足,逐步建立自信心。同时,在实践层面,多去锻炼自己能力不足的部分,获得实际的提高,而不是整天唉声叹气、自我贬低。

项目三　大学生积极情绪养成

引导案例

"滴滴滴",小琳收到男朋友的短信:"开心三件事——打篮球大汗淋漓,话剧社主席团换届我毛遂自荐了,中午和你一起吃饭。"小琳很快也给男朋友回了短信:"开心三件事——做英语阅读全对,和老同学网上聊天,中午和你一起吃饭。"每天晚上 10 点左右入睡前的这段时间是小琳最期待最幸福的时间,原来她和男朋友之间有个约定,晚上同一时刻发送"开心三件事"的短信。10 点整的时候大家同时按发送键,把提前编辑好的这一天最开心的三件事分享给对方。一开始的时候在一天中找三件开心的事还真是不习惯,但他们还是好奇地当作游戏坚持下来,后来渐入佳境,好像开心的事越来越多,越来越容易发现,而且自己竟然可以预测对方的开心事,好神奇。原来幸福可以那么具体,幸福是可以营造的。

小琳和男朋友通过彼此分享每天三件开心的小事,收获了更多的幸福。在平常生活中,你是如何通过身边的人或事感受美好,挖掘积极情绪呢?在本项目中我们将学习大学生积极情绪的养成。

一、积极观念的转变

打破思维反刍的桎梏,当你一遍遍回顾一些消极想法和感受时,你反复审视它们,但最后你却无法得出任何结论,反而会让自己处于一个无休止的僵局里,逐渐地开始陷入思维深谷,并且情绪低落。长期处于思维反刍的枷锁里,会让个人长期处于消极情绪当中无法自拔,严重影响我们的正常生活和学习。所以,我们需要积极转变观念,打破思维反刍的桎梏。

(一)改变认知

你要能够在思维反刍发生时,发现这个恶性循环。你必须认识到,无休止苦思并不能给你带来任何好处,反而会让你深陷其中,踏入痛苦的陷阱。你可以沿着自己的心理发展轨迹,逆流而上,用当前情绪去联想更多的情绪状态,慢慢回忆自己的各种情绪经历,并思考如果自己当时没有产生这种情绪会是怎样的情形。

(二)转移思路

做一些有益健康的分心活动,比如当你意识到思维陷入僵局后,可以去跑步、游泳、读书,和朋友聊天、出去旅游或者参加任何能够让你暂时放松身心的活动,让自己忙碌起来以至于没有时间、精力沉浸在负面情绪中。很多的名人,因为经历了一些情感上的挫折,反而让其能够投入忘我的创作中去,留下传世巨作。

小故事

贝多芬的《命运交响曲》

贝多芬在 31 岁时深深爱上了一位少女,不料恰恰这时他患上了耳聋症,他所钟爱的姑娘离他而去,这对他无异于"雪上加霜"。面对病痛和失恋的双重打击,年轻的贝多芬想到了轻生,经过冷静后他又坚定了创作音乐的决心,毅然从事他热爱的音乐事业。为了证明自己出众的才华和高贵的人格,他用一生来谱写伟大的乐章。也许正是这种苦涩的爱情,激发了他无限的创造力,最后他创作了举世闻名的《命运交响曲》。

二、积极情绪的发现

通常情况下,当一个学生在不懈努力复习功课后,取得了好成绩并得到老师、同学的认可和鼓励,喜悦感油然而生,这就是由衷的积极情绪。当某人在奋斗过程中碰到了难题迟迟得不到解决,于是有个热心的同学主动帮忙解决,这时产生的也许就是感激之情,这也是由衷的积极情绪。除了喜悦与感激之外,还有宁静、兴趣、希望、自豪、逗趣、激励、敬佩与爱,都是积极情绪的表现。积极情绪能扩展我们的思维,拓宽我们的视野,敞开我们的心灵和头脑,使我们能够更好地生活。

(一)发现美好

积极情绪的产生像所有的情绪一样,源于你对事件是如何解释和思考的。它取决于你是否允许自己花一点时间来发现事物好的方面,同时还取决于当你发现它时,你是否给它打气并让他们成长。情绪带有强烈的个人主观性,取决于你的内在理解,而不是外部环境。比如,某件事情对于一个人来说是没有感觉的,却能令你为之肃然起敬。同样一个让人觉得平常的事情,可能会让你感到惊喜。

(二)品味美好

平常生活中,能让我们感受到积极情绪的事情有很多,这些事情也可能是微不足道的。无论如何,对于让你获得积极情绪的事情,不要过度分析和解释,这样会降低你的积极情绪水平。不明原因的积极情绪比起经过我们分析直到完全理解的积极情绪持续得更久。

三、积极情绪的培养

小故事

差点错过的大奖

有一天,德国著名的化学家奥斯特瓦尔德由于牙痛难忍,情绪很坏。他拿起一位不知名的青年寄来的稿件不耐烦地看了一下,觉得满纸都是奇谈怪论,顺手就把这篇论文丢进了纸篓。几天以后,他的牙痛好了,心情也好多了,而那篇论文中的一些奇谈怪论又在他的脑子中闪现。于是,他急忙从纸篓里把它拣出来重读一遍,这一次他更加专注且有耐心,结果发现这篇论文很有科学价值。他马上给一份科学杂志写信,加以推荐。这篇论文发表后轰动了学术界,还获得了诺贝尔奖。

一般而言,人在积极情绪下体内会发生奇妙的变化,从而获得不竭的动力和力量。有了积极的情绪,在工作和学习中自然精力充沛。同时积极情绪还能激发人的创造力和自信心,从而对我们的生活和学习、工作起到积极的作用。

(一)转化情绪,发掘负面情绪的价值

情绪 ABC 理论认为,导致情绪困扰产生的根本不是事件本身,而是我们脑海里的不合理信念。因此,转化情绪先要调整自己的不合理认知,有意识地从积极方面去看待事情,学会发现消极情绪中的正面因素。当负面情绪出现时,首先承认其合理性,坦然接受它。然后冷静分析情况,寻找问题产生的原因,对症下药,找到关键所在,运用心理学知识进一步将负面情绪转化为积极情绪。比如,大学生失恋本身是一件很糟糕的事情,但是这至少证明彼此之间有不合适的地方,独处的时间可以集中精力来充实自己,可以挽回曾经冷落的友情,为父母多尽一点孝心,或者从事更多的实践活动来提高自己,换个角度看问题,你就会发现失恋并不算是一件坏事。

📖 拓展阅读

情绪 ABC 理论

情绪 ABC 理论是由美国心理学家弗朗西斯·阿德勒(Frances Adler)提出的一种情绪管理模型(见图 7-1)。这一理论认为,情绪反应是由三个因素共同影响的:A 代表事件,B 代表我们对事件的思考方式,C 代表我们对事件的情绪反应。根据这一理论,我们的情绪反应不是由事件本身所造成的,而是由我们对事件的看法和解释所决定的。也就是说,我们对事件的思考方式会影响我们的情绪反应。据此,我们可以通过改变我们对事件的看法和解释来改变我们的情绪反应。例如,当我们遇到挫折时,可以通过寻找学习机会和积极的方式来看待这件事,从而减轻挫折带来的负面情绪。

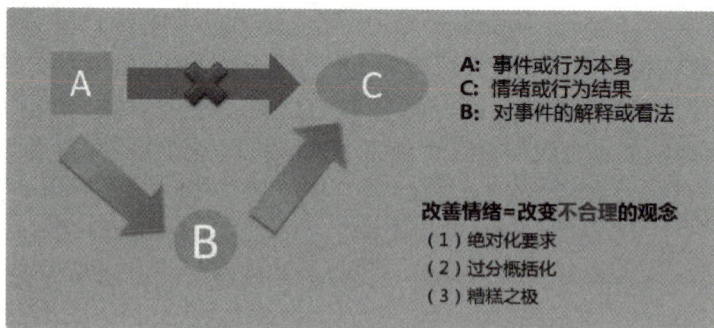

图 7-1 情绪 ABC 理论

(二)自我暗示,唤醒积极的意义

马太效应告诉我们好的越好,坏的越坏。那些经常快乐的人,会越来越快乐。提高积极情绪是从你的日常生活情境中更加频繁地找到积极的意义,在好事情中寻找好的方面,将积极的事物变得更加积极,你可以称之为锦上添花的积极情绪。积极的自我暗示,是对某种事物有利、积极的叙述。尝试进行肯定的练习,能让我们开始用一些更积极的思想和概念来替代我们过去陈旧的、否定性的思维模式,这是一种强有力的技巧。自我暗示的方法包括默不作声地进

行,也可以大声说出来,还可以在纸上写下来,更可以歌唱或者吟诵,每天只要10分钟有效的练习,就能抵消我们许多年的思维习惯。

✎ 心理实验

情绪与感冒的关系

美国卡耐基梅隆大学的科恩博士进行了一项有趣的研究,他发现积极情绪可能提高人们对普通感冒的抵抗力。研究招募了334名身体健康的志愿者参加。首先,这些志愿者需要在3周之内7个随机挑选的晚上接受电话访谈。志愿者在电话中向研究者描述他们这一整天的感受,描述对3类积极情绪——欢欣、舒适和平静,及3类不良情绪——抑郁、焦虑和敌意的感受程度,并用"0~4"的量表进行评定(如0表示完全没有感受,4表示充分感受)。结果发现,在积极情绪上得分低的人患感冒的可能性是得分高的人的3倍。而在不良情绪上得分的高低对是否感冒没有影响。

(三)与人为善,提升你的积极情绪

与人为善可以提升你的积极情绪。道家的始祖老子说:"上善如水",与人为善者与水一样能溶解万事万物,化解人间恩仇,这绝不是简单的同情心,而是一种无形的相助,一种博大的爱,是一股矫正世俗的春风。有意识地增加你的善意举动,使你的积极情绪大幅提升,可以让自己活得更快乐,它并不要你刻意做作,只要有一颗平常心就可以了。比如,专门用一天或一个下午来做志愿者工作,无论是每周一次或是每月一次,都能够产生很多的积极情绪。"授人玫瑰,手留余香",善待他人就是善待自己,这可能也是为什么科学研究表明,帮助他人能预示长寿的原因。

(四)增强自信,善于发挥自身优势

所谓的强项,并不是把每件事情都干得很好,样样精通,而是在某一方面特别出色。强项可以是一项技能、一种手艺、一门学问、一种特殊的能力或者只是直觉。美国盖洛普公司出了一本畅销书《现在,发掘你的优势》,研究人员发现:大部分人在成长过程中都试着"改变自己的缺点,希望把缺点变为优点",但他们碰到了更多的困难和痛苦;而少数最快乐、最成功的人的秘诀是"加强自己的优点,并管理自己的缺点"。"加强自己的优点"就是在不足的地方做得足够好,把大部分的精力花在自己感兴趣的事情上,从而获得成功。假如一个人的性格天生内向,不善于表达,却要去学习演讲,这不仅是勉为其难,而且还会浪费大量的时间和精力;假如一个人身材矮小,弹跳力也不好,却要去打篮球,结果不仅拖了整支队伍的后腿,还会打击自己的自信心,一蹶不振。

(五)以梦为马,积极构建美好人生

提高积极情绪的简单方法是更加频繁地梦想你的未来,并为之奋斗。比如给自己的人生设立一个目标,给自己未来一个明确的希望,给自己的生活一个方向灯,然后为着这个方向而努力,不断去超越自己,提高自己,不让自己有懈怠的时候。目标、理想、梦想是前进的动力,是行动的方向,是人生奋斗的灯塔,在完成个人梦想的过程中,你会不断发现自己的优点和潜力,学会欣赏他人,弥补自己的不足之处,你会感受充实带给你的积极情绪。

小故事

青苹果的力量

一场突然而至的沙尘暴,让一位独自穿行大漠者迷失了方向,更可怕的是连装干粮和水的背包都不见了。翻遍所有的衣袋,他只找到一个泛青的苹果。

"哦,我还有一个苹果。"他惊喜地喊道。

他攥着那个苹果,深一脚浅一脚地在大漠里寻找着出路。整整一个昼夜过去了,他仍未走出空阔的大漠。饥饿、干渴、疲惫,一齐涌上来。望着茫茫无际的沙海,有好几次他都觉得自己快要支撑不住了,可是他看了一眼手里的苹果,抿了抿干裂的嘴唇,陡然又添了些许力量。

顶着炎炎烈日,他又继续艰难地跋涉。三天以后,他终于走出了大漠。那个他始终未曾咬过的青苹果,已干巴得不成样子,他还宝贝似地擎在手中,久久地凝视着。

(六)合理宣泄,寻找你的"快乐因子"

情绪的宣泄是平衡心理、保持和增进心理健康的重要方法。不良情绪来临时,我们不应该一味控制与压抑,而应该用一种恰当的方式进行宣泄。比如失去很宝贵的东西时,哭会把消极情绪适当地宣泄出来,释放我们内心的痛苦,流出来的眼泪会把因消极情绪产生的物质排出体外,有利于身体状态调整。每个人都有自己宣泄的方式,比如看一场喜欢的电影、阅读一本书、高歌一场释放压力、找要好的朋友倾诉、来一场说走就走的旅行、做一场酣畅淋漓的运动,总之,做自己爱好的事情,这些事情虽然很小但有一定的建设性,看似与排除不良情绪无关的行为却是一种以静制动的独特宣泄方式,它可以让你逐渐能够学会主动感受积极情绪。

项目四 情商培养

引导案例

子豪在班里几乎没有朋友,和其他同学也鲜少来往。为什么大家都不愿意与子豪交朋友呢？这与他的为人处世有很大的关系。

有次子豪和其他同学在食堂里打饭,子豪见菜色不佳便大声抱怨道:"这菜怎么吃嘛,简直就是喂猪的饭嘛！"此言一出引得旁边正在打菜的同学以及盛饭的工作人员纷纷面露不悦。子豪不明白,自己只是表达内心的真实想法,难道自己就没有发表意见的权利了吗？类似事情发生得多了,子豪也很纳闷,自己究竟做错了什么？

在日常生活中,常常会有各种事情引发我们的情绪反应。我们虽然无法控制自己的情绪,但是能够通过控制自己的思想和行为管理好我们的情绪,并在表达情绪和维护人际关系上取得良好的平衡。

一、情商的含义

情绪商数(emotional intelligence quotient,EQ),通常简称情商,是一种自我情绪控制能力的指数。丹尼尔·戈尔曼在《情绪商数》一书中系统地阐述了情商理论,包括自知、自控、自励、知人和人际关系处理技巧与受挫抗压能力等五个方面的内容。心理学和社会学的研究成果显示,抛开社会环境和历史条件等因素,一个人能否成功,20%取决于个人智商,80%取决于其他因素,而其他因素中最重要的就是情商。

二、大学生情商培养

丹尼尔·戈尔曼认为,情商包含了解自我、自我管理、自我激励、识别他人的情绪以及如何处理人际关系这五个方面。作为大学生综合素质中的一个重要方面,情商很大程度上影响着大学生的成长成才。对于进入职业前的准备期和择业的大学生来说,掌握情商的基本理论,并在实践中通过有意识地加以运用,提高自己的情商水平,可以更好地适应社会、迎接挑战。

(一)自我了解,养成良好的情绪感知能力

生活中也存在情绪的"蝴蝶效应",情绪的起因往往可能因为一句话、一个无意的动作,就为日后埋下了伏笔。如果我们不注意处理微小的不良情绪,就有可能由于情绪的积累酿成大祸。通常来说,低情商者对自己的情绪感知能力很低,容易导致情绪失控;而高情商者对自身的情绪能做理智的分析。

第一,关注情绪最初产生的细微原因,并对此保持高度的"敏感性",生活中的小事情往往是情绪产生的根本原因,去辩证地分析"小事情"为什么会发生以及会带来什么后果。

第二,注意情绪的变化,判断一下"小事情"所引起的情绪是负面的还是正面的,及时调整心态,只有从最初的根源对情绪及时把握好,才能使自己保持自身良好的情绪状态。

(二)自我探索,培养良好的自我评价能力

对自身情绪的评估能力越强,越有利于问题的解决。就需要我们学会对自己进行自我教育。

首先,进行自我反省和自我认识,要经常对自己的言行进行回顾认识,了解自己的个性、情绪、性格、优点、缺点、兴趣、爱好、能力等。

其次,进行自我评价,就是在对自己全面认识的基础上,对自己做适当的评价,自我评价要基于自己的基本素质,而不能受其他因素,如自己的长相外貌、家庭情况等影响。

最后,进行自我调节,在自我反思和认知的基础上全面衡量自己情绪的各种因素,从而能主动调节和表达自己的情绪。

(三)自我激励,培养乐观的人生态度

通常情况下,我们愿意和积极乐观的人在一起,乐观的人让人感到希望,而消极抑郁的人往往只会给身边的人带来沉重的感觉。一个人如果心态积极,乐观地面对人生,乐观地接受挑战和应付麻烦事,那他就成功了一半。

第一,保持积极主动的态度。在追求成功的过程中,我们必须有意识地寻找机会,即使我们在某一方面获得了成功,仍然需要保持积极主动的态度,这样才能确保自己的成功能够持续下去,或者在更多的方面能够发挥辐射作用。

第二,不断地自我激励。肯定自己的才能,制定合理化的目标,并不断激励克服各种挑战,这样我们才能获得更多的机会和资源,从而为成功打下坚实的基础。

(四)善于倾听,养成识别他人情绪的能力

丹尼尔·戈尔曼指出情商不仅是管理自己情绪的能力,更需要具有识别他人情绪的能力。首先站到他人的立场发现问题,然后回归自己的立场解决问题。

第一,别人说话的过程中,要把自己当作一个"完美的倾听者",专注于别人的叙述,基于他人的

生存环境和教育背景,每个人拥有不同的价值观,以宽容和多元的态度去感知他人的情绪。

第二,学会移情,通过倾听他人的想法和观点,我们可以借鉴别人的观点和思路,通过细微的信号,把他人的情感转化为自己的理解,敏锐地感受到他人的需求与欲望。

拓展阅读

费斯诺定理

费斯诺定理是由英国联合航空公司前总裁兼总经理费斯诺提出的,他发现凡是对工作牢骚满腹的人,一定会遭到上司的打压,进而影响更多人的情绪。因此高层管理者一定要成为化解牢骚、改变不合理现状的催化剂——这是企业管理中不可忽视的重要部分。他认为人类有两只耳朵和一张嘴巴,因此应注重倾听和理解,减少过度表达和解释。倾听所传达的是一种肯定、信任、关心乃至鼓励的慈悲,即便你没有给对方提供什么指点或帮助,对方也会感激你、喜欢你、支持你。

(五)以诚待人,营造和谐的人际互动关系

真诚是打开别人心灵的金钥匙。自我暴露效应告诉我们,要想建立良好的人际关系,就要学会真诚地向别人表达自己,适当的自我暴露可以获得他人的支持、理解和认同,从而建立和谐的人际关系。大学生作为社会主义事业接班人,建立发展和谐的人际关系尤为重要。

第一,平等。平等就意味着相互尊重,能促进彼此的信任,任何真正友谊的基础都是彼此付出真心。

第二,谦虚。善于发现他人的优点和长处,学会欣赏他人,多向他人学习,这样人与人之间就容易形成彼此认同、互相促进的良好关系。

第三,宽容。换位思考,站在别人的角度看问题,设身处地地为别人着想,这样就会理解别人的言行。

体验与训练

心理活动 1

我的情绪记录表

活动目的：促进学生们觉察和分享自己的情绪模式。

操作流程：

你可以将一周的情绪收集分类，用喜、怒、哀、惧四种基本情绪记录下来。

请你在表 7-1 中的每个格中画图，代表你近一周的心情，并回忆当时发生的事情以及当时的感受如何。

表 7-1 我的情绪记录表

时间	事情与感受		
	我的情绪符号，如：	发生的事情	当时的感受
周一			
周二			
周三			
周四			
周五			
周六			
周天			

思考与分享：日常生活中你会遇到哪些负面情绪？它们通常是被什么事件激发的？当这些负面情绪出现的时候你的身体和心理会有什么感觉？

_____

_____

_____

_____

_____

_____

_____

_____

_____

_____

_____

心理活动 *2*

情绪放松训练

活动目的：体验情绪的舒缓与放松。

操作流程：请同学们慢慢地闭上眼睛，跟随音乐和老师朗读的内容，放松身体，专心聆听。听完之后，觉察一下自己的身体、心里有什么不一样的感觉，与身边的同学相互分享自己的感受。

我的前方有一座由竹篱笆围成的花园，篱笆上覆盖着一层厚厚密密的常春藤，浓绿中只是偶尔看见淡黄色的篱笆本身。

我推开虚掩着的门，这原来是一座玫瑰园！一座正盛开着千万朵玫瑰的玫瑰花园！

在午后阳光的照耀下，园中的色彩十分的艳丽：大片的紫红与金黄，大片的粉红与玉白，简直就是一幅印象派的油画！

绿叶衬托中那大朵大朵绽放的红玫瑰给人以温暖与喜悦；那在阳光下散发着金色光芒的黄玫瑰给人以信心与希望；那在盛开中仍然保持着含蓄优雅的粉色玫瑰给人以抚慰与温馨；而那如玉石般的白玫瑰则使人感觉宁静与平和。

一阵风吹过，花香袭人。我轻轻触摸眼前这朵盛开着的玫瑰。如果闭上眼睛，我会以为我正触摸着的是丝绒，那种细腻的质感，是只有最优质的丝绒才能比拟的。

园中有一个古老的石砌水井，井中的水依然清澈，倒映着蓝天、白云和一朵开在井沿上的红玫瑰。用井边的水桶提了一点水上来，清凉中竟然有着那样浓烈的芬芳。

蜜蜂在花蕊中忙碌，发出嗡嗡的低鸣；蝴蝶流连忘返，在花丛中飞行；几只鸽子在空中掠过，鸽哨过后，一切又恢复宁静。

我在这美丽的玫瑰花园中感觉非常的放松、平和与宁静，我的心里充满了喜悦、希望与力量。

请注意：大自然中的玫瑰园有花季与花期，会面临盛开后的凋零和凋零后的沉寂。但是，我们心中的玫瑰园则不然，它完全取决于我们自己的愿望和选择。任何时候，只要我们愿意，我们都可以选择让它花开满园，芬芳四溢；任何时候，只要我们愿意，我们都可以选择让它长开不谢，永远美丽。

从此，我要勤奋如园丁，让我心中的万千朵玫瑰满园开放！从此，我要长开长盛，让我爱和爱我的世界，更加美丽！

思考与分享：训练后你的感受如何？

_____
_____
_____
_____

心理活动 3

情绪认知日记

活动目的：觉察到消极情绪背后的不合理信念，并且通过有意识的自我辩驳做出调整。

活动过程：请你在接下来的一周内，关注自己的情绪状态，在体会到一种明显的情绪后将其记录下来。具体包括以下内容：

①今天发生的情绪事件。

②在这一过程中出现的情绪或身体感受。

③事件发生时自己的想法。

④这个想法符合当前的事实吗？

⑤还有哪些可能性？

⑥自己还可以怎样想？

思考与分享：你是否能够意识到直接影响我们的情绪发生的因素是你对客观事件的看法，而非事件本身？当你出现引发负面情绪的非理性观念时你是否能有意识地与之进行辩论？除了认知调适方法，你可以采取哪些策略调整负面情绪？

_____

_____

_____

_____

_____

_____

_____

_____

_____

_____

_____

_____

_____

_____

_____

_____

_____

_____

心理活动 4

三件好事练习

活动目的:帮助你了解情绪产生的原因,主动发现身边的美好,养成积极情绪。

活动过程:在接下来的一个星期的每天晚上,都请你在睡觉之前花 10 分钟写下今天的三件好事,以及它们发生的原因。这三件事情不一定要惊天动地,比如:"已经连续几天雾霾了,今天见到了蓝天白云""今天室友回来的路上帮我打了开水"。也可以是很重要的事情如"我考取了教师资格证""通过努力学习,我获得了国家奖学金"。

在每件好事的下面,都写清楚"它为什么会发生",比如天气好转、室友很热心、我有明确的规划、我很努力。

思考与分享:你是否能通过主动发现,获得积极情绪? 在接下来的生活中,你将通过什么方法养成积极情绪的习惯。

_____

_____

_____

_____

_____

_____

_____

_____

_____

_____

_____

_____

_____

_____

心理测试

情绪自我测试

请认真阅读以下 30 道题，快速选择答案。通过结果分析，了解自己的情绪状态。

1.看到自己最近拍的一张照片，你会有什么想法？

A.觉得不称心　　　　　　B.觉得很好　　　　　　C.觉得可以

2.你能否想到若干年后有什么使自己极为不安的事情？

A.经常想到　　　　　　B.从来没有想过　　　　　　C.偶尔想到

3.你是否被朋友、同事或同学起过绰号并挖苦过？

A.经常如此　　　　　　B.从不如此　　　　　　C.偶尔如此

4.你上床以后，是否经常再起来一次，看门窗或煤气是否关好？

A.经常如此　　　　　　B.从不如此　　　　　　C.偶尔如此

5.你对与你关系最密切的人是否满意？

A.不满意　　　　　　B.非常满意　　　　　　C.基本满意

6.半夜的时候，你是否经常觉得有什么值得害怕的事情？

A.经常有　　　　　　B.从来没有　　　　　　C.极少有这种情况

7.你是否因梦见什么可怕的事情而被惊醒？

A.经常　　　　　　B.没有　　　　　　C.极少有

8.你是否曾经有多次做同一个梦的情况？

A.有　　　　　　B.没有　　　　　　C.记不清

9.有没有一种食物让你吃后呕吐？

A.有　　　　　　B.没有　　　　　　C.记不清

10.除去看见的世界外，你心里有没有另外一个世界？

A.有　　　　　　B.没有　　　　　　C.记不清

11.你心里是否时常觉得自己不是现在的父母所生？

A.时常　　　　　　B.没有　　　　　　C.偶尔有

12.你是否经常觉得有一个人爱你或尊重你？

A.是　　　　　　B.否　　　　　　C.说不清

13.你是否常常觉得你的家庭对你不好，但你又确认他们的确对你很好？

A.是　　　　　　B.否　　　　　　C.偶尔

14.你是否觉得没有人特别了解你？

A.是　　　　　　B.否　　　　　　C.说不清楚

15.你在早上起来的时候最常有的感觉是什么？

A.犹豫　　　　　　B.快乐　　　　　　C.说不清楚

16.每到秋天你常有的感觉是什么？

A.秋雨霏霏或落叶满地　　B.秋高气爽或艳阳天　　C.说不清楚

17.你在高处的时候是否觉得站不稳？

A.是　　　　　　B.否　　　　　　C.偶尔这样

18.你平时是否觉得自己特别强健？

A. 是 　　　　　　B. 否 　　　　　　C. 不清楚

19. 你是否一回家就把房门关上?

A. 是 　　　　　　B. 否 　　　　　　C. 不清楚

20. 你坐在小房间里把门关上是否觉得心里不安?

A. 是 　　　　　　B. 否 　　　　　　C. 不清楚

21. 当一件事需要你做决定时,是否觉得很难?

A. 是 　　　　　　B. 否 　　　　　　C. 偶尔是

22. 你是否常常用抛硬币、翻纸牌、抽签之类的游戏来测凶吉?

A. 是 　　　　　　B. 否 　　　　　　C. 偶尔

23. 你是否常常因为碰到东西而跌倒?

A. 是 　　　　　　B. 否 　　　　　　C. 偶尔

24. 你是否需要一个小时以上才能入睡,或醒得比你希望得早一个多小时?

A. 经常如此 　　　　B. 从不如此 　　　　C. 偶尔如此

25. 你是否曾看到、听到或感到别人觉察不到的东西?

A. 经常如此 　　　　B. 从不如此 　　　　C. 偶尔如此

26. 你是否觉得自己有超乎常人的能力?

A. 是 　　　　　　B. 否 　　　　　　C. 不清楚

27. 你是否觉得有人跟着你走而心理不安?

A. 是 　　　　　　B. 否 　　　　　　C. 不清楚

28. 当你一个人走夜路时,是否觉得前面暗藏着危险?

A. 是 　　　　　　B. 否 　　　　　　C. 偶尔

29. 你对别人自杀有什么想法?

A. 可以理解 　　　　B. 不可思议 　　　　C. 不清楚

30. 你是否觉得总是有人在关注着你的言行?

A. 是 　　　　　　B. 否 　　　　　　C. 偶尔

评分标准:以上各题选 A 计 2 分、选 B 计 0 分、选 C 计 1 分,将各题目得分相加算出总分。得分越少,说明你的情绪越佳,反之越差。

分数说明:

0～20 分:你的情绪稳定、自信心强,具有较强的美感、道德感和理智感。你有一定的社会活动能力,能理解周围人的心情,顾全大局。

21～40 分:你的情绪基本稳定,但较为深沉,对事情考虑过于冷静,处事淡漠消极,不善于发挥自己的个性。你的自信心受到压抑,办事热情忽高忽低,易瞻前顾后、踯躅不前。

40～49 分:你的情绪极不稳定,日常烦恼太多,使自己的心情经常处于紧张和矛盾之中。

50 分以上:你的状态可能需要求助心理咨询师或精神科医生。

学习小结

1.情绪指个体受到某种刺激在内心活动过程中所产生的心理体验。

2.四种基本情绪,即快乐、愤怒、恐惧和悲哀。

3.情绪的外部表现:面部表情、肢体表情和言语表情。

4.情绪具有重要的功能,主要分为信号、动机健康功能。

5.大学生常见的消极情绪主要有焦虑、抑郁、嫉妒、自卑、愤怒。

6.积极情绪的养成包括:积极观念的转变、积极情绪的发现,以及积极情绪的培养。

7.大学生情商的培养包括:自我了解,养成良好的情绪感知能力;自我探索,培养良好的自我评价能力;自我激励,培养乐观的人生态度;善于倾听,养成识别他人情绪的能力;以诚待人,营造和谐的人际互动关系。

思考题

小美就业压力很大,习惯用吃东西来减压。刚开始还好,小美觉得吃东西的确可以迅速转移注意力,缓解压力,可是贪食带来的诸如肠胃不适、肥胖等更多问题让她很沮丧。于是小美去了学校的心理咨询中心寻求帮助。咨询师并没有直接告诉小美戒掉贪食的习惯,只是让她先找找以往有什么成功的改善情绪的方法。小美有些疑惑,难道吃东西这种方法是可行的吗?除此之外,还有哪些更好的方法呢?

如果你是小美的同学,你会怎么回答这两个问题呢?

推荐资源

1.电影:《头脑特工队》

本片讲述了解可爱的小女孩莱莉出生在明尼苏达州一个平凡的家庭中,从小她在父母的呵护下长大,脑海中保存着无数美好甜蜜的回忆。当然这些记忆还与几个莱莉未曾谋面的伙伴息息相关,他们就是人类的五种主要情绪:乐乐、忧忧、怕怕、厌厌和怒怒。乐乐作为团队的领导,她协同其他伙伴致力于为小主人营造更多美好的珍贵回忆。某天,莱莉随同父母搬到了旧金山,肮脏逼仄的公寓、陌生的校园环境、逐渐失去的友情都让莱莉无所适从,她的负面情绪逐渐累积,内心美好的世界渐次崩塌。为了保护莱莉,乐乐伙同她的小伙伴们拼尽全力保护主人的精神世界。

2.书籍:《拥抱你的敏感情绪:疗愈情绪,接纳自我》,(英)伊米·洛著

你觉得你比别人更能体验到生活的生动性吗?人们有时会形容你情绪激动或过度敏感吗?如果你的回答是肯定的,那么这本书将会帮你学习如何应对自己强烈的情绪,如何运用自己的敏感和情绪天赋来过一个有意义的、充实的生活。本书以友善和富有同情心的口吻解答许多情绪敏感个体的疑问:我有什么问题吗?这种情绪特质如何解释我的生活经历?我现在能做些什么来改善我的生活并发挥我的潜力?阅读本书后你将会找到思考过去的新方式,在现在的生活中茁壮成长,并为未来创造令人兴奋的可能性。

模块八 绽放生命之美——生命教育与危机应对

生命如流水,只有在他的急流与奔向前去的时候,才美丽,才有意义。

——张闻天

应该笑着面对生活,不管一切如何。

——尤利乌斯·伏契克

人最宝贵的是生命,生命对于每个人来说只有一次。人的一生应当这样度过:当他回首往事的时候,不会因为虚度年华而悔恨,也不会因为碌碌无为而羞愧。

——尼古拉·奥斯特洛夫斯基

心灵导读

当我们看见小草翠绿、树影婆娑,听到虫鸣鸟叫、人群喧闹,闻到清新空气、百花芳香,都能感受到万物的欣欣向荣,世界充满生命力和无限希望。生命是地球上最珍贵的财富,整个世界因生命的存在而变得生动和精彩。但生命是有限的,且只有一次。对于青年人来说,要认识生命的本质、理解生命的意义、创造生命的价值,感恩惜福,爱护自然、热爱生命,将自己的生命与天、地、人之间建立美好的多融、共在关系,使自己的生命质量得以提升。

学习目标

1. 了解生命的价值和意义。
2. 掌握校园中常见的心理危机。
3. 掌握心理危机预防与干预的方法。
4. 建立科学的幸福观。

项目一　探寻生命的意义

陈飞是一名大二的学生,他平时比较热情开朗,前段时间因为外公生病请假回家了一段时间,回来之后的陈飞经常闷闷不乐,人也变得没有之前那么开朗了,不怎么愿意和室友一起聊天,经常一个人发呆。同宿舍的其他室友有点担心陈飞,就向他询问最近发生了什么事情,陈飞说自己的外公因病去世了,这让从小与外公一起长大的他难以接受,生命的结束就真的代表一个人的消失吗? 人生的价值和意义究竟是什么?

一、认识生命

"生命是这世界上最崇高的礼赞"。生命只有一次,对每个人来说都无比珍贵。人究竟为什么活着? 怎样才能活得有价值? 这也许是每个人一生中最重要的话题。不同的人对生命有着不同的理解。但可以肯定的是,那些明白自己为什么活着的人,会拥有更加强大的力量去直面生活中的打击与痛苦,也会更加用心经营生命,看清世间沉浮,笑纳人生百态。

(一)生命概述

生命是生物的本质和组成部分,是生物体无穷变化所遵循的普遍规律。生命构成了世界的存在,世界因为有了生命而显示出生生不息的活力。

(二)生命的形态

在所有的生命存在中,人是超越一切其他生命现象的存在物。正因为人的存在,才使生物进化发展到前所未有的高度。正如马克思所指出的,任何人类历史的前提是有生命的个人存在。人的生命具有生物性、精神性和社会性三种存在形态。

1. 生物性的存在

人是生物性的存在。生物性是人的生命最基本的特性,是人的生命的社会性、精神性存在的基础。人的生命作为一个自然生理性的肉体而存在,人的生长和发展必然要服从生物界的规律,衣食住行、吃喝拉撒、生老病死是每一个人都无法逃避的。

2. 精神性的存在

人不仅为了满足自己的生理需要而活着,还要追求超越生物存在的精神性存在。人要规划自己的人生,实现自己的价值,指导和提升生物性的存在。正是生命的精神性存在,才使人的生命有了精神价值,使生命得到理性和道德的升华。

3. 社会性的存在

一个人要想生存,必须参与社会活动,在与他人的交往中要追求生命的意义,实现人生的价值。印度狼孩的例子说明,如果脱离了人类社会,人不能算是真正意义上的人。社会性的存在使人在面对千变万化的社会生活时,保持生命的智慧和坚定的信念,在对生死、爱恨、聚散、得失的选择中,表现出豁达的人生态度。

📖 拓展阅读

生命的类型

有学者把人的生命分为生理性实体生命和关系性人文生命。关系性人文生命又分为血缘性亲缘生命、人际性社会生命及超越性精神生命。

1. 血缘性亲缘生命。人在得到生理性实体生命的同时,也获得了亲缘性,这种亲缘非纯生理与自然,其中有着千百年人类文化与文明的积淀。

2. 人际性社会生命。人生活在社会之中,必然与社会中的人和组织结成复杂的关系,打上社会的烙印。

3. 超越性精神生命。人类与动物最大的区别就是人有精神、意识、思维、心理等。人的精神生命具有超越性,可思考实体世界,可创造精神世界。

由此,人的生命不仅是实体性存在,更是关系性存在。生命是"我"的,但又不完全属于"我",我们的生命与亲人、他人、社会密不可分。

(三)生命的特征

1. 有限性

生命存在的时间有限。在有限的生命中,人要不断地面对生老病死、得失祸福,任何人都无法逃避。

2. 双重性

人的生命作为生物体的存在,受自然规律的制约,具有自然性。同时,人的生命也是精神的存在,受道德规范的支配。每个人都必须面对这种矛盾,这是人生命价值发展的根本动力。人就是在生命的双重性中寻求人生的意义和生命的完善。

3. 创造性

人的生命是一个不断成长的过程。生命处于运动之中,从不间断,一旦静止就意味着死亡。生命运动内容的丰富性,体现着人的创造性。人们通过创造性地把握生活的变化,去发现生命的意义,实现对生命更深入的认识和超越。生命的创造性决定了每个人的生命都是独一无二的。

4. 完整性

一个完整意义上的人,包括了所有的本质特征和毕生发展阶段的特点,因此人的生命具有完整性的特征。人的生命经历了出生、长大、成熟、繁殖及死亡等不同形式,这些形式连接起来,就形成了人的生命的完整历程。

二、生命的困惑

(一)我是谁

自从人类诞生以来,"我是谁"这个问题就一直困扰着人们。人们对"自我"的不同探求催生出了不同的哲学。一切哲学其实都是在试图解释世界、解释自我。苏格拉底说:"我只知道一件事,那就是我一无所知。"

自我意识是人对自己、自己与周围世界关系的评价与认识,以及对自身行动的支配和控制能力。健全的自我意识的标准是:一个有自知之明的人,既知道自己的优势,也知道自己的劣势,能正确评价自我和自我发展。自我意识健全的人,应该是自我认识、自我体验和自我控制相协调一致的人;自我意识健全的人,应该是积极自我肯定的、独立的并与外界保持一致的人;自我意识健全的人,应该是理想自我与现实自我统一的人,有积极的目标意识和内省意识,积极进取,永无止境。

(二)我为什么活着

拥有了自我意识,人们就会有向更深层面探索自我、探索生命的欲望。这种探索贯穿生命的每个阶段,与人们的人生时刻相伴。在这个过程中,人们必然会产生各种各样的自我追问。活着为了什么?生命的意义又如何?这可能是人们最关心的问题,也是讨论与思考最多的人生话题之一。

每一个人都是芸芸众生中的一员,人们的烟火人生有日复一日的柴米油盐,也有诗意浪漫的风花雪月。衣食住行、七情六欲、生老病死,世间人概莫能外,把握好现在、活在当下就是对生命的意义最好的阐释。

(三)我应该怎样活着

生活是一门艺术,生活的真谛是靠自己在生活中亲自实践慢慢体会出来的。大学生应保持以下几种积极的生活态度来对抗人生的虚无感,从而更好地追求美好生活。

1. 珍惜时间

人生天地之间,若白驹之过隙,忽然而已。这样短暂的人生究竟应该怎样度过呢?珍惜时间,不要等到"垂垂老矣"再来后悔自己虚度了光阴;珍惜时间,就等于变相延长了生命,增加了人生更多的可能性。

2. 充实自己

生活在这样的时代,人们需要积极主动地去学习,通过学习,充实人生。学习的形式有很多种,不仅要学习各种知识、各种技能,还要学习各种生活的艺术,人们不仅从书本课堂中学习,还从生活实践中学习。

阅读、旅行都是学习的方式之一。读史使人明智,读诗使人聪慧。阅读是一枚打开人类思想宝藏的钥匙。通过阅读,人们不仅可以与古今中外的伟大心灵对话,还能与历史长河中的普通人沟通。通过阅读,人们能感受到他人的生活方式、生命历程,感悟到人生的丰富多彩和人类心灵的深邃广袤,从而突破自己生命的局限,看到自己生命的各种可能性。旅行是另一种形式的阅读。旅行是一种生活空间的开拓。在旅行中,人们见识一个新鲜的世界,体验一种新鲜的感觉,旅行可以充实人们的生活,增加生命的厚度,扩展生命的广度。

只有在不断地学习中,我们才能充实自己的人生。

3. 主动创造

美好的生活是靠人的意志力主动创造出来的。在创造者眼中,没有平庸的生活,没有无聊的人生。创造者对世界犹如初生,时刻沉浸在发现的狂喜中,时刻沉浸在尝试的新鲜感中,时刻沉浸在改造生活的喜悦中。有创造才会有活力,有创造才会有进步,创造是拥有美好生活的必备素质。

4. 保持快乐

追求快乐是人的本能。每个人都渴望快乐的人生,但快乐并不是随意能买来的商品,它也要靠付出努力才能拥有,尤其是深层次的快乐。快乐是在你积极创造生活、充实自我之后给予的一种馈赠。快乐也是一种心态,跟财富无关,只跟一个人对生活和快乐的理解有关。

(四)认识死亡

人,无论是否愿意,都要面对和经历死亡,死亡是生命周期的最后历程。理解"生",未必彻悟"死",唯有透视"死",才能好好地"活"。只有通过对死的思考,才能促使我们对生命的警醒与觉察,从而珍惜生命,降低对死亡的恐惧与逃避,使我们能够以坦然、积极的态度面对死亡,思考并赋予生命新的意义。

1. 如何面对死亡

人对死亡的恐惧,来源于人们认为死的过程是痛苦的,对死后去哪充满了疑惑,同时也是对失去的恐惧。我们对死亡焦虑和恐惧的背后,传递的信息是:生命是宝贵的,生命有时是脆弱的。它提醒我们,生命没有重启键,所以要好好保护和对待。

假设每个人的生命轨迹有这样两种:一种是一生都处于健康之中,只有当晚年生命之能逐渐减弱时,健康才开始走下坡路,但仍然能生活自理,最后生命耗尽而结束,没有痛苦,没有恐惧;另一种是一生处于疾病之中,忍受着巨大的病痛与医疗的折磨,生命因为痛苦而失去尊严,在无奈与恐惧之中痛苦地死去。我们应该如何选择呢?我们应爱护自己的健康,认真地对待自己,开心地生活,幸福地度过每一天。不要担忧明天,也不要错失今天,享受人生的每一秒钟。当最后的时刻来临,希望我们每个人都能在安详中愉悦地面对它。在生命的最后一分钟,我们都能保持自己生命的尊严。

2. 丧失与哀伤

哀伤就是因为任何的丧失而引发的哀伤情绪体验。哀伤既是一种状态,也是一个过程。虽然我们都不愿意失去,但那是我们每个人在生命历程中都必须面对的。面对重大丧失,比如对个体而言,重要的人和关系的丧失等,都会对个体造成巨大的冲击,从而引发强烈的痛苦感和悲伤情绪。人在面临重大丧失的时候,通常会经历以下5个过程。

(1)否认。否认事实的发生,或逃避现实。不愿意接受和承认事情发生在自己的身上,特别是事情刚发生的时候,通常产生不接纳或回避的情绪。例如:"这不是真的,我怎么可能得这种病? 一定是医院搞错了。"否认是一种防卫反应,可以缓解心理的紧张,避免因过度震惊而昏倒。

(2)愤怒。愤怒可能针对别人,也可能针对自己,当事人常常有这样的想法:"为什么这样的事情会发生在我的身上,为什么是我?"甚至指责别人,把情绪强加给他人。

(3)讨价还价。在这个阶段,通常会有自责情绪,会不断地说"如果当时我怎样就好了"等一系列后悔自责的话。在经历了愤怒阶段,情绪宣泄,知道埋怨也无济于事后,有些人会讨价还价,来缓解失落无助的状态。例如:"医生,求求你救救他,要什么都给你。"或者祈求神明的怜悯,期待奇迹出现。

(4)抑郁和消沉。抑郁和消沉可能是所有丧失者都会经历的过程,也是比较难过的关口,可能会感到无助、无力、愧疚和悲痛,情绪沮丧或自暴自弃。主要表现沉默、发呆,有时会静坐、哭泣。无论临终者还是哀伤者,这个阶段的人,需要亲人的照顾和陪伴,倾听他叙述往事或自己内心的失落与哀伤,引导她接受事实,平静面对死亡。

(5)接受。这是哀伤的最后一个阶段,这个时候人开始意识到生活必须继续下去,开始接受事实。人开始获取帮助,向前看,走出哀伤,面对事实,变得更坚强。

当我们经历哀伤时,不要因为自己的某些反应而自责或感到奇怪。合理释放自己的悲伤情绪是正常的和有益健康的。值得一提的是,未被合理应对的哀伤,会给人带来很多负面后果。然而人们对哀伤的处理恰恰存在很多误区,例如:认为时间会治愈一切;男儿有泪不轻弹;哀伤是自己的事,应该独自应对哀伤;让哀伤者为了别的人要坚强;让哀伤者别只想着坏的方面;建议哀伤者用新事物替代丧失的人或事物;保持忙碌;等等。

建议大家在面临丧失时,可以面对内心的悲痛,将自己内心的悲痛和伤心释放出来,比如独自在安全的环境里,或者在信任的人面前放声痛哭,把自己心里想说的话说出来,这个过程有助于人从哀伤中走出来。

3. 向死而生的积极生活态度

如果我们确知自己 24 小时后就会无法避免地死去,那么我们会继续进行着我们的"日常",还是会做一些不让自己留有遗憾的事情呢? 答案当然是后者。当我们做出这种思考时,便会对自己深陷其中的日常产生反思——我为什么会做这些事情? 这对我的一生而言有多少意义呢? 每个人都会死去,从出生到死亡的过程是我们生命的全部价值所在,用什么样的态度去生活,是个值得我们思考的问题。

📖 小故事

生命的价值

德国哲学家马丁·海德格尔在其存在论名著《存在与时间》里指出,人只要还没有亡故,就是向死的方向活着。很多人正是由于缺乏对死亡的思考才导致缺乏对生命意义的追求,于是很多人庸庸碌碌地活着,日复一日地重复着庸常的生活,各种享乐主义、拜金思想甚嚣尘上,一生追求着华而不实的虚名,成为腐朽大染缸里的颜料。

向死而生是一种生活态度,会让我们思考如何有价值地过这一生,看淡各种功名利禄对我们精神上的诱惑。珍惜生命中的每分每秒,焕发出生命的积极进取意识和内在活力。通过提高生命中每分每秒的质量和长度,来提高生命的效度和目标的密度,只有这样生命的意义和价值才能在有限的时间内展现出无限的可能性。

三、生命的价值

(一)自然生命的价值

生命是生命体通过自身内在的新陈代谢,实现其不断更新的过程,体现着一种生生不息的力量。任何生命都有其存在的内在价值,具有其神圣不可侵犯的内在诉求。对于自然生命,其存在就是它们的价值。世间每个生命都具备独一无二的珍贵性。尊重自然生命的价值,让我们心存敬畏。

(二)人的生命价值

人的生命价值,是人立足于自身生命,创造自身生命,超越自身,使自身价值不断得以提升的生命之旅。人的生命价值是以生命存在价值为基础,以生活及其状态的价值为主体,以生命发展和提升的价值为指向的价值。

(三)实现生命价值

实现生命价值不仅仅是衣食无忧，安全无虞，名利双收，更多的是追求生命的提升和发展，为社会做出更多贡献。因此，可以从以下几种途径实现生命价值。

1. 端正态度

人生态度决定了一个人对外物的看法以及他的行为方式，也是实现人生价值的精神前提。拥有自信积极的人生态度，可以促使人们坦然面对挫折，勇于克服困难。树立端正的人生态度，才能明确认识人生的意义、目标和肩负的使命，才能积极面对生活，不断充实自己，提高技能水平，实现生命价值。当代大学生仍处在心理发展的不稳定期，一些大学生的态度容易发生改变，在价值判断上可能会出现偏差。比如，放弃原有正确的价值追求目标，随波逐流。树立正确的人生态度，有利于大学生坚定信念，有利于大学生完善人格，有利于大学生最大限度地追求生命价值。

2. 承担责任

责任是指个人在一定社会关系中应该承担的使命以及需要完成的任务。一个人的生命价值主要表现在个人对社会的发展起到的积极作用和社会对个人生存发展需求的满足程度两个方面。个人对他人、对社会的贡献则体现在是否将内在强烈的责任感外化为相应的行为，促进他人或社会的进步。

责任感是衡量一个人能否实现生命价值的重要指标。生命的发展过程就是承担和履行各自责任的过程，是以责任感为精神支柱探索生命价值的过程。具有强烈责任感的人，在人生道路选择上能把握住正确的方向。回顾历史，每一个时代的人都有各自的历史使命，很多仁人志士都有强烈的社会责任感，如提倡"先天下之忧而忧，后天下之乐而乐"的范仲淹、"天下兴亡，匹夫有责"的顾炎武。大学生更应该强化社会责任感，深刻认识自己的时代使命，树立远大的理想，勇于承担振兴中华的重任，为社会作出贡献。

3. 学习技能

技能是通过练习，在符合一定的行为规范的前提下，能够完成一定任务所掌握的技术或者能力。无论是专业技术、生活能力，或是交往能力，都是个人维持生存、促进生命发展的必要条件。只有掌握一定的生活技能才可以在激烈的社会竞争中维持生存，才能维护个人尊严和实现个人价值。目前，高校重视对学生科学知识的传授和专业技能的培养，为大学生以后的人生发展打下坚实的基础。

项目二　大学生心理危机概述

引导案例

小美最近感觉很痛苦，已经整整一个多月没有睡过一个好觉了，自己也不知道自己怎么了，一个人待着的时候，就只能躺在床上动弹不得；不想见人，不想接电话，不想与人说话，不想出门，总会不自觉地想哭，自己开始进入如临深渊般的困境，手脚也如同长出了绳索把自己彻底捆缚住了。慢慢地开始觉得自己的人生彻底无望了。

小美究竟怎么了？我们要怎么做才能帮助小美呢？

一、心理危机的概念

我们每个人在其一生中经常会遇到应激或挫折,一旦这种应激或挫折不能解决或处理时,则会发生心理失衡,这种失衡状态就是心理危机。也就是说,心理危机需要三个条件:一是较大的生活事件,二是不适的身心反应,三是超出自身应付的范畴。

拓展阅读

心理危机概念

美国心理学家卡普兰(Caplin)于1974年首次提出心理危机的概念,并对此进行系统研究。他认为,每个人都在努力维持内心的平衡、自身与环境的协调,当个体生活发生重大变化或遭遇危机时,内在平衡就会打破,进入失衡状态,进而出现焦虑、抑郁、进食、睡眠等系列身心反应。

我们的人生处于一种动态平衡中。所谓动态平衡,不是永远阳春三月,莺飞草长,也不是总是冰封万里,寒风刺骨,而是充满各种变化,不断打破我们内心的平衡,需要我们不断寻找各种方法,达成新的平衡,新的平衡又被打破,旋回往复,生生不息。平衡的打破是威胁也是机会,我们在危机中成熟与发展。

二、大学生心理危机的特点与种类

(一)大学生心理危机的特点

1. 突发性

危机常常是出人意料、突如其来的,而且具有不可控制性。大学生的年龄一般为18~25岁,心理发展处于由不成熟向成熟发展的过渡阶段,呈现出积极与消极、自负与自卑并存的特点,任何一个小小的问题如果不能得到及时干预与化解,都可能引发严重的心理危机甚至导致悲剧性后果。大学生的激情犯罪和冲动自杀多与此特征相关。

2. 潜在性

大学生心理危机常常并非以直接爆发的方式体现,而是潜藏于个体内心,当遭遇特定应激事件时才显现出来。正如平静的海面下隐藏的暗涌一样,危机的累积与渐进是一个潜在过程、量变过程,一旦带来质变,就是成长或者更大的危机。

3. 交互性

大学生心理危机往往是多种因素共同作用下的结果,经济状况、学业期望、情感归属、人际关系等交织在一起,在遇到特定的生活事件时,这些交互因素便浮出水面,引发心理危机。

4. 时代性

大学生心理危机与时代有高度的相关性。近年来,激烈的竞争和快节奏的生活使人们的心理承受了很大的压力。当代大学生的心理危机,在一定程度上反映了时代、社会对大学生的要求和考验。

（二）大学生心理危机的种类

1. 成长性危机

成长性危机也称为发展性或者内源性危机、内部危机。按照埃里克森的理论，人生是由一系列连续发展的阶段组成的，每一个阶段都有其特定的身心发展课题。当一个人从某一发展阶段转入下一发展阶段时，他原有的行为和能力不足以完成新课题，而新的行为和能力又尚未发展起来，这时个体常常会处于行为和情绪的混乱无序状态，容易产生成长性危机。成长性危机是可预见的，因而也被认为是正常的危机。

大学生成长性危机主要表现在求学与求业的问题、理想自我与现实自我的问题、环境与人际关系适应的问题及对生命价值和生活意义的感悟问题等。

2. 境遇性危机

境遇性危机又称外源性危机、环境性危机或适应性危机，是指由个人无法预测和控制的事件引起的危机。境遇性危机的关键特点在于它是随机的、突然的、令人震撼性的、强烈的和有灾害性的。境遇性危机事件可以是物质的或环境的，如火灾、自然灾害等；也可以是个人的或者身体的，如个人患急重病、交通意外、被绑架等；还可以是人际的或社会的，如亲友死亡、离婚等。

大学生境遇性危机主要表现在生活中突然遭遇亲人离去、失恋、考试或干部竞选失败、暴力伤害或其他突发性意外事件等。

3. 存在性危机

存在性危机是指伴随着重要的人生问题，如关于人生目的、责任、独立性、自由和承诺等出现的内部冲突和焦虑。

三、心理危机发展过程

对于处于心理危机中的个体来说，其心理反应通常经历一个连续不断的发展过程。在危机发展过程的划分上，卡普兰的观点最具代表性。他认为，处于心理危机中的个体要经历四个阶段。

（一）冲击期

在这个阶段，个体感受到自己的生活突然发生变化或即将出现变化，其内心基本平衡被打破，表现为警觉性提高，开始体验到紧张。为了重新获得平衡，我们试图用其惯常的策略做出反应，但一般不会向他人求助。

（二）防御期

经过一段时间的努力，个体发现惯常的策略未能解决问题，于是焦虑程度开始上升。为了恢复心理上的平衡，控制焦虑并恢复受到损害前的认识功能，当事人开始尝试采取各种办法解决问题，但高度紧张的情绪多少会妨碍我们冷静地思考，从而会影响其采取有效的行动。

（三）解决期

如果经过尝试各种方法未能有效解决问题，我们内心的紧张程度持续增加，并积极尝试新的解决办法，努力寻求各种资源去解决问题。在此阶段中，个体求助的动机最强，常常不顾一切地发出求助信号，甚至尝试自己曾经认为荒唐的方式，此时，我们最容易受到别人的暗示和影响。

（四）成长期

我们在经历了危机，获得了应对危机的技巧，就会变得更加成熟。但如果个体经过前三个阶段仍未有效地解决问题,就很容易产生习得性无助,会对自己失去信心和希望,甚至会把问题泛化,对自己整个生命意义产生怀疑和动摇,很多人正是在这个阶段中企图自杀的。同时,强大的心理压力有可能触发以前未能完全解决的、被各种方式掩盖的内心深层冲突,有的人会由此而走向精神崩溃和人格解体。这个阶段我们特别需要外源性的帮助,这样才有可能度过危机。

可见,陷入危机是一个逐渐发展的过程,在这个过程中,他有许多成长的机会,且在不同的阶段,对外力帮助的需求和接受意向不同。因此,危机干预要掌握好适当的时机,以取得干预的最好效果。

📖 小故事

残奥会冠军杨洪琼的故事

14 岁那一年,杨洪琼和小伙伴打闹时,不慎从山坡上摔下,导致整个胸腰椎骨折,双下肢瘫痪,从此再也站不起来。刚刚得知这个消息的时候,她感到强烈的痛苦与绝望,甚至想过很多种离开这个世界的方法。在接下来的 8 年中,杨洪琼的父母成为她活下去的唯一支持,她织毛衣、绣花,尝试着走出她的小房间。春暖花开时,偶尔也到二楼的平台上看油菜花、眺望群山,想象群山之外的样子。好几年,她的世界就是院子上方那块小小的天空和远处巍峨的群山。22 岁那年,杨洪琼下定决心一定要走出去融入社会,从而进入中等专业学校就读计算机专业,最后选拔成为省篮球队队员。在成为运动员的那几年,她慢慢接受了现实,开始对生活充满希望,那个曾经失落的女孩又找回了自信。在北京冬奥会上她包揽了三项金牌,并被授予北京冬奥会、冬残奥会"突出贡献个人"称号。

杨洪琼不仅成功地度过了危机,而且实现了自己人生的价值,在冬奥的赛场上为祖国赢得了荣誉,就像习近平主席说的青春由磨砺而出彩、人生因奋斗而升华,当我们遭遇人生中那些灰暗的、痛苦的时刻时,要胸怀大局、自信开放、迎难而上,就像杨洪琼说的那样——不怕山高,只要我们心里有光、有爱,不放弃,我们总会等到外面的阳光照到我们身上。

项目三　大学生心理危机的预防与干预

一、心理危机的识别

当个体面对危机时会产生一系列身心反应,主要表现在生理上、情绪上、认知上和行为上,如表 8-1 所示。

心理危机引发的失衡状态并不是永久的,一般持续时长为 6~8 周。一旦产生了心理危机,由于个体处理能力和技巧、获取支持和危机程度的不同,危机的发展结局也不同。一般而言,会产生以下 4 种结局。

(1)最佳的结局应当是危机被顺利化解,提升了自身心理水平。

(2)度过此次危机,却在心理或生理上留下创伤印记,对于今后的社会生活存在一定的影响,且依然需要长期跟踪观察、支持与疏导。

(3)没能够度过危机,产生神经症或精神病症,且随时有可能产生新的心理危机。

(4)无法承受心理危机,选择自毁或者伤害别人的行为,甚至主动放弃生命。

由上可见,心理危机的出现并不可怕,可怕的是无法妥善应对心理危机,让心理危机的危险程度愈演愈烈,甚至选择极度痛苦的自杀行为。

表 8-1 面对危机的表现

情绪反应	认知反应
害怕、焦虑、恐惧、怀疑、不信任、沮丧、抑郁悲伤、易怒、绝望、无助、麻木、否认、孤独、紧张、不安、烦躁、自责、过分敏感或警觉、无法放松等。在这方面常见的特征是极度的悲伤、痛心绝望	注意力不集中、缺乏自信、无法做决定、健忘、效能降低、不能把思想从危机事件上转移等。在这种情况下的个体在认知上会表现得很无助,会认为面对如此情景,无论采用什么方法和手段都是没有用的,无论谁也无法摆脱这种情况

行为反应	生理反应
社交退缩、害怕见人、逃避、暴饮暴食、自责或怪罪他人、不易信任他人,并有假装适应的反应。假装适应的人很少主动寻求帮助。还有些人由突发事件而引起的危机反应是对他人进行攻击。另一些人则是自我毁灭式的,例如疯狂地驾驶、醉酒等	肠胃不适、腹泻、食欲下降、头痛、疲乏、失眠、做噩梦、容易受到惊吓、感觉呼吸困难、哽塞感、肌肉紧张等。较常见的特征是周期性或持续性的颤抖,长期心烦意乱或心不在焉,极端不安和精神恍惚、精神错乱

二、心理危机的预防

大学生心理危机应以预防为主。预防是前提、是基础,也是关键。只有把预防工作做实做好,才能有效地防止心理危机及恶性事件的发生。与狭义危机干预相比,预防是一项更为主动、积极,也是更有意义的工作。防范、预警、干预是学校做好大学生心理危机预防与干预的三条基本的途径,其中防范和预警属于预防的两个基本环节。

(一)防范心理危机

要提高广大学生预防和应对心理危机的能力,就要学会利用各种教育形式,使学生了解心理危机的基本常识,学会辨认心理危机,增强危机中求助和助人的意识与能力;帮助学生完善心理品质、提高面对挫折的能力;指导学生认识并学习应对现实生活中可能遇到的各种挫折;让学生接受必要的社会实践锻炼,在实践中去感受挫折、经受考验、锤炼意志、提高能力。

(二)预警心理危机

对可能发生的心理危机进行预报与监管,把心理危机控制、消除于危机发生的早期。预警心理危机,首先要建立科学的、易操作的预警指标,以便及时发现危机的征兆。其次要积极关注容易引发心理危机的高危时段,如:学习、生活环境变化(新生入学、改换专业、调换班级与寝室等),重要考试前和成绩公布后,群体或个体性突发事件(或重大变故)发生后,发生严重冲突以后,毕业前夕、求职期间等。

(三)干预心理危机

干预心理危机是指心理危机发生后进行的"情绪急救"。有效的危机干预,既要具备快速的反应机制和干预通道,又要具备有力的管理措施和科学的干预技术。在心理危机干预中,要遵循安全、健康和人道的原则——确保经历危机的人和可能被危及的同学、教师的安全,不抱侥幸心理,不放松警惕;干预方法、途径和措施既要保证安全,也要符合人们的身心卫生要求,利于健康;在干预、处理危机过程中,学校要关心、保护学生的眼前利益和长远利益,充分体现人性化和人道主义原则。

三、大学生心理危机的自我求助

(一)寻求滋养型的环境

个体在危机中陷于莫名其妙的恐惧和不知所措的境地,不知道发生了什么事情,也不知道将来会发生什么事情,但可以肯定的是,那些过去有类似经历的人能够从其经验中得到帮助。因此,向有经验的人或心理咨询老师求助,是寻求解决问题的办法之一。

(二)积极调整情绪

危机的出现会使人们极度紧张和沮丧,这些情绪反应不仅是内在的、强烈的不适感,而且是消极的挫折体验,将使危机进一步恶化。当危机超出个体控制以及个体无力改变时,把握自己的情绪尤为重要。情绪调节法包括抑制、分散等回避痛苦的方法。这些方法能转移人的消极思想和情绪,为个体心理重建赢得时间。当遇到的痛苦得到宣泄的时候,情绪会适度舒缓,因此向朋友倾诉、自我对话、大声独白和心情记录都是调整情绪的方法。

(三)面对现实,正视危机

在危机的前期,个体习惯采用积极的态度来应对危机,利用一切可以利用的资源来避免危机带来的损害。但到了危机中后期,当个体应对危机的策略失败,个体感到绝望的时候,他们就会消极地逃避现实,采取退缩的策略来应对危机。而面对现实、正视危机,有利于个体激发自身潜在的力量,动员一切资源寻求危机的解决办法。

(四)善用心理咨询资源,及时求助

许多大学生认为去做心理咨询就证明自己有病,是件不光彩的事,于是倾向于“自我消化”,这是个误区。心理咨询不等同于心理治疗,心理咨询的工作对象是健康人群或存在心理问题人群。心理咨询不是劝慰说教,心理咨询不能解决事件本身,它是心理咨询师运用心理学知识通过跟来访者共同探讨,帮助其找出引发心理问题的原因,分析问题的症结,进而寻求摆脱困境的对策,以便恢复心理平衡、提高对环境的适应能力。因此,心理咨询是助人自助的过程。独立解决问题固然是一项优秀特质,但学会求助也是智者的行为,尤其在面临自杀危机时,大学生应及时向心理咨询专业人员寻求帮助。

四、帮助他人渡过心理危机

(一)确定问题

如果发现身边同学发出了自杀暗示或求救信号,可以关切地询问,如:最近是不是有不开心的事? 有什么事困扰着你吗? 看得出你很难过,愿意跟我说说吗? 看到你朋友圈的信息似乎有轻生的念头……

不要担心讨论自杀会诱发其自杀,可以问得详细一些,以便对风险等级进行评估。如果对方愿意说,可以运用共情的技巧去倾听,接纳和理解对方的想法和感受,不要忙于纠正和评价,更不要讲大道理。即使对方不愿意直接回答,也可以通过他的反应作出一些判断。

(二)保证安全

避免处于自杀危机中的人有独处的机会。如自杀风险较高,应立即消除死亡危险,设法引

导对方走到或待在安全的地方,避免其站在马路中央、高处、阳台等危险地段,并设法去除导致死亡的物品,如绳子、刀具、尖锐物体、安眠药等,设法稳定当事人的情绪。

(三)给予支持

给予支持最重要的就是倾听对方,承认对方的想法和感受,不反驳对方,不对其想法和感受作评价。例如:我虽然不能完全体会,但是我能感受得到你很痛苦;我知道你不想这样。而不是否认对方和劝说:你为了他不值得的……另外,这个阶段表达对对方的关心也是给予支持的一种形式。

(四)寻求外界帮助

如果对方已经表现出明确的自杀愿望或明显的异常心理,不要试图帮其隐瞒,应及时建议或陪同其寻求医疗机构和心理援助中心的评估与帮助,也可请专业的心理咨询师帮助处理。如情况紧急,对方试图做出危及生命安全的行为,请立即联系辅导员或心理中心老师,在老师到来前保持冷静,安抚其情绪,做好陪伴和看护,切不可让其独处。如对方行为非常激烈,要立即联系保卫处、警察以及你能想到的紧急协助机构。

📖 拓展阅读

心理干预的七步模型

七步模型由艾伯特·罗伯特提出,用于帮助处于急性的心理危机、急性的情境性危机和急性的应激障碍的人群,包括以下七个步骤,如图8-1所示。

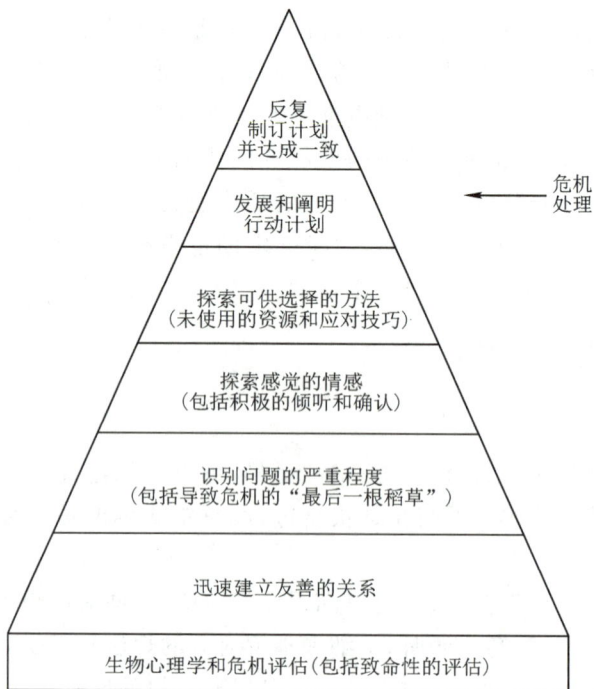

图8-1 心理干预的七步模型

（1）彻底的生物心理社会评估和危机评估。设计对于危险性的迅速评估，包括自杀、杀人或暴力的危险性，药物治疗的需要，毒品和酒精滥用等情况的评估。

（2）快速建立友善的治疗关系。向对方表示你的尊敬和接纳是关键。要极力去迎合当事人的话题，并保持中立而不进行评判，尽量确保不要表露个人观点。保持冷静，并使局面处在掌控之中。

（3）识别问题。用开放性问题让当事人用自己的语言解释和描述他（她）遇到的问题，这样便于危机干预工作者了解问题真相。能感受到危机干预工作者的关注与理解，对当事人来讲很重要，而且也有利于友善、信任关系的进一步建立。第二步、第三步采用问题解决中心的疗法，识别当事人的能动性和应对资源，包括对其以往有效应对策略的辨别。

（4）用积极地倾听技巧来处理感情和情绪的问题。利用鼓励性语言，让当事人感到危机干预工作者在仔细倾听，这些口头反馈在电话干预中尤为重要。除此之外，反应、解释、情绪定性等都是可使用的技巧。反应包括重复当事人所说的话、所表达的感情和想法；解释包括用危机干预者本人的语言来重复当事人的话；情绪定性包括归纳出隐含在当事人话语中的情感，如"你听起来非常生气"。

（5）通过识别当事人的能动性和以前成功的应对机制，寻求可供选择的方法。危机干预者和当事人的合作能使潜在的应对资源更为丰富，供选择的方法范围更为广阔。因此，危机干预工作者的创造性、灵活性和应变能力是成功干预的关键。

（6）贯彻行动计划。危机干预工作者应在限制性最小的模式下帮助当事人感到自主性。这一步骤中重要的环节包括识别可供联系的人和转接资源，以及提供应急机制。

（7）反复制订计划并达成一致。第一次会面后，危机干预的工作者应与当事人达成一致，共同确定能使危机得到解决的计划，可以通过电话和面对面交流来完成。

项目四 大学生幸福心理建设

"幸福"是一种生活状态，一种人们对生活经验的主观感受，当然也是一种生活价值的评价。人们对幸福的感受与人们对幸福的追求和心理欲望是相辅相成的。从社会或人际的角度看，幸福是一种可以观察、可以评价的生活状态。

对于幸福，似乎每个人都有独特的理解，每个人都按照各自的方式去追求幸福。世界上并没有一个公认的有关幸福的标准：恋人以得到爱情为幸福；士兵以能当上将军为幸福；体育运动员以获得世界冠军奖杯为幸福……有一点是各种幸福所共有的基础，那就是成功、满足、快乐。

一、幸福的科学

马斯洛指出，需要的满足是一种中间的、不确定的状态，它既解决了一些问题，又会带来新的问题。满足只能带来短暂的幸福，很快又会被新的不满所代替。我们必须接受这个现实：幸福其实是转瞬即逝的，而不是持续的，尤其是强烈的幸福。

积极心理学认为，快乐源自积极的心态。积极心态的核心是个人的主观幸福感（subjective well-being），它泛指一个人的愉悦情绪反应、范畴满足及整体的生活满足感。换言之，主观幸福感旨在培养个人体验快乐、欢欣、知足、自豪、欣喜、感激等愉悦情绪的能力。虽然这些情感体验大多是人们与生俱来的心理反应，但通过训练，人们可以强化这些情感体验的强度和持久度。

拓展阅读

积极心理学的兴起

积极心理学是美国心理学界新兴的研究领域，以马丁·塞利格曼和米哈里·契克森米哈发表于2000年1月的《积极心理学导论》为标志，越来越多的心理学家开始涉足此领域的研究，矛头直指过去近一个世纪中占主导地位的消极心理学模式，逐渐形成一场积极心理学运动。

积极心理学是心理学研究的一种新模式，它是相对于消极心理学而言的。所谓的消极心理学，就是以人类心理问题、心理疾病为研究与治疗的中心。如在过去一个世纪的心理学研究中，我们所熟悉的词汇是病态、幻觉、焦虑、狂躁等，而很少涉及健康、勇气和爱。对于《心理学摘要》（Psychological Abstracts）电子版的搜索结果表明，自1887年至2000年，关于焦虑（anxiety）的文章有57800篇，关于抑郁（depression）的有70856篇，而提及欢乐（joy）的仅有851篇，关于幸福（happiness）的有2958篇。搜索结果中关于消极情绪与积极情绪的文章比例大约为14:1。这个统计数据显示，两个世纪以来，似乎大多数心理学家的任务是理解和解释人类的消极情绪和行为。

这种以消极取向的心理学模式，缺乏对人类积极心态的研究与探讨，由此造成心理学知识体系上的巨大"空档"，限制了心理学的发展与应用。在这种背景之下，积极心理学呼吁：心理学应该转换为研究人类优点的新型科学，必须实现从消极心理学到积极心理学模式的转换，研究人类的积极品质，关注人类的生存与发展。

积极心理学（positive psychology）主张心理学不仅应对损伤、缺陷和伤害进行研究，也应对力量和优秀品质进行研究；治疗不仅是对损伤、缺陷的修复和弥补，也是对人类自身所拥有的潜能、力量的发掘；心理学不仅是关于疾病或健康的科学，它也是关于工作、教育、爱、成长和娱乐的科学。换言之，积极心理学主张多研究人类的力量和美德等积极方面，减少研究人类的负面情绪体验，如焦虑、悲伤、妒忌、仇恨等。

积极心理学的研究分为三个层面：

主观的层面——研究积极的主观体验：幸福感和满足（对过去）、希望和乐观主义（对未来），以及快乐和福流（对现在），包括它们的心理机制以及获得的途径。

个人的层面——研究积极的个人特质：爱的能力、工作的能力、勇气、人际交往技巧、对美的感受力、毅力、宽容、创造性、关注未来、灵性、天赋和智慧，目前这方面的研究集中于这些品质的根源和效果上。

群体的层面——研究公民美德和使个体成为具有责任感、利他主义、礼貌、宽容、有职业道德的公民的社会组织，包括健康的家庭、关系良好的小区、有效能的学校、有社会责任感的媒体等。

二、幸福的方法

(一)积极心态的公式

$$Pm=(O+A)\times S$$

其中 Pm 代表积极心态(positive mind)；O 代表乐观人格(optimism)；A 代表认知调整(adjustment)；S 代表主观幸福感(subjective well-being)。

积极心态公式说明，人的快乐需要有乐观的人格为基础，而这就需要人具有高超的认知调整能力。乐观人格与认知调整相加，便构成了人的主观幸福感，而其不断累积又会反过来强化人的乐观人格和认知调整能力，其良性循环便构成了一个人的心灵旺盛。积极心态公式还说明，人的快乐是一个不断修炼提高的过程，而且它是动态的，而非静态的。由此，人要不断完善自己的乐观人格和认知调整才能维护其心灵旺盛，这就犹如人要不断锻炼身体才能维护其健康一样。更重要的是，人之心灵旺盛修炼，是不进则退的。

具体地说，乐观人格(optimism)是幸福的核心特质。就心理学而言，乐观泛指一个人对周围人与事物的正面、积极的认知取向。而乐观人格是一个人的稳定而积极的认知取向。由此，如何看待幸福与健康比其本身更重要。乐观既是一种动机状态，也是一种性格品质。它包括了开朗、自信、坚毅、合群等人格特征，也善于运用升华、幽默、利他行为等成熟的精神防御机制。所以，人要维持个人的幸福感，就需要培养乐观向上的人格特质，使自己无论处在任何恶劣的环境下，都能维护自己心中的一抹春意。

另一方面，认知调整能力(cognitive adjustment)是确保幸福的另一重要支柱。就心理学而言，认知调整泛指个人面对生活逆境与困境之正面归因、积极化解的能力，以愉悦个人生活体验的能力。美国著名应激心理学家拉泽鲁斯(Lazarus)主张：人的应激成效不取决于应激的大小，而取决于对应激的评估。心理咨询也有类似的观点认为：心理咨询不能改变来访者正面对的现实，却能改变来访者对现实的看法。所以如何面对应激状况，提高当事人的应对能力是培养每个人积极心态的重要一环。

例如，美国心理学家弗莱德逊(Fredrickson)经过多年的研究提出情感的拓展——建构理论(broaden-and-build theory)，它强调乐观情绪不仅可以拓展个人的思维——行动能力，也会强化个人在智力、体能、社交和心理等方面的活动资源。这包括智力资源(如提高问题解决能力、掌握新信息等)、体能资源(如提高协调能力、提高体质和心血管健康等)、社会资源(如加强社会联系、建立新关系等)和心理资源(如提高乐观态度、提高自我确认与生活目标等)。她的研究也表明,经常体验愉悦情绪的人会形成自我成长的"上升螺旋"(upward spiral)。她曾指出:"感觉好远远不等同于没有威胁,它可使人们变得更好,更具有乐观精神,更与他人合得来。"她还建议人们通过发现应激中的有意义的事情来提高个人的愉悦情绪体验。此外,幸福感训练还可降低对诸如内疚、耻辱、悲伤、气愤、嫉妒等不愉悦情绪体验的感受强度,以减少生活的应激状况。

📖 拓展阅读

培养积极心态的 10 个小方法

1. 学会多笑——学会笑傲江湖,笑还可以使肺部扩张,促进血液循环。
2. 学会忘记——学会尽量将已经过去的烦恼驱除大脑。
3. 学会幽默——学会幽默,发现快乐,以从容面对生活的不快与烦恼。
4. 学会模仿——寻找生活中的乐观高手,以此为榜样来改变自己。
5. 学会应对——增强应对技巧,不同问题用不同解决方法。
6. 增强自信——学会在生活实践中增强自信,寻求成功体验。
7. 增强交往——促进人际关系,学会多与人分享自己的苦与乐。
8. 增强运动——多做运动,多锻炼身体,学会在文体活动中化解烦恼。
9. 增强兴趣——培养广泛的兴趣,增强生活的乐趣。
10. 神交古人——寻找古今中外的乐观高手,以阅读他们的传记来改变自我。

(二)如何培养积极的心态

1. 不要给自己太大压力

有很多人都抱着同样的想法,认为在人生的前半段把重要的事情做完之后,剩余的人生就会变得很幸福了。然而,当一个人真正得到了这些之后,他未必就会是幸福的。

很多人之所以体验不到更多的幸福,重要的原因就在于他们将幸福放在了懒散懈怠的对立面。也许是因为他们看到,在现在的社会,人们的付出与获得往往是成正比的,也就是说一个人在享受生活的同时也一定付出了很多艰辛努力。正是由于这样的一种普遍存在的认识,很多人总是有意无意地"鞭策"自己,以保证自己不会失去其他更重要的东西。

但其实幸福的人不必要都去当总统或者是亿万富翁。人生活在社会中,不可能完全没有压力,有压力是正常的,我们不要以为没有压力的生活才是幸福的生活,也不要以为把一切该得到的都得到了剩下的就是幸福,这些观点都是片面的,幸福不是将来时,而是现在进行时。

2. 永远不要否定自己

在我们的身边,经常有这样的声音,"我不能""我不行",甚至成了一些人的口头禅。难道就真的是一无是处吗?

经常把"我不行""我不能"挂在嘴边,这是十分愚蠢的做法。这是因为心理暗示的作用是巨大的,认为自己"不行"就相当于给了自己一个消极的心理暗示,你的意识就会接受这个指令,只要你的意识下命令,你的潜意识就不会和你争辩——它会完全接受这个命令,它像个无知的小孩,听不懂"玩笑"话,从而"我不行"就会逐渐地渗入到你的潜意识中,时间长了,你真的就会朝着那个方向发展。

如果一个人长期被这样的情绪所笼罩,就会很容易出现情绪低落、郁郁寡欢的现象,这样的人常会因为害怕别人看不起自己而不愿意与人来往,只想与人疏远,他们缺少朋友、顾影自怜,甚至会产生一些内疚、自责的自卑心理。这样的人,与其说是消极,倒不如说是对自己要求的过高了,他们很难享受到生活的乐趣。

如果一个人总是沉浸在"我总是不能做到最好"这样的阴影中,那就无异于给自己套上了无形的枷锁。否定自己,就像是在心底扎下的木桩,让自己的心灵沉重不堪,也阻碍了自己与外界的自由联通。如果能够认清并且相信自己的话,拔掉心底的木桩,懂得变换一个角度来看待周围的世界和自己的困境,那么很多事情就可以迎刃而解了。

3. 积极调动自己的情绪

心理学研究发现,人类的身体和心理是互相影响、互相作用的整体。某种情绪会引发相应的肢体语言,比如愤怒时,我们会握紧拳头、呼吸急促,快乐时我们会嘴角上扬、面部肌肉放松。反过来,肢体语言的改变同样也会导致情绪的变化,当我们无法调整内心情绪时,你可以调整肢体语言,带动出你需要的情绪。比如你强迫自己做微笑的动作,你就会发现内心开始涌动欢喜,这就是身心互动原理。

如果你整天都无精打采或者唉声叹气,用阴沉凄凉的声音回答所有的问题那么你的郁闷只会持续更长的时间。每个人都应舒展自己的眉头,从眼睛里放射出光彩,用自信的腔调与人说话,表达善意的称赞。如果不敞开心扉的话,它只会让你的内心更加纠结。

4. 要舒服,先要不舒服

心理学里有一个舒适区(comfort zone)的概念。每个人都会在某些环境、某些情况下感觉很舒服,比如在家里,或者和熟悉的朋友交流。与此相反,也有让我们感觉不舒服和有压力的事情,比如上台演讲,或者去搭讪陌生人。人的天性都是追求舒适,逃避紧张和压力。但如果你总待在舒适区里,你就不会有任何变化改变来自舒适区的延展。

一个人成长的过程,就是舒适区不断延展的过程。每次你去尝试新的挑战,你就能对一件新的事情感觉适应和舒服,不再紧张害怕。所以,如果有什么事情让你感觉不舒服,让你感觉紧张,不要回避它,做你应该做的事情,不要做你总做的事情。突破了,你的圈子就会扩大;退缩了,你就还待在以前的小圈子里。如果你每天都做一件让自己不舒服的事情,一年下来,你就能发现让自己感到快乐的事情越来越多。

5. 改变不要太剧烈

随着舒适区的延展,你对世界的认知就会进入另外两个区域——延展区(stretch zone)和恐慌区(stress zone)。现代心理学认为,舒适区、延展区和恐慌区是人类感知外部世界的三个阶段。

（1）在舒适区我们得心应手，每天处于熟悉的环境中，做在行的事情，和熟悉的人交际，甚至你就是这个领域的专家，对这个区域中的人和事感觉很舒适。但是学到的东西很少，进步缓慢，而且一旦跳出这个领域，面对不熟悉的环境及变化，你可能会觉得有压力，无所适从。

（2）延展区里面是我们很少接触的领域，充满了新颖的事物，在这里可以充分地锻炼自我、挑战自我。比如，生活中，换一条上班的路线；学习中，接触另一个专业的书籍；工作中，换到另外一个岗位。

（3）恐慌区，顾名思义，在这个区域中会感到忧虑、恐惧、不堪重负。比如在公共场合演讲，或者从事一些危险的极限运动。

人们改变的连续过程就是：改变习惯、逃离舒适区，进入延展区和恐慌区；养成新习惯，形成新的舒适区。我们就是在这样的循环往复中螺旋上升，获得更多的幸福。所以，比较理想的改变方式还是通过延展区。延展区是舒适区的最大值，它就像温水一样，让人感觉舒服。在这个阶段，压力和激励都在最佳值，所完成的任务不会太难也不会太容易，改变最容易在这个阶段发生。

体验与训练

心理活动 1

关于死亡的讨论

活动目的:哀伤辅导。

操作流程:

①老师可以让学生提前收集名人关于"死亡"的观点,如乔布斯认为:"死亡是生命最伟大的发明"。

②学生就"死亡对生命是积极的还是消极的"展开自由辩论,并选出 2 名记录员。

③总结。老师问大家"多数人认同的观点是否就是对的""大家从中获得了哪些启发?"记下大家的观点,并根据大家的回答进行总结。

思考与分享:

在这个游戏中,信息收集与辩论的过程能够让大家加深对"死亡"的思考,从而更加珍惜生命。老师应引导大家勇敢面对和讨论死亡,并且在辩论的过程中了解死亡既有消极意义,也有积极意义。

心理活动 2

生命线

活动目的:生命教育、感恩教育。

操作流程:

①老师在黑板上画一条线并在线上标注三个关键点:出生、今天和生命终结。老师分享自己对生命线的想法和感悟,然后让每人画一条生命线。

②大家画完后,老师将学生分成几组,引导他们想象并完成下面的内容,然后各组员进行讨论和交流。

  · 最大的困惑

  · 最想做的事情

  · 最害怕的事情

  · 对未来的期望

  · 想成为一个怎样的人

  · 谁是帮助你的人

(3)总结。老师根据大家的讨论和交流情况进行总结解析:这个游戏以画生命线的形式让学生直观地看到自己的人生进程。

思考与分享:

当回顾过去时,我们会发现之前被自己认为很困难的事,现在看来也不过如此,进而引出对人生的态度,对生命的敬意。

心理活动 3

我的心灵陪伴者

活动目的：感恩教育、心理危机干预。

操作流程：

①老师提前准备若干张（按总人数定）"我的心灵陪伴者"卡片（即 4 个同心圆），将学生分成几组并给每人发 1 张卡片。

②老师让学生先在中间的圆中写下自己的名字，接着在剩下的 3 个圆中写下能为自己提供帮助和支持的人的名字（每个圆中的名字不超过 5 个）。

③总结。老师问大家"你写下的能够帮助自己的人分别是谁？""当想到他们时，你有什么感觉？""你觉得他们为什么愿意帮助你？"并根据大家的回答进行总结。

思考与分享：

为保证大家所写的内容是真的，老师可以让学生彼此之间保持一定的距离。老师可以告诉学生离中间的圆越近的人与自己的关系越好。这个活动源自生态系统理论，越接近中间的圆的人对个体的影响越大；当我们遇到困难时，可以向这些人寻求帮助。

心理活动 4

深呼吸

活动目的：正念训练、心理危机预防干预。

操作流程：

①老师引导学生进行深呼吸练习，将下面的引导语重复 5 次。

通过鼻子或嘴巴慢慢地吸气，让肺部充满气体，温柔地在内心告诉自己"我的内心很平静"。通过鼻子或嘴巴慢慢地呼气，呼出肺部的气体，温柔地在内心告诉自己"我释放了内心的压力"。

②总结。老师让大家说出自己的感受并进行总结。解析：在面对压力时，这个练习可以让大家获得内心的平静。

思考与分享：

在成长过程中，我们会面临各种挑战，这些挑战会给我们的内心带来一定的压力。但通过简单的深呼吸就能缓解这些压力。

心理活动 5

人生的选择

活动目的:生命教育。

操作流程:

我们的人生如同一辆行驶的列车,车上是你人生不同阶段遇到的人、事、物。请认真思考对你来说最重要的、不可或缺的五样,可以是人,也可以是事、物,并写在表 8-2 中。

表 8-2　重要的人、事、物

对我来说最重要的	感受	想说的话

选择与舍弃

现在,你的生活出现了一个变故,要想让生命的列车继续行驶,必须舍弃一样,舍弃意味着你再也看不到它,它将彻底消失在你的世界里。选好了之后,用笔涂抹盖住,并写下你此刻的感受和想对它说的话。

现在你所珍视的东西只剩下了四样。但生活有时是残酷的,你不得不再次面对舍弃。请认真思考,将它用笔画掉盖住,并写下你此刻的感受和想说的话。

看着你剩下的三样东西,生活再次和你开了个不小的玩笑。你必须再放弃一次。请慎重选择。

现在你面前只剩下宝贵的两样了。我们来做最后的、最艰难的选择。请大家保留其中的一个。

思考与分享:

当纸上只剩下了最后一样的时候,这与你第一个写下的一样吗? 思考这意味着什么? 他(它)对你为何如此重要? 你想对他(它)说些什么呢?

_____

_____

_____

心理活动 6

假如生命剩下三天

活动目的:思考生命的价值和意义。

操作流程:

一组学生想象,如果自己的生命被无限地延长,你最想做的事情是什么?

另外一组学生想象,假如你的生命只剩下 3 天,你最想做的事情是什么?

思考与分享:

如果让你选择,你希望自己的生命是剩下 3 天还是无限延长?

_____

_____

_____

心理测试

青少年社会支持量表

青少年社会支持量表是一个自评量表,包括主观支持、客观支持和支持利用度 3 个维度,共 17 个条目。采用五点评分法,即"符合"记 5 分,"有点符合"记 4 分,"不确定"记 3 分,"有点不符合"记 2 分,"不符合"记 1 分。请在每题后相应的数字上画"√"。

1.大多数同学都很关心我。 1 2 3 4 5
2.面对两难的选择时,我会主动向他人寻求帮助。 1 2 3 4 5
3.当有烦恼时,我会主动向家人、亲友倾诉。 1 2 3 4 5
4.我经常能得到同学、朋友的照顾和支持。 1 2 3 4 5
5.当遇到困难时,我经常会向家人、亲人寻求帮助。 1 2 3 4 5
6.我周围有许多关系密切可以给予我支持、帮助的人。 1 2 3 4 5
7.在我遇到问题时,同学朋友会出现在我身旁。 1 2 3 4 5
8.在困难的时候,我可以依靠家人或亲友。 1 2 3 4 5
9.我经常从同学、朋友那里获得情感上的帮助和支持。 1 2 3 4 5
10.我经常能得到家人、亲友的照顾和支持。 1 2 3 4 5
11.需要时,我可以从家人那得到经济支持。 1 2 3 4 5
12.当遇到麻烦时,我通常会主动寻求别人的帮助。 1 2 3 4 5
13.当我生病时,总能得到家人亲友的照顾。 1 2 3 4 5
14.当我有烦恼时,我会主动向同学好友倾诉。 1 2 3 4 5
15.在我遇到问题时家人亲友会出现在我身边。 1 2 3 4 5
16.我经常从家人亲友那里获得情感上的帮助和支持。 1 2 3 4 5
17.当我遇到困难时,我经常会向同学、朋友寻求帮助。 1 2 3 4 5

分数说明:

主观支持分量表:包括 1、4、6、7、9 共 5 个条目,反映被测者感觉到自己拥有的社会支持方面的资源。

客观支持分量表:包括 8、10、11、13、15、16 共 6 个条目,反映被测者认为自己实际得到的社会支持状况。

支持利用度分量表:包括 2、3、5、12、14、17 共 6 个条目,反映被测者主动利用社会支持的情况。

所有 17 个条目得分之和为该量表的总分,反映了被测者社会支持的总体状况。

学习小结

1. 生命是生物的本质和组成部分,人的生命具有生物性、精神性和社会性三种存在形态。

2. 生命的困惑主要包括对于自我意识的探索、对于生命意义的探索,面对生命的困惑,大学生应保持以下几种积极的生活态度来对抗人生的虚无感,从而更好地追求美好生活:珍惜时间、充实自己、主动创造、保持快乐。

3. 只有当我们学会面对死亡,通过对死的思考,促使对生命的警醒与觉察,从而珍惜生命,降低对死亡的恐惧与逃避,使我们能够以坦然、积极的态度面对死亡,思考并赋予生命新的意义。

4. 实现生命价值不仅仅是衣食无忧,安全无虞,名利双收,更多的是追求生命的提升和发展,为社会做出更多贡献。因此,可以从以下几种途径实现生命价值:端正态度、承担责任、学习技能。

5. 每个人在其一生中可能会发生心理危机。心理危机需要三个条件:一是较大的生活事件,二是不适的身心反应,三是超出自身应付的范畴。

6. 大学生心理危机的特点包括突发性、潜在性、交互性、时代性;大学生心理危机的种类包括成长性危机、境遇性危机、存在性危机。

7. 心理危机的发展过程包括冲击期、防御期、解决期、成长期。

8. 当个体面对危机时会产生一系列身心反应,主要表现在生理上、情绪上、认知上和行为上。干预心理危机是指心理危机发生后进行的"情绪急救"。有效的危机干预,既要具备快速的反应机制和干预通道,又要具备有力的管理措施和科学的干预技术。

9. 心理危机的自我求助需要我们能够寻求滋养性的环境、积极调整情绪、面对现实、正视危机、善用心理咨询资源、及时求助。帮助他人度过心理危机我们要首先确定问题、保证安全、给予支持、寻求外界的帮助。

10. "幸福"是一种生活状态,一种人们对生活经验的主观感受,当然也是一种生活价值的评价。人们对幸福的感受与人们对幸福的追求和心理欲望是相辅相成的。从社会或人际的角度看,幸福是一种可以观察、可以评价的生活状态。

11. 幸福的方法需要我们学会培养积极乐观的心态、培养积极的人格品质、及时调整自己的认知。

思考题

假设你最好的同学遇到了危机,比如说亲人过世,使他(她)大受打击,你将怎样帮助他(她)?请列出你的帮助方案,并分析这些方案的可行性。

推荐资源

1. 书籍:《人生不设限》,尼克·胡哲著,彭蕙仙译

本书作者尼克·胡哲用他的生命体验来展示自己没手没脚也可以活出超级精彩的人生,活出自己的价值,这完全归功于他对生命的热爱与积极的信心。本书让我们看到了尼克·胡哲如何面对人生的挑战及处事的智慧。他以积极乐观的态度面对人生,在处事上也有他独特的智慧。这本书带给读者的启示除了积极的人生态度外,还带给我们全新的观念"我或许并不完美,但我却是完美的我"。尼克·胡哲告诉读者每个人都是独一无二的。

2. 电影:《阿甘正传》

该片表现出的善良、温情,触动了观众心中最美好的东西,展现了诚实、守信、认真、勇敢、

重情等美好情感。阿甘在影片中对人只懂付出不求回报,也从不介意别人拒绝,他只是豁达、坦荡地面对生活。他把自己仅有的智慧、信念、勇气集中在一点,他什么都不顾,只知道凭着直觉在路上不停地跑。

3. 电影:《寻梦环游记》

电影以墨西哥传统节日亡灵节为背景,来教我们"如果人生是一场 Party,我走后,请你们仍要继续开心下去"。关于生死的答案,也许我们曾经都无解,但是这部电影,却用温柔而梦幻的方式告诉了我们许多答案:死亡不是生命的终点,遗忘才是。也许我们无力阻挡时间的流逝,我们也必将与家人与爱人生死相隔,但死并非生的对立面,而是作为生的一部分永存,人类的记忆,便是对灵魂的延续。

模块九　照进心灵之窗——认识心理咨询

心灵的痛苦更甚于肉体的痛楚。

——西拉斯

有恬静的心灵就等于把握住心灵的全部,有稳定的精神就等于能指挥自己。

——米贝尔

心灵导读

法国作家罗曼·罗兰曾说过:"要把阳光散布到别人的心田里,先得自己心里有阳光"。但世界经济论坛发布的《2022 全球风险报告》显示,心理健康风险已上升为全球十大风险之一。世界卫生组织指出,"各国必须采取紧急行动,确保所有人都能获得精神卫生支持"。

我国近年来对学生心理健康的关注和投入持续增加。2023 年 5 月,教育部等 17 部委联合印发了《全面加强和改进新时代学生心理健康工作专项行动计划(2023—2025 年)》,其中提到要"帮助学生掌握心理健康知识和技能,树立自助、求助意识,学会理性面对困难和挫折"。因此,关爱自我心理健康状态,积极面对心理的困扰与障碍,懂得通过合适的求助方法解决自己的心理问题可能是作为现代社会大学生的一堂"必修课"。当我们遭逢心理困扰或心理障碍时应当如何合理运用身边的心理资源去缓解与解决?如何去做心理咨询?什么样的情况下要去找心理咨询师?什么样的情况下要去看精神科医生?这是我们这一模块要和大家探讨的问题。

学习目标

1. 了解心理咨询的概念、功能和原则。
2. 建立正确的心理咨询观念以及自助求助的意识。
3. 能够合理运用心理资源处理自己的心理困扰和心理障碍。
4. 了解大学生常见的精神障碍及应对措施。

项目一 认识心理咨询

引导案例

随着期末考试的来临,李琦感到自己有些"压力山大"。他想考出好成绩争取来年的奖学金和入党资格,但是奇怪的是,明明这件事对自己来说非常重要,自己却打不起精神来全身心地投入到学习当中去,感觉自己每天都懒洋洋的。而且李琦感觉自己睡眠质量明显下降,每天都醒得很早,情绪偏向低落与消沉。

李琦的室友张伟发现了他的异样,于是劝他:"你最近状态不好,要不要去学校心理咨询室找找咨询师看看?"

李琦连忙摆手:"我就是最近太累了,休息几天就好,这么一点小事就去麻烦老师太丢脸了。再说他们就是和我聊聊天而已,找你聊不是一样的嘛。"

张伟说:"你都好多天没有休息好了,这不算是小事了。而且心理咨询和聊天是不一样的,我觉得你去试试,肯定有帮助。"

你是否也像李琦一样,遇到心理困扰时习惯自己默默消化? 觉得心理咨询就是聊天? 甚至觉得去做心理咨询的人是不正常的,接受心理咨询是丢人的事? 接下来通过本学习项目我们将了解心理咨询的概念,了解心理咨询的真实样貌,更好地利用心理咨询来解决自己的心理困扰。

一、心理咨询概述

(一)心理咨询的定义

心理咨询(counseling)是一项专业的助人活动,是由受过训练的咨询师利用专业的理论和技术,在信任的咨询关系中帮助来访者达成个人改变目标。提供咨询服务的通常被称为心理咨询师或心理辅导老师,被咨询的对象通常被称为来访者或案主等。

(二)心理咨询的形式

根据咨询人数可以将咨询分为个体咨询和团体咨询。个体咨询(individual counseling)采用的是一对一、面对面的形式,是心理咨询和心理治疗行业最常见、应用最广的形式。团体咨询(group counseling)则一般由一位或两位团体领导者和多名团体成员构成。一般而言为保证效果,个人卷入程度越深,团体的人数越少,例如治疗团体成员人数在 6～7 人,咨询或辅导团体成员人数可以达到十几个人,而侧重于教育和指导的团体则可以包含更多人。

拓展阅读

个体咨询与团体咨询的联系与区别

团体心理治疗专家欧文·亚隆等研究者认为,人们内心的困扰均源于人际关系的冲突,最好的解决之道就是利用团体的动力去化解。团体咨询由多人参加,来访者们可以在同一时间体验到不同的关系。团体咨询与个体咨询在理论、目标、成员特征、咨询原则与技术等方面有很多联系和区别,详见表 9-1。

表 9-1 个体咨询与团体咨询对比表

比较维度	个体咨询	团体咨询
场所	个体咨询场地较团体咨询而言较小	团体咨询人数较多,需要较大空间,并需要一些便于团体咨询的特殊布置
问题	适合处理个体独特的困扰	适合成员进行人际关系学习,在交往中深化自己的认识
助人	个体咨询的情境中较少有合作、互助、分享的关系和气氛	在团体咨询的情境中成员可以互相帮助,团体凝聚力越强,氛围越好,成员间就越能互相支持和帮助

根据持续时间可将咨询分为短程治疗和长程治疗。心理咨询在持续时间、会谈频率和次数上差别很大,具体设置取决于问题的严重程度、咨询目标、采用的治疗方法、咨询师和来访者的配合程度等因素。在实际的心理咨询与治疗中,长程治疗与短程治疗没有明确界限。短程治疗一般会设置 6~20 次会谈,频率每周一次;持续时间在一年以上的可以看作长程治疗。治疗的效果不在于时间长短,而是在治疗中采取的措施和治疗流派,例如古典精神分析一般是长程的,治疗频率也较高;认知行为疗法、家庭治疗相对来说则是短程的、问题解决导向的治疗形式。

二、心理咨询的工作范围

心理咨询的主要对象是健康人群,或是存在心理问题的亚健康人群,而非如抑郁障碍、焦虑障碍、精神分裂症等精神障碍患者。后者是精神科医生的工作对象。

(一)心理咨询师和精神科医生的区别

在很多不了解心理咨询的人看来,心理咨询师和精神科医生是在不同场所工作的同一类心理工作者,但其实这两类群体存在很多区别。通过这些区别,我们可以进一步了解心理咨询师的工作范围(见表 9-2)。

表 9-2 心理咨询师与精神科医生区别对比表

比较维度	心理咨询师	精神科医生
常见工作主题举例	情绪困扰(抑郁、焦虑等) 人际关系困扰 创伤相关困扰 生涯困扰 自我探索 个人成长	抑郁障碍 焦虑障碍 强迫及其相关障碍 进食障碍 精神分裂症 人格障碍
受训背景	以心理学背景为主(咨询、临床、教育等)	以医学背景为主
有无诊断权	无诊断权	有诊断权
有无处方权	无处方权,不能开药	有处方权,可开药
执业地点	学校 心理咨询机构 医院心理咨询相关科室	精神卫生专科医院 综合性医院精神科/心理科

通过表 9-2 我们可以总结出心理咨询师与精神科医生两个较为明显的区别:一是心理咨询师的工作对象通常为有心理困扰的正常个体;二是在国内心理咨询师没有诊断权与处方权。

(二)大学生常见的心理咨询工作主题

实际咨询工作中,我们发现大学生常见的咨询主题有:人际关系问题、压力问题、自我问题、情感问题、学业问题、生涯与就业问题、家庭问题、慢性身体疾病、环境适应问题、精神障碍等。这些问题可以大致分为发展性问题和障碍性问题两种类型,心理咨询以解决发展性问题为主。

(1)发展性问题。发展性问题是指个体在某一发展阶段遇到的问题,如果不能顺利完成这个发展阶段的任务,就可能会出现心理问题。因此帮助来访者克服暂时的困难,恢复或提高学习与生活的效率,实现自我价值,获得更好的生活质量是心理咨询的宗旨。

(2)障碍性问题。障碍性问题是指个体在学习、工作、生活中出现了困难,但心理难以适应,感受到较高程度的痛苦、烦闷等负面情绪,继而导致较严重的心理障碍。

拓展阅读

大学生心理健康的影响因素

《中国国民心理健康发展报告(2021—2022)》研究发现大学生心理健康的影响因素主要有三个:睡眠、压力源、无聊。

睡眠。睡眠不足或嗜睡均可导致多种心理健康问题,提高睡眠质量可以改善心理健康状况。调查显示高职大学生上学日的睡眠时长平均为 8.15 小时,其中睡眠不足 7 小时的学生人数占比约为 15.37%,且睡眠质量较差的学生抑郁和焦虑得分相对较高。

压力源。调查显示对于高职大学生来说"学业负担重""长期离家想念家人"和"不知道自己适合什么工作"是主要压力源,且较高的压力得分与更高水平的抑郁、焦虑有关。

无聊。无聊是"由于知觉到生活无意义而产生的负性情绪体验"。大学与高中阶段在学习和生活上有着明显的区别,对于大学生来说,大学有着更丰富多彩的生活和可以支配的时间。但若不能合理利用时间学生可能会长期无所事事、虚度光阴。研究表明高无聊水平的个体抑郁和焦虑水平也较高。

三、心理咨询的设置

心理咨询并不是简单的聊天,并非来访者随时想找咨询师就可以直接进行咨询。为了保证咨询效果与来访者的权益,心理咨询师需要遵守以下原则。

(一)保密原则

很多来访者特别是学校学生对心理咨询有很大的顾虑——咨询师是不是会把咨询内容告诉自己的班主任或辅导员? 咨询师能否替来访者保守秘密? 根据《中国心理学会临床与咨询心理学工作伦理守则》对隐私权和保密性的规定,"心理师有责任保护寻求专业服务者的隐私权"。也就是说,心理咨询师会为来访者所讲述的内容保密,且一般在首次心理咨询开始时咨询师都会向来访者说明工作的保密原则及其应用的限度、保密例外情况并签署知情同意书。保密例外的情况是指:①咨询师发现寻求专业服务者有伤害自身或他人的严重危险;②不具备完全民事行为能力的未成年人等受到性侵犯或虐待;③法律规定需要披露的其他情况。

(二)预约设置

一般情况下心理咨询师不接受临时来访。一方面是为了避免心理咨询场地有人随意来往,打扰正在咨询的来访者;另一方面是保障咨询师有充足的休息和整理的时间,做好迎接下一位来访者的准备。特殊情况（如心理危机事件）除外。

（三）咨询地点

心理咨询场所一般是固定的，而且装修能够给来访者带来安全、舒适、温暖的感觉。咨询师与来访者一般会相向 90 度落座，保持目光充分交流的同时又能够不形成强烈的对抗性。心理咨询师一般不出诊，特殊情况（如心理危机事件）除外。

（四）咨询时间

个体单次心理咨询时间一般持续 50 分钟左右，频率每周一次较为普遍，根据来访者实际情况和咨询师选用技术也会略有差异。另外，高校的心理咨询的疗程一般都在 6～20 个小时，具体长短根据来访者心理困难程度、心理咨询目标及心理咨询师选用的心理咨询技术而定。

（五）转介原则

当咨询师认为自己的专业能力不能胜任，或不适合与来访者继续维持专业关系时，为了保障来访者利益，咨询师可以转介给合适的咨询师或机构。转介常见于两种情况：

第一，不属于心理咨询服务范畴。咨询中比较常见的情况是需要将来访者转介至医院精神治疗科。根据《中华人民共和国精神卫生法》规定，心理咨询师不能做心理治疗，若咨询师在工作时发现来访者有精神障碍的症状，不属于心理咨询服务对象时需要转介至医院。

第二，心理咨询师个人情况。咨询师若在工作中发现自己对来访者的问题没有接受过训练，感到胜任力不足，可考虑将来访者转介给更具有胜任力的咨询师。有时咨询师会因为个人的局限性，例如价值观、反移情等因素而伤害来访者感情，这时也可考虑转介。此外，咨询师个人若遇到重大问题、来访者因转专业变动学习的校区等情况都可以进行转介。

四、心理咨询的过程

心理咨询的过程一般包含探索、领悟、行动这三个阶段。

（一）探索阶段

咨询的最初阶段有两个主要任务，一是在本阶段来访者对咨询师形成初步印象，感受双方的个人风格是否匹配。二是咨询师要引导来访者讲述个人故事，了解其心理困扰的内容与背景，以便在下一阶段更好地帮助来访者解决。

在这一阶段，有的来访者会感到被倾听、被理解，通过倾吐烦恼宣泄了自己的负面情绪；也有的来访者可能由于自己讲得过多，咨询师说得太少而产生怀疑。

（二）领悟阶段

随着探索的深入，在咨询师的专业引导下，来访者开始从新的角度看待事物，慢慢理解心理困扰产生的前因后果，越来越靠近自己内心真实的想法和感受，明白自己为什么会被困住。

在这个阶段，咨询师会尝试对来访者身上发生的事情做一些解释，这些解释可能会让来访者"恍然大悟"，也可能会触动来访者不愿意面对的想法，令其不舒服、不认同、不接受等。

（三）行动阶段

当来访者理解了自己为何产生心理困扰，就到了采取行动做改变的时候。这些改变可能是思维方面的（比如改变看待某事的方式），可能是情感方面的（比如缓解焦虑情绪），也可能是行为方面的（比如减少自己暴饮暴食的行为）。

在这个阶段，咨询师会扮演教练或顾问的角色，协助来访者制订行动计划，探讨行动过程中可能会遇到的阻碍和困难,支持来访者把咨询中收获的探索和领悟,带回到日常生活中,最终能够告别咨询师,独自面对未来。

📖 小故事

治愈咖啡馆

2020年10月,上海市杨浦区精神卫生中心开了一家名为"治愈咖啡馆"的小店。"让患者逐渐向职业生涯过渡"是这家咖啡馆的初衷,院方希望患者在保护性的环境中锻炼生活技能,并以此为起点,稳步迈向社会生活。这家咖啡馆的收银、咖啡制作师、服务员都是正在该中心接受康复治疗的患者,咖啡馆一开张就受到了医护人员和住院病人家属的欢迎。今年36岁的小程是第一批上岗人员,在咖啡馆里担任收银员,她在上大学时因为学业和人际交往的巨大压力难以排解,陷入了抑郁症的泥沼。因为病情反复,不断加深,她一度在家休息了7年,如今这份咖啡馆的工作,让小程在规律中感受到了一丝平静,甚至在谈起当年的患病诱因时她都能露出释然的神色。小程说,希望自己病愈后,能够真正实现就业,成为一名收银员,体验崭新的人生。

项目二　善用心理资源

引导案例

李琦暂时虽没有鼓起勇气去找学校的心理咨询师,但却在某个播客中听到了一期与心理咨询相关的节目。主持人详细谈到了他自己与焦虑情绪对抗的经历,并提供了许多相关书籍、公众号文章等自助资源。李琦从这些资源开始入手,逐渐积累了一些对抗焦虑情绪的知识。为了更好地解决自己的心理困扰,李琦决定尝试更专业的方法。他终于拨通了学校心理中心的预约电话。

当心理问题出现时,大多数人首先想到的是自己坚持咬牙扛过去,或者向自己的父母、朋友、老师等寻求帮助。这些非心理咨询和治疗专业人士承担了很多化解任务,也通常能够对处于心理问题的个体有所帮助。但若你想要让问题得以更高效地解决,希望能够更深入地进行自我探索,深入了解自己出现心理问题或心理障碍的原因,那么你可以考虑寻找专业人士的帮助。

一、学校资源

作为在校学生我们可以在学校的心理健康服务机构获取心理服务资源。根据教育部有关要求,目前所有高校都配有专门的心理健康服务机构,并免费对在校学生开放。学校的心理咨询师一般都有一定的专业胜任力,较为了解本学校大学生的典型问题,是大学生相对便捷而可靠的求助选择。

一般来说高校心理咨询中心的服务内容主要包括教学服务、心理咨询、心理健康主题校园活动、心理测试等。

(1)教学服务。开设心理健康教育必修课程和选修课程,编写大学生心理健康教育教材,举办心理健康教育专题讲座,开展面向心理委员、二级学院辅导员等群体的心理相关培训等。

(2)心理咨询。学校心理咨询一般分为个体咨询和团体咨询两种。咨询的主题一般集中在压力与情绪调适、人际关系、学习问题、个人发展、环境适应、恋爱问题、生涯规划等方面。

(3)心理健康主题校园活动。各学校一般都会在关键时间节点如"525"大学生心理健康日、世界精神卫生日或冬季抑郁情绪的高发期等关键时间节点组织学生参加形式各样的心理健康活动,例如心理沙龙、电影放映、游园会等。

(4)心理测试。高校心理咨询中心心理测试服务内容大致包括新生心理普查、心理问题相关测试、人格测试、生涯规划相关测试。

【想一想】

你所在的学校心理咨询服务机构的名称叫什么?

该机构的具体地点在哪里?

该机构可以提供哪些心理服务?你参与过哪些心理服务?

除学校的心理咨询机构外,还有哪些渠道可以帮助你解决心理困扰?

二、社会资源

当我们走出学校,若仍需要心理咨询服务,我们可以通过以下渠道获取相关服务。

(一)公益资源

根据由中国心理学会临床心理学注册工作委员会(注册系统)、中国心理学会临床与咨询心理学专业委员会联合发起,湖北东方明见心理健康研究所承办的 2022 年中国心理热线服务调查项目结果显示,目前我国较为可靠的心理服务热线如表 9-3 所示。

表 9-3 2022 年心理服务热线推荐(部分)

序号	地区	热线名称	热线号码	工作时间	依托机构
1	北京市	北京市心理援助热线	8008101117 82951332	24 小时	北京回龙观医院
2		晨帆心理热线	010-86460770	9:00—21:00 (法定节假日除外)	北京晨帆咨询有限公司、北京市妇女联合会
3		红枫妇女热线	010-68333388	周一至周五 9:00—17:00	北京红枫妇女心理咨询服务中心、北京枫彩心理咨询服务中心
4	天津市	天津市心理援助热线	022-88188858	24 小时	天津市安定医院
5	河北省	整合"心战疫"	0311-85959869	8:30—20:30	石家庄市教育局、石家庄整合心理咨询中心
6	内蒙古自治区	内蒙古自治区 12320-5 心理援助热线	0471-12320 转 5	24 小时	内蒙古自治区精神卫生中心
7	吉林省	吉林省神经精神病医院心理援助热线	0434-5079510	24 小时	吉林省神经精神病医院

序号	地区	热线名称	热线号码	工作时间	依托机构
8	上海市	教育部华东师范大学心理援助热线平台	4006591888 4006637888	8:00—22:00	华东师范大学、中国心理学会临床心理学注册工作委员会、上海市应用心理专业学位研究生教育指导委员会
9		上海市心理热线	021-962525	24小时	上海市精神卫生中心
10	江苏省	江苏省心理危机干预热线、江苏省南京市12320心理热线	025-83712977 025-12320转5	24小时	南京脑科医院
11		"苏老师"热线	0512-65202000	9:00—21:00 （法定节假日除外）	苏州市未成年人健康成长指导中心
12	河南省	安阳市法学会社会心理服务体系建设研究会心理援助热线	0372-2373300	周一至周五 9:00—21:00	安阳市法学会社会心理服务体系建设研究会
13		奇才心理热线	0371-86169595 （白班） 0371-22993442 （晚班）	白班:9:00—12:00, 14:00—18:00 晚班:19:00—23:00	郑州雨露心理咨询有限公司
14	湖南省	湖南心晴公益心理援助热线	4008785525	工作日: 19:00—22:00 周末: 14:30—17:30, 19:00—22:00	湖南省心理学会临床与咨询心理学专委会、湖南省社科联湖南中医药大学心理咨询技能培训科普基地
15	广东省	汕头市24小时心理援助热线	0754-87271333	24小时	汕头大学精神卫生中心
16		珠海市心理援助热线	0756-8120120	24小时	珠海市慢性病防治中心（珠海市第三人民医院）
17	云南省	玉溪市12355青少年服务台	0877-12355	工作日:12:00—20:00 周末:10:00—20:00 （法定节假日除外）	玉溪市华怡心理咨询有限公司
18	甘肃省	兰州市心理援助热线	0931-4638858 0931-12320-5-1	24小时	兰州市第三人民医院

注:另外还有中央共青团开设的12355青少年心理咨询和法律援助服务热线电话(区号＋12355,服务时间:24小时)、西安市精神卫生中心热线电话(029-63609288,服务时间:8:00—12:00,14:00—17:30)等。

(二)在线平台

随着网络的普及发展和现代生活方式的转变,互联网技术为心理咨询提供了一种新的可能性,即通过文本、音频或视频的方式,来访者和咨询师进行远程连接,双方不在同一现场却可以完成心理咨询。

目前国内由很多在线平台提供心理咨询服务,影响力较大的有简单心理、壹心理、心浪潮psyByond等。来访者可以通过各平台 App、官网、微信小程序等渠道获取预约方式或直接进行预约和咨询。

拓展阅读

网络会谈需要注意的事项

保证交谈空间的私密性。

保持稳定的坐姿并调整好与远程设备之间的距离。

准备纸巾和水。

着装得体。

关闭其他电子设备或其他有可能干扰咨询进程的程序。

在咨询开始前以及结束以后留出 15 分钟时间走一走。

尽可能保证在同一个场所咨询。

三、善用心理资源

(一)了解心理健康及心理咨询相关知识

不论你是遇到心理困扰需要求助还是想进行自我探索,了解心理健康和咨询有关知识都会有助于你缓解心理问题。

(1)学校资源。高校的心理中心与学生心理社团会在重要时间节点如"525"大学生心理健康日、世界精神卫生日举办一些心理健康知识传播活动,如知识竞赛、学术讲座、线下沙龙、心理舞台剧表演、电影展播等活动,让学生能够以多样的形式参与到学习和实践活动中。

(2)网络资源。很多心理咨询机构、从事心理教学与研究的高校以及心理相关科研单位都有自己的微信公众号或知乎账号,会定期发布一些心理健康相关文章,以较有趣味的方式进行科普。另外越来越多的心理学研究者和心理咨询从业者在网络平台上开始经营自己的视频账号,有些视频内容具有较强的时效性,使得我们在审视当下的时事热点时增加了心理的视角。

(3)图书资源。随着我们对心理健康问题越来越关注,与前几年的图书市场相比,心理学领域的书籍除了心理学经典以及专业课程的"大部头"外,亦涌现出很多科学性与易读性兼备的作品,如《蛤蟆先生去看心理医生》《也许你应该找个人聊聊》《被讨厌的勇气》等。

(4)社会资源。一些心理咨询服务机构和医疗机构也会不定期举办一些心理相关的公益活动,如公益讲座、在线直播、游园会、免费问诊等。

(二)挑选适合自己的心理咨询师

挑选合适的心理咨询师是顺利咨询的开始。一般来说在我们选择心理咨询师时要面对专业能力相关、现实条件相关、个人偏好相关三方面的问题:

(1)专业能力。其包括教育背景、受训经历、资格认证、接受督导情况、咨询经验、擅长人群/工作主题、咨询理论取向等。

（2）现实条件相关。咨询价格、咨询室所在地点、能否远程咨询、工作语言等。

（3）个人偏好相关。年龄、性别、民族、宗教信仰、长相、语言风格等。

挑选心理咨询师时首先要关注的信息还是专业能力，一个有胜任力的咨询师才能有效帮助我们实现助人自助。其次，自己对于咨询师的感受也很重要，一个好的、适合自己的咨询师可以让我们能够产生亲近感和信任感，让我们愿意向他倾诉，并能够感觉到被倾听、被理解、被接纳。除此之外，咨询过程中咨询师是否遵循善行、责任、诚信、公正、尊重的原则；破坏保密原则、与在工作关系中的来访者发展亲密关系、向来访者借钱等破坏伦理原则的事情，也是判断咨询师是否可靠的重要依据。

拓展阅读

国内两种心理咨询师的资格认证

1.国家二级、三级心理咨询师

2002年7月，我国劳动和社会保障部启动了心理咨询师国家职业资格项目，将心理咨询师分为三级：心理咨询员（国家职业资格三级）、心理咨询师（二级）和高级心理咨询师（一级）。一级心理咨询师项目一直未开放实行。2006年心理咨询师国家资格考试采用新标准，取消了原来心理咨询员和高级心理咨询师的称呼，统一称为心理咨询师资格认定（国家二级、三级心理咨询师）。

自开始施行心理咨询师国家职业资格认证试点至2017年底，已有90万人获得证书。但由于职业培训及资格鉴定体系不健全，职业继续教育和行业监管缺失，从业人员水平参差不齐，2017年人力资源和社会保障部将咨询师从职业资格目录中删除，并取消心理咨询师的职业资格认证，但已经获得证书的仍然保留职业资格。

2.中国心理学会注册系统助理心理师、注册心理师、注册督导师

2007年中国心理学会颁布了《中国心理学会临床与咨询心理学专业机构和专业人员注册标准（第一版）》，2018年推出了第二版。不同于国家二级、三级心理咨询师闭卷考试的认证形式，注册系统采用申请制和评审制，而且对学历制和非学历制的专业人员认证都设置了相应标准，注册标准体现了评估心理咨询师和心理治疗师职业胜任力的"多特质、多方法、多来源"的原则。

2017年人力资源和社会保障部取消心理咨询师国家职业资格证书后，由专业学会领导的注册系统成为目前最权威的心理咨询师资格认证体系，代表了我国的心理咨询走向了专业化的发展方向。

（三）做一个好的来访者

在前面的内容中我们了解到来访者需要和咨询师建立安全和彼此信任的工作同盟，在这一关系的基础上咨询师要完成助人自助的咨询工作。因此作为来访者要充分发挥自己的主观能动性，积极参与到心理咨询的过程中。

（1）积极准备，主动参与。虽然心理咨询中咨询师和来访者是工作同盟关系，但最终来访者还是要依靠自身的力量克服困难，所以在整个咨询的过程当中来访者的配合非常重要。来访者只有与咨询师共同努力，充分参与和卷入到心理咨询中，才能帮助自己面对现实、采取恰当的方法解决自己的心理问题。

(2)真实表达感受和想法。面对咨询师时,来访者应当敞开内心,坦诚自己内心的想法与感受,这一方面有利于咨访关系的建立,另一方面对于解决来访者的问题也有切实帮助。

(3)给咨询时间。"心灵感冒"与身体感冒不同,并非吃几天药就可以痊愈,短短几个小时的心理咨询很难化解困扰来访者数月甚至数年的问题。心理咨询是一个过程,来访者要耐心地配合咨询师进行工作,不能轻易地因一时看不到明显的咨询效果而放弃。

(4)做好遇到困难的准备。随着咨询的深入,咨询师会深入探索来访者的困扰,推进治疗任务的进展。来访者常有较为复杂情绪反应,如逃避、否认、愤怒、悲伤等,此时来访者有时会觉得有所突破,有时又觉得在原地打转。但当来访者度过了这一艰难的阶段,将会获得成长,具有更强的耐受力。

项目三 大学生常见精神障碍及应对措施

引导案例

晚上思琪和几个室友的手机弹出了一条新闻客户端推送消息——"某明星轻生去世,年仅48岁",这令她们非常震惊。印象中的她阳光、健康、有活力,演唱的歌曲也都是欢快的舞曲,总是用最明媚的笑容感染着观众,这样积极向上的人怎么会自杀呢?带着疑问思琪和室友们纷纷开始上网检索,原来她数年前就患上了抑郁症,并一直顽强地与之作斗争。近年来身体健康状况一直问题不断,2023年初一场重大手术后,她甚至不得不重新学习走路。多年来她对自己的业务能力和敬业精神的高要求,追求完美的性格,习惯性隐藏自己负面情绪等个人特质使得她不堪重负,带着遗憾离开了这个世界。"原来看起来阳光快乐的人也会罹患抑郁。"思琪和室友们陷入了沉思。

你了解抑郁症吗?你觉得什么样的人会罹患抑郁症?除抑郁症外你还知晓或了解哪些心理问题与心理障碍?出现心理问题时我们要如何进行调适?通过学习本项目我们将了解这些问题的答案。

一、抑郁症

你的人生中一定会有情绪低落、非常沮丧的时刻,有些个体甚至会出现睡眠问题、不想社交、思维缓慢、对任何事情提不起兴趣等现象,从而打乱了正常的学习与生活体验。后者很有可能陷入了"心灵的感冒"——抑郁症(depression)中。根据《中国国民心理健康发展报告(2021—2022)》显示,2022年我国大学生轻度抑郁风险检出率为16.54%,重度抑郁检出率为4.94%(见图9-1)。其中在高职学生中,轻度抑郁风险检出率为13.28%,重度抑郁检出率为3.30%。

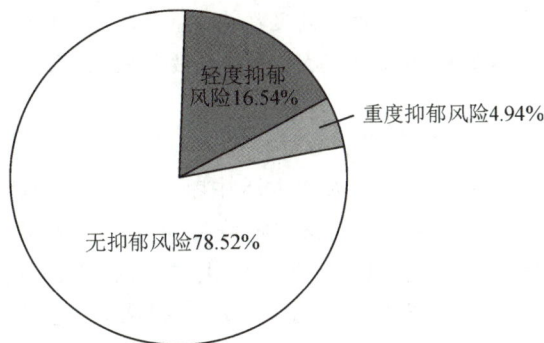
图9-1 2022年大学生抑郁风险检出率

(一)特征

根据《精神障碍诊断与统计手册(第五版)》(以下简称DSM-5)的分类,我们通常所说的抑郁症是抑郁障碍中的一个亚型——重型抑郁障碍(major depressive disorder，MDD)，临床表现主要有：心境抑郁、兴趣减退、失眠或睡眠过多、疲劳或精力不足、无价值感、思维迟缓、有自杀企图或行为。

以上症状并非都是确诊抑郁症的必要条件。一般来说抑郁症确诊须在同一个2周时期内，出现5个以上的上述症状，其中1项至少是心境抑郁或兴趣减退。这些症状会引发个体有临床意义的痛苦，或导致社交、学习生活等方面的损害。

(二)风险因素

(1)创伤事件。创伤事件是指那些给个体带来巨大的心理冲击，引发个体痛苦、苦闷、消沉等心理的事件。例如同伴欺凌、学习或工作压力、失恋、被开除、亲人过世等具有压力的应激事件；疫情、地震、战争等灾难事件；或是童年时期父母的忽视、控制、严厉对待等对个体来说影响较大的负性事件。这些事件可能隐蔽而持久，慢慢累积，甚至在多年后自省或咨询过程中才能意识到。

(2)神经质和内倾性人格。若个体性格敏感、内向、沉郁、容易受外界影响，则患抑郁风险相对较高。但人格其实并无好坏之分，每种人格各有特点。

(3)反刍思维。反刍思维是抑郁思维较为明显的特点，表现为习惯性地反复思考犯过的错误和负性事件，夸大挫折和失败的影响，沉浸在消极情绪中无法自拔。

(4)完美主义。完美主义者通常永远不会满足，认为自己可以做得更好，更关注自己的缺点和失误。持续的自我怀疑则可能陷入"我很糟糕""我没用""我没有价值"的负面想法中。

(5)家族遗传。如果家族中有人曾出现过抑郁症、自杀、妄想幻觉等精神病性症状或双相情感障碍，那么个体患抑郁症的风险会大幅增加。相关研究发现，重度抑郁障碍患者的父母、子女和兄弟姐妹患抑郁症的风险是一般家庭的三倍。科学家们正在努力识别导致抑郁障碍的基因。

拓展阅读

我有一条黑狗

两度担任过英国首相，同时也是一名抑郁症患者的丘吉尔有句名言说道："心中的抑郁就像只黑狗，一有机会就咬住我不放。"受这句话的启发，同样患有抑郁症的澳大利亚插画家、作家马修·约翰斯通(Matthew Johnstone)同妻子安斯利共同创作了绘本《我有一只叫抑郁症的黑狗》，启发和帮助了无数抑郁症患者及其家庭。马修说："我决定创作这本书并不仅仅是为了自我疗愈，更多地是想提供一个清晰直观的视角，让大家知道身患抑郁症究竟是一种怎样的体验。每一个人的康复之路都不一样。如果你正在读这本书，并且生活里也有一只黑狗，那么永远不要放弃抗争，黑狗一定会被打败的。"

二、焦虑症

焦虑也是人人在生活中都会遭逢的情绪。据世界卫生组织统计，焦虑症(anxiety disorder)是全球头号的精神障碍类问题。适度的焦虑有助于提高我们的学习与工作效率，但当焦虑程度较重，阻碍了我们的正常生活，我们则要及时疏解与处理。《中国国民心理健康发展报告(2021—2022)》显示，2022年我国大学生轻度焦虑风险检出率为38.26%，中度焦虑检出率为4.65%，重度焦虑检出率为2.37%(见图9-2)。其中在高职学生中，轻度焦虑风险检出率为32.53%，中度焦虑检出率为3.47%，重度焦虑检出率为1.43%。

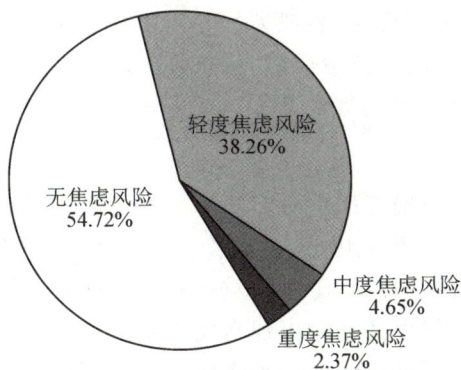

图 9-2 2022 年大学生焦虑风险检出率

(一)特征

根据 DSM-5 的分类,我们通常所说的焦虑症也是焦虑障碍中的一个亚型——广泛性焦虑障碍(generalized anxiety disorder,GAD)。如果你在超过 6 个月的多数时间里出现以下至少 3 种表现,就已达到 GAD 的临床诊断标准:坐立不安或感到激动或紧张;容易疲倦;注意力难以集中或头脑一片空白;易怒;肌肉紧张;难以入睡或保持睡眠状态,或休息不充分、睡眠质量不满意;社交、学习生活等方面功能的损害。

除 GAD 外,焦虑障碍的分支还有分离焦虑障碍(与依恋对象离别会产生与其发育阶段不相称的、过度的害怕或焦虑)、惊恐障碍(对突然发生的恐惧刺激产生强烈的害怕或不适感,并在几分钟内达到高峰)、场所恐怖症(个体对于发生在家以外的现实或预期的问题有强烈的恐惧或焦虑,如公共交通、开放的空间等)、特定恐怖症(极端害怕特定的物品、地方或场所,尽管这些对象并不像他们感受到的那样有害)等。

(二)风险因素

(1)遗传因素。虽然对 GAD 性质的理解及诊断标准还在不断发展中,且几项大规模双生子研究表明遗传力的估值会随着 GAD 定义的改变而变化,但其具有遗传性的特质仍然非常明显。2017 年的一项研究显示 GAD 的遗传力估值为 30%。

(2)压力。个体若遭受如考试失败、分手、家庭变故等这类突发的、重大的负性生活事件,或者长期处于高压力下较容易罹患 GAD。压力会影响我们身体内部激素和神经递质的平衡,也会损害大脑功能。但因为大脑神经系统具有可塑性,因此这类损害并非不可逆。

(3)人格特质。那些过分在乎生活事件的不可控和不可预期性的个体、容易担忧的悲观主义者、会放大生活中的威胁性信息的高敏感者等会更容易成为 GAD 找上门的对象。这些个体往往具有完美主义倾向、刻板、严肃、内向、悲观、敏感等特质。

三、"网络成瘾障碍"

"网络成瘾障碍"加双引号是因为并非病因学诊断的概念,而更偏向于现象学诊断的概念。1996 年美国匹兹堡大学教授金伯利·杨(Kimberly Young)正式公布对"网络成瘾障碍"的研究报告,美国心理学会(APA)于 1997 年正式承认"网络成瘾障碍"相关研究的学术价值,但当前 DSM-5 分类系统中并未有对于网络成瘾的定义与描述。我国国家卫健委在 2018 年发布的《中国青少年健康教育核心信息及释义(2018 版)》中给出了网络成瘾的概念,指在无成瘾物质作用下对互联网使用冲动的失控行为,表现为过度使用互联网后导致学业、职业和社会功能明显的损伤,包括网络游戏成瘾、网络色情成瘾、信息收集成瘾、网络关系成瘾、网络赌博成瘾、网络购物成瘾等,其中网络游戏成瘾最为常见。

(一)特点

结合 DSM-5 物质相关及成瘾障碍中对赌博障碍的诊断标准的描述以及《中国青少年健康教育核心信息及释义(2018 版)》相关内容,一般情况下出现以下相关情况持续 12 个月可考虑"确诊"为"网络成瘾障碍":沉溺于网络游戏、短视频等网络娱乐活动无法自拔,影响正常学习、工作与生活;当试图减少网络娱乐活动时出现坐立不安甚至易激惹(戒断反应);试图控制自己的活动行为但反复失败;通过网络娱乐活动来缓解痛苦、无助、内疚、焦虑、抑郁的感觉;对进行网络娱乐活动的程度撒谎;为了进行网络娱乐活动损害或失去了一个重要的关系、学习工作任务或其他机会。

(二)网络成瘾的自我调适策略

当你意识到自己有网络成瘾的倾向,并且自己的学习、工作及生活效率以及幸福感受到其影响时,你可以采用以下几种方式进行自我调适。

1. 逆向操作法

将生活中事务顺序重新排列整理,以达到增长现实生活作息而缩减网络使用时间。例如,原本下课回宿舍后是先进行网络娱乐再吃饭、完成学习或工作任务、洗漱,此时可以将顺序调整为先吃饭、完成学习或工作任务、洗漱,最后进行网络娱乐。如果在家时可将上网地点改至多人出入的客厅,以达到旁人协助约束监督的功效。

2. 外部阻断法

运用具体必要的任务来迫使自己停止使用网络。例如将上网时间安排在上课或兼职前 1 小时,利用上课、上班的必要性来限制上网的时间。

3. 设定明确目标

必须订下明确的目标,如使用网络总时数由一周使用 40 小时减少为 20 小时,并清楚分配此 20 小时中的使用项目以及先后顺序和使用时间,并记录于笔记上。此外我们可以使用"少量多餐"的模式进行,利用多次但短时间的使用来避免对网络渴望的过度累积。

四、大学生精神障碍应对措施

(一)怀疑或发现自己有精神障碍时

由于公众对心理障碍缺乏客观科学的认识,目前心理障碍存在较为严重的污名化现象。有些罹患精神障碍的个体既不愿意承认自己有精神障碍,对其他同类型患者也避之不及。这样的观念不仅会耽误自己的康复,也有可能会为精神障碍污名化的社会现象"添砖加瓦"。

和身体生病一样,当你发现自己可能患有精神障碍时一定要及时就医。根据我国法律规定,精神障碍的诊断和治疗只能在医院中进行——《中华人民共和国精神卫生法》第二十九条中规定:精神障碍的诊断应当由精神科执业医师做出;第五十一条中规定:心理治疗活动应当在医疗机构内开展。专门从事心理治疗的人员不得从事精神障碍的诊断,不得为精神障碍患者开具处方或者提供外科治疗。

如果你对前去就医心存顾虑,可以先与专业人士聊聊,比如学校心理咨询师、有心理学专业学习背景的朋友或老师等,让他们来帮助你评估是否要去精神科诊断和治疗,在他们的帮助下调整心态,想办法克服就医困难。就医前要提前准备好自己的主诉问题,把症状和痛苦感受充分地告知医生,积极配合问诊。如果医生建议服药而自己有顾虑时要坦诚地与医生沟通,了解药物治疗的作用功效,确认注意事项和复查等相关事宜。

(二)怀疑或发现他人有精神障碍时

如果你发现身边有人疑似患有精神障碍,一方面要建议对方及时就医,另一方面要放下对精神障碍的病耻感,为患者提供温暖支持和真诚关爱。具体来说我们可以做到以下几件事情。

1. 克服病耻感,了解精神障碍相关知识

若你对精神障碍有病耻感,这种态度会在无意之中影响你对患者的态度,比如和旁人提起他时欲言又止,小心翼翼地过分保护或过分责怪……这些都可能会被患者捕捉到。所以我们首先要做到对患者保持尊重,了解精神障碍相关知识,知晓他的内心和身体会经历什么,就像对待有身体疾病的人一样抱有平常心。

2. 认真倾听,保持开放和理解

做一个温暖而真诚的倾听者,不要试图"修复"和"拯救"对方,更不要试图说服和教育对方,例如"你就是想太多""你应该为别人多想想",也不要期望他会按照你的想法产生你期待中的变化。我们只需要提供情绪和心理上的支持,给对方营造一个释放负面情绪的安全空间,向他传递"无论怎样我仍支持你""你对我很重要""我会陪伴在你身边""这并不意味着你有问题"等信息。

3. 督促治疗

当你发现对方可能罹患精神障碍时可以主动问对方,要不要一起去医院或者去看心理咨询师。有些患者不想去接受治疗可能是因为生病导致的消沉疲惫,可能是因为病耻感,也可能是因为害怕治不好。这时我们要耐心地向他解释相关知识,提供科学有效的信息,温柔地督促甚至陪伴其接受诊断与治疗。

4. 调整心态,照顾自己

精神障碍患者的确需要他人的温暖支持,但最终的痊愈是要依靠他们自己,因此要尽量避免其中自我的过度消耗。首先我们要照顾好自己的情绪与生活,明确自己的能力与界限。也要与患者坦诚表达自己也有自己的生活,避免出现"陪伴者疲劳"。

拓展阅读

克服病耻感

1963 年美国社会学家戈夫曼首先提出了病耻感的概念,并用"stigma"一词表示病耻感。"stigma"源于希腊语,本意是"烙印",表示人身体上的某一个特征,而这个特征代表了这个人某些不良的道德特点,即"极大地玷污某人名誉的特征"。戈夫曼形容这是一种耻辱的特征,这种特征将一个完整的、正常的人变为了一个被玷污的打了折扣的人。

很多人正是因为害怕被人歧视，所以才不去就医，不求助，导致病情恶化。有研究表明，妨碍大学生寻求专业咨询帮助的主要原因有两个：一是认为心理咨询不能帮助自己解决问题，二是去做心理咨询是一件丢脸的事情。其中最重要的一个原因是担心丢脸。

当你身边的人有心理问题或者精神疾病时，你要做到以下几点：

(1)接纳、支持；

(2)使用尊敬的语言；

(3)对于那些表现出歧视的人，要予以制止；

(4)鼓励他们求助或者就医。

不能做的有以下几点：

(1)给别人贴上标签，比如"弱智""神经病"等；

(2)使用"不正常""有病"等字眼；

(3)告诉对方没关系，没问题，扛一扛就好了。

有关研究者推断，大约三分之一的人在一生中至少经历过一次重大的心理障碍。因此我们要减少对心理困扰和精神障碍的歧视，增加他们和自己寻求帮助的机会。

体验与训练

心理活动 1

我的低谷时刻

活动目的:觉察自己的心理行为模式,了解到自己有哪些解决心理困扰和问题的资源,通过讨论分享学习解决问题的新思路和新方法。

操作流程:

①3～5 人为一个小组,每人在组内分享一个自己曾经走出来的低谷时刻,并说明当时是如何深陷其中的。分享时间为 15 分钟。

②每组派一位代表在全班进行总结发言,重点分享有哪些内部资源和外部资源帮助自己走了出来。分享时间为 15～20 分钟。

思考与分享:

当你陷入低谷时刻时意识到自己拥有这些内外部资源你的感受如何? 你最常使用哪些资源?

_____

_____

_____

_____

_____

心理活动 2

心理咨询误区辩论赛

活动目的:考察检验对项目一、项目二的学习成果;克服对心理问题和精神障碍的病耻感,消除去做心理咨询的顾虑。

操作流程:以下是一些对心理咨询的错误看法,请根据对项目一及项目二的学习批驳以下误解。

误解一:心理咨询就是聊天,不如找好朋友去聊。

误解二:心理脆弱的人才会去做咨询。

误解三:有心理问题扛一扛就过去了,不用去找咨询师帮忙。

误解四:心理咨询师很厉害,他能把来访者看穿。

误解五:抗抑郁药物是"致傻药",有抑郁症去做心理咨询就好了。

思考与分享:你对于抑郁症等精神疾病有无病耻感? 当你自己陷入心理困扰无法自我调整时你会不会主动求助? 你怎么理解"心理咨询的过程是助人自助"这句话?

_____

_____

_____

_____

_____

心理活动 3

安慰练习

活动目的：通过角色扮演帮助学生找到与抑郁倾向或患有抑郁障碍的同学相处的方法，提高学生的共情能力。

操作流程：3～5 人为一小组。小组中有一人扮演患有抑郁障碍的人，其他成员轮流去安慰他。结束后扮演者反馈哪些安慰的话比较有用、哪些效果甚微。随后各小组派代表进行总结发言。

思考与分享：当我们面对患有抑郁症的同学时我们应该如何摆正心态？ 如果你是抑郁患者，你希望别人用什么样的方式与你交流？

_____

_____

_____

_____

_____

_____

_____

_____

_____

心理测试

抑郁自评量表（SDS）

抑郁自评量表共有 20 个项目（见表 9-4），分别列出了有些人可能会有的问题。请仔细阅读每一条目，然后根据最近一星期以内你的实际感受，选择一个与你的情况最相符的答案。请根据自己的真实体验和实际情况来回答，不要花费太多的时间去斟酌思考。

表 9-4 抑郁自评量表

序号	题目	没有或很少时间	小部分时间	相当多时间	绝大部分或全部时间
1	我感到情绪沮丧,郁闷	1	2	3	4
2	我感到早晨心情最好	4	3	2	1
3	我要哭或想哭	1	2	3	4
4	我夜间睡眠不好	1	2	3	4
5	我吃饭像平时一样多	4	3	2	1
6	我的性功能正常	4	3	2	1
7	我感到体重减轻	1	2	3	4
8	我为便秘烦恼	1	2	3	4
9	我的心跳比平时快	1	2	3	4
10	我无故感到疲劳	1	2	3	4
11	我的头脑像往常一样清楚	4	3	2	1
12	我做事情像平时一样不感到困难	4	3	2	1
13	我坐卧不安,难以保持平静	1	2	3	4
14	我对未来感到有希望	4	3	2	1
15	我比平时更容易激怒	1	2	3	4
16	我觉得决定什么事很容易	4	3	2	1
17	我感到自己是有用的和不可缺少的人	4	3	2	1
18	我的生活很有意义	4	3	2	1
19	假若我死了别人会过得更好	1	2	3	4
20	我仍旧喜爱自己平时喜爱的东西	4	3	2	1

计分规则：完成所有题目后，把所有项目的分数相加即得总粗分（X），然后将粗分乘以 1.25 以后取整数部分即得标准分（Y）。

结果解释：按照中国常模结果，SDS 标准分（Y）的分界值为 53 分。其中 53～62 分为轻度抑郁，63～72 分为中度抑郁，73 分以上为重度抑郁。

焦虑自评量表(SAS)

焦虑自评量表共有 20 个项目(见表 9-5),分别列出了有些人可能会有的问题。请仔细阅读每一条目,然后根据最近一星期以内你的实际感受,选择一个与你的情况最相符的答案。请根据自己的真实体验和实际情况来回答,不要花费太多的时间去斟酌思考。

表 9-5　焦虑自评量表

序号	题目	没有或很少时间	小部分时间	相当多时间	绝大部分或全部时间
1	我觉得比平时容易紧张或着急	1	2	3	4
2	我无缘无故地感到害怕	1	2	3	4
3	我容易心里烦乱或感到惊恐	1	2	3	4
4	我觉得我可能将要发疯	1	2	3	4
5	我觉得一切都很好	4	3	2	1
6	我手脚发抖打颤	1	2	3	4
7	我因为头疼、颈痛和背痛而苦恼	1	2	3	4
8	我觉得容易衰弱和疲乏	1	2	3	4
9	我觉得心平气和,并且容易安静坐着	4	3	2	1
10	我觉得心跳得很快	1	2	3	4
11	我因为一阵阵头晕而苦恼	1	2	3	4
12	我有晕倒发作,或觉得要晕倒似的	1	2	3	4
13	我呼气吸气都感到很容易	4	3	2	1
14	我手脚麻木和刺痛	1	2	3	4
15	我因胃痛和消化不良而苦恼	1	2	3	4
16	我常常要小便	1	2	3	4
17	我的手常常是干燥温暖的	4	3	2	1
18	我脸红发热	1	2	3	4
19	我容易入睡并且一夜睡得很好	4	3	2	1
20	我做噩梦	1	2	3	4

计分规则:完成所有题目后,把所有项目的分数相加即得总粗分(X),然后将粗分乘以 1.25 以后取整数部分即得标准分(Y)。

结果解释:按照中国常模结果,SAS 标准分(Y)的分界值为 50 分。其中 50~59 分为轻度抑郁,60~69 分为中度抑郁,69 分以上为重度抑郁。

中文网络成瘾量表(CIAS-R)

中文网络成瘾量表共有 19 个项目(见表 9-6),分别列出了有些人可能会有的问题。请根据你最近一个月的情况作答。注意在同一题上不要斟酌太多时间,尽量根据看完题后的第一反应进行选择。

表 9-6 中文网络成瘾量表

序号	题目内容	极不符合	不符合	符合	非常符合
1	曾经不止一次有人告诉我,我花了太多时间在网络上	1	2	3	4
2	我发现自己上网的时间越来越长	1	2	3	4
3	不管再累,上网时总觉得很有精神	1	2	3	4
4	我每次都只想上网待一下子,但常常一待就很久不想下来	1	2	3	4
5	我曾不止一次因为上网的关系一天睡眠时间不到四小时	1	2	3	4
6	从上学期以来,我平均每周上网的时间比以前增加许多	1	2	3	4
7	我只要有一段时间不上网就会情绪低落	1	2	3	4
8	我发现自己投入在网络上而减少了与周围朋友的交往	1	2	3	4
9	我曾经因为上网而腰酸背痛,或者有其他身体不适	1	2	3	4
10	我每天早上醒来,想到的第一件事就是上网	1	2	3	4
11	上网对我的学业或工作已造成一些负面影响	1	2	3	4
12	我只要一段时间不上网,就会觉得自己好像错过了什么	1	2	3	4
13	因为上网的关系,我平常休闲活动的时间减少了	1	2	3	4
14	我每次下网后,其实是要去做别的事,却又忍不住再上网看看	1	2	3	4
15	没有网络,我的生活就没有乐趣可言	1	2	3	4
16	上网对我的身体造成了负面影响	1	2	3	4
17	我习惯减少睡眠时间,以便能有更多的时间上网	1	2	3	4
18	比起以前,我必须花更多的时间上网	1	2	3	4
19	我因为熬夜上网而导致白天精神不济	1	2	3	4

计分规则:完成所有题目后,把所有题目得分相加即得量表总分。

结果解释:总分越高说明网络成瘾的可能性与倾向性越大。小于 46 分为正常群体,大于等于 46 分且小于 53 分为网络依赖群体,大于等于 53 分为网络成瘾群体。也有学者按照二分法将 46 分及以上直接划分为网络成瘾群体。

学习小结

1. 心理咨询是指由受过训练的咨询师利用专业的理论和技术,在信任的咨询关系中帮助来访者达成个人改变目标的专业助人活动。

2. 根据咨询人数可以将心理咨询分为个体咨询和团体咨询两种形式,根据持续时间则可将心理咨询分为短程治疗和长程治疗两种形式。

3. 心理咨询的服务对象主要是面临心理困扰的正常人群。

4. 心理咨询不同于普通的聊天,咨询师和来访者须遵守保密原则、预约原则、转介原则等设置。

5. 心理咨询的过程一般包含探索、领悟、行动三个阶段。咨询过程的本质是助人自助。

6. 一般来说高校的心理服务中心主要提供教学、心理咨询、心理健康主题校园活动、心理测试等服务。

7. 用好心理资源可以从了解心理健康及心理咨询相关知识、挑选适合自己的心理咨询师以及做一个好的来访者开始。

8. 抑郁症的风险因素主要有创伤事件、人格因素、反刍思维、完美主义倾向、家族遗传等。

9. 网络成瘾可用的自我调适策略有:逆向操作法、外部阻断法以及设定明确目标。

10. 根据我国相关法律规定,心理咨询师没有诊断权。若怀疑自己罹患某种精神障碍,须到有资质的医院进行诊治。

11. 如果被医生诊断为精神障碍,须以精神科医生的诊断为主,遵医嘱服药,勿私自停药或断药。

12. 若发现身边有人疑似患有精神障碍,一方面要建议对方及时就医,另一方面要放下对精神障碍的病耻感,为患者提供温暖支持和真诚关爱。

思考题

当你出现了心理困扰时,你可以有哪些处理方式缓解它?

推荐资源

1. 书籍:《蛤蟆先生去看心理医生》,罗伯特·戴博德著

本书并不是儿童读物,而是一本非常有深度的心理疗愈读物。作者借由来访者蛤蟆和心理咨询师苍鹭的十次心理咨询过程,探索了蛤蟆先生自卑、软弱、爱炫耀的个性与抑郁的情绪究竟来源于何处,让读者看到童年经历对人格的深刻影响,以及如何才能在心理上真正长大成人。在书中可以了解标准心理咨询的流程,体验心理咨询的倾听、共情、沟通技巧,体验心理咨询的每一个细节,切身体会疗愈和改变的发生。

2. 电视剧:《扪心问诊》

美剧《扪心问诊》翻拍自以色列同名电视剧,讲述了一位名叫保罗的中年男性心理咨询师与他的来访者和督导师开展心理咨询的故事。在与来访者的互动交流中,保罗揭开那些有自杀倾向、烟酒成瘾、愤怒或者心虚的来访者的心理秘密,也逐渐理清了自己糟糕而紧张的婚姻生活。

3.纪录片:《我们如何对抗抑郁》

本片是我国首部全方位解读抑郁的系列纪录片。节目中呈现了青少年、老年人等不同的抑郁症患者群体,也包括致力于治疗抑郁症的医生和研究者,在认识抑郁症、对抗抑郁症的道路上坚持努力,勇敢前进的人生故事。从科学、社会等多角度出发认识抑郁、解剖抑郁产生的原因,从个人、家庭、社会多角度呈现与寻找对抗抑郁全面可行的经验、路径与方法。

模块十　我的未来不是梦——大学生生涯规划

只有向自己提出伟大理想，并以自己全部的力量为之奋斗的人，才是最幸福的。

——加里宁

青年啊！你们临开始活动之前应该定定方向。譬如航海远行的人，必先定一个目标，中途的指针，只有指着这个方向走，才能有到达目的地的一天。若是方向不定，随风飘转，恐永无到达的日子。

——李大钊

☕ 心灵导读

习近平总书记在党的二十大报告中深刻指出："当代中国青年生逢其时，施展才干的舞台无比广阔，实现梦想的前景无比光明。"当代大学生要树立远大理想，坚定人生目标，对自己的职业生涯有初步的认知和科学的设计。党的二十大报告为大学生的生涯规划课提供了明确的价值指引和奋斗指向，当代大学生需要对人类发展有正确的认识，并担负起社会赋予的责任和历史使命，培养自己的集体意识和全球视野，只有把个人的学业和职业发展与国家的繁荣昌盛结合起来，才能真正建功立业，为中华民族的伟大复兴，为全人类的和平进步做出历史性的贡献。

Z 学习目标

1. 了解生涯和生涯规划的概念。
2. 掌握自我探索的方法，对自我进行反思。
3. 理解生涯适应力，提高自己应对多变生涯的能力。
4. 学会制定自己的职业生涯规划。

项目一　生涯规划概述

引导案例

一场讲座引发的思考

新入校的周翔班级群里出现一则通知:为使刚入学的新生增加对自我的清晰认知,在大学生活中尽快找准自己的定位,牟定目标航向,学校特举办"我的大学我做主——大学生生涯规划"讲座,现场会有很多应届的毕业生学长向大家分享自己关于职业规划的经验和感悟,请大家本周末晚7点前往教学楼报告厅准时参加。周翔看到消息后想和舍友们相约一起去参加。王强说:"大一就开始让我们做职业规划,没必要吧? 很多人毕业后找的工作都是专业不对口的,那我们现在计划也没啥用啊,我不去。"李华补充道:"就是就是,大一规划太早了,等我们大三大四的时候再思考也不迟。"到底要去参加吗? 大一就开始了解职业规划到底有必要吗? 周翔陷入了思考……

一、生涯概述

(一)职业生涯概述

生,即活着;涯,即边界。广义上,生,自然是与一个人的生命相联系;涯,则有边际的含义,指人生经历、生活道路和职业、专业、事业。美国著名职业生涯规划大师舒伯认为,生涯是一个人一生中,不同时期不同角色的组合。我国台湾学者林清文则认为,生涯就是生命意义实践的历程。

职业是参与社会分工,利用专门的知识和技能,为社会创造物质财富和精神财富,获取合理报酬,作为物质生活来源,并满足精神需求的工作。职业不同于工作,职业更包含着人的精神追求,人生自我价值的实现。但是,职业也不能等同于生涯,一个人一生的幸福不是仅凭一份好工作就能解决的,职业并不是实现人生自我价值的唯一途径。

职业生涯就是一个人的职业经历,它是指一个人一生中所有与职业相联系的行为与活动,以及相关的态度、价值观、愿望等连续性经历的过程,也是一个人一生中职业、职位的变迁及工作、理想的实现过程。职业生涯起始于任职前的职业学习和培训,终止于退休。生涯更像是人一生的发展过程,正是因为工作占了我们大部分的时间,所以职业生涯是生涯的重要组成部分。职业生涯是一个动态的过程,它并不包含职业上成功与否,每个工作着的人都有自己的职业生涯。因此,职业生涯是人一生中一段最重要的历程,也是追求自我、实现自我的重要阶段,对人生价值起着决定性作用。

(二)职业生涯发展阶段理论

职业生涯规划的理论基础是生涯发展理论,它诞生于20世纪初的美国。不同学者对于职业生涯发展阶段理论有不同的观点。

1. 舒伯的职业生涯发展理论

舒伯根据不同年龄层次提出"职业生涯五阶段论",即成长阶段(0—14岁)、探索阶段(15—24岁)、建立阶段(25—44岁)、维持阶段(45—64岁)和衰退阶段(65岁以上),如图10-1

所示。

(1)第一阶段为成长阶段(0—14岁),这一阶段主要以学生的兴趣爱好和性格特点为中心,根据自身的优势及对职业的偏好进行定向的能力培养。

(2)第二阶段为探索阶段(15—24岁),这一阶段的主要任务是学生在学校的学习过程中进行自我评定、角色分析以及职业认知,进而找到适合自己的工作并完成初步就业。

(3)第三阶段为建立阶段(25—44岁),这一阶段是大多数人职业生涯中的重要阶段,是寻求职业和生活上的稳定,极富创造性的时期。

(4)第四阶段为维持阶段(45—64岁),这一阶段的主要任务是维护已有的成就和社会地位,维持家庭和工作两者间的和谐关系,在较长时间内开发新的技能,并寻找接班人。

(5)最后一阶段为衰退阶段(65岁以上),这一阶段意味着职业的结束,减少权利和责任,适应退休后的生活。

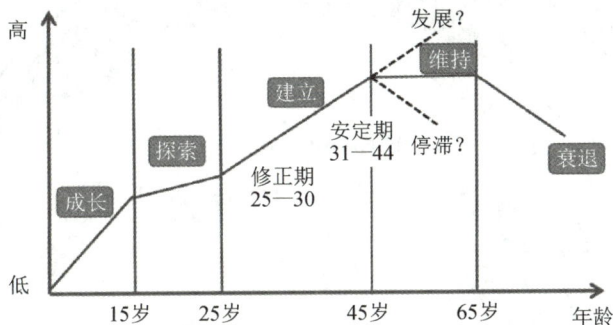

图10-1 舒伯的职业生涯阶段模型

2. 格林豪斯的职业生涯发展阶段理论

舒伯是从人生不同年龄阶段对职业的需求和态度的角度来研究职业发展过程和职业生涯阶段的。而格林豪斯则主要是从人生不同年龄段职业发展所面临的主要任务的角度对职业发展进行研究,并以此为依据将职业生涯发展划分为5个阶段。

(1)职业准备阶段。典型年龄段为0—18岁。这一时期的主要任务是发展职业想象力,对职业进行评估和选择,接受必需的职业教育。

(2)进入组织阶段。典型年龄段为19—25岁。进入组织阶段的主要任务是以应聘者的身份出现在就业市场上,在获取充足信息的基础上,尽量选择一种适合自己、各方面都较为满意的职业。

(3)职业生涯初期。典型年龄段为26—40岁。这一时期的主要任务是学习职业技术提高工作能力,了解和学习组织纪律和规范,逐步适应工作,融入组织,为未来的事业成功做准备。

(4)职业生涯中期。典型年龄段为40—55岁。这一时期的主要任务是重新评估早期职业发展历程,重新确认或修改职业目标,做出合理选择,在工作中继续保持较强的工作能力。

(5)职业生涯后期。典型年龄段为55岁直至退休。这一时期的主要任务是继续保持已有的职业成就,维护尊严,准备引退。

无论职业生涯的阶段如何划分,我们都会发现一个人的职业生涯贯穿其一生,是一个漫长的过程。科学地将其划分为不同的阶段,明确每个阶段的特征和任务,做好相应的规划,对更好地从事自己的职业,实现确立的人生目标,有着非常重要的作用。

拓展阅读

舒伯的生涯彩虹图

舒伯将生活广度、生活空间的生涯发展观与角色理论相结合,探讨生涯发展阶段与角色彼此影响的状况,并将其描绘成多重角色生涯发展的综合图形,用以展现生涯发展的时空关系,这个图形就是生涯彩虹图(见图 10-2)。

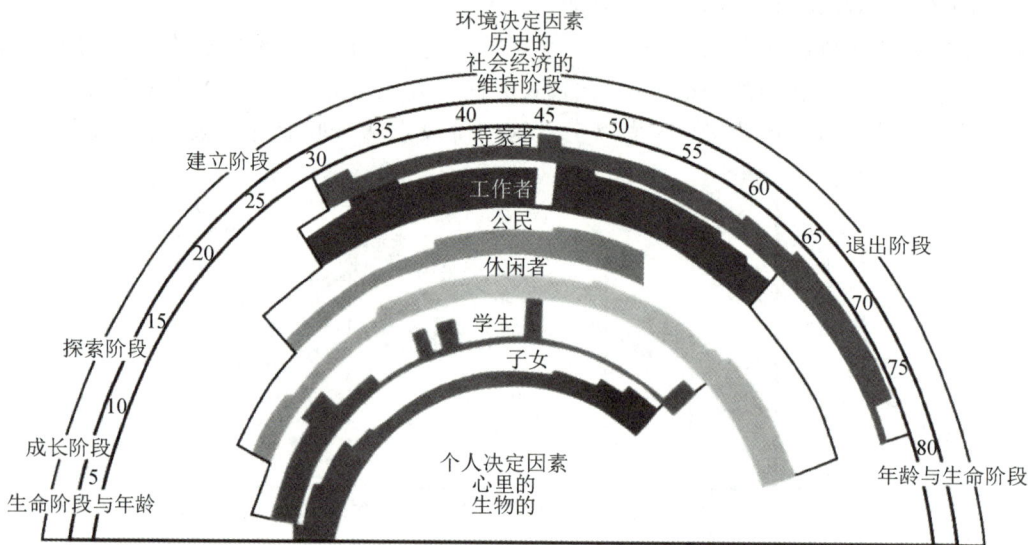

图 10-2 舒伯的生涯彩虹图

彩虹图外围圆弧代表"生活广度",包括成长、探索、建立、维持和衰退五个生涯发展阶段。

其中,彩虹弧线上的数字代表的是个体的年龄。彩虹内部各层代表"生活空间",即个人在发展历程各阶段所扮演的各种角色。人们一生中要在家庭、学校、社区和工作场这 4 个舞台上扮演 9 个角色:子女、学生、休闲者、公民、工作者、配偶、父母、家管人员(家庭主妇/夫)和退休者。彩虹色带的宽度代表各个阶段对各个角色的投入程度,色带的宽窄则体现了角色之间的此消彼长和互相替换。

同学们可以采用画生涯彩虹图的方法,展望自己发展历程中一些特殊的经验(比如生活中重要人物的影响、个人的态度与感受,以及各个阶段所扮演的角色和个人目标间的差异等),并对每一次的决定加以分析,从而更清楚地了解自己在学业、职业、生活等方面的发展程度,理解生涯角色的独特性及其建构过程,帮助自身反思成长经历,审视当下生活,增进对自己发展历程的认识,最终积极参与到解决问题及自主规划未来发展的行动中。

(三)职业生涯的分类

按照职业生涯的类别进行分类,施恩把其划分为内职业生涯和外职业生涯两种类型。

(1)内职业生涯。内职业生涯是指每一位从事职业的人所必须具备的主观经历,它涵盖价值观念、知识积累、心理素质等方面,是每一个人依靠个体内在的素质,所获得的社会地位或者所获得奖赏荣誉的综合体现。内职业生涯的获得主要是通过个体的努力获得,受外部影响较小,内职业生涯有其稳定性,也不是他人可以剥夺或收回的。

（2）外职业生涯。外职业生涯是个体所处的环境中客观的经历，主要指所从事的职业所处的各种外部环境，如工作环境、职务、薪资待遇、晋升渠道与速度等，是职业生涯的客观过程。

内职业生涯更多关注个体内心情感和体验，外职业生涯则重点在于客观的物质条件，外职业生涯的发展是以内职业发展为前提的，二者又相互影响，相辅相成。

二、正确认识生涯规划

（一）职业生涯规划的含义

职业生涯规划又称职业生涯设计，是指个人对自己整个一生之中承担的工作职业或职务的发展方向和路线做出规划和设计。职业生涯规划包括个人在一生中各个阶段所选择的行业，在行业中具体从事的工作，在职业队伍中所担任的角色，以及在个人一生发展阶段的职业变更和为实现职业目标而接受的各种教育和培训。个体的职业生涯规划受家庭以及社会关系的制约，对未来存在不确定性，需要根据实际条件具体安排，适当变通寻找适合个体发展的职业生涯规划。

通俗来说，职业生涯规划就是：怎样通过学习和工作达到你满意的生活状态，从事什么样的行业，何种职业，什么样的企业性质，最终取得什么样的成就实现你的目标。

（二）职业生涯规划的分类

根据时间长短分类，职业生涯规划可分为短期规划、中期规划、长期规划、人生规划四种类型：①短期规划，指不少于 2 年的规划，主要是短期的目标和最近完成的任务的确立。②中期规划，一般是 2～5 年的目标和任务。③长期规划，指 5～10 年规划，主要为长期目标。④人生规划，即整个职业生涯的规划，时间长至 40 年左右，这就要确定整个人生发展的主要目标，制定长远目标。

（三）大学生职业生涯规划的意义

大学生职业生涯规划是指通过学生的自我评价和环境因素分析，结合职业理想和职业生涯的期望，在学校和老师的帮助下，规范大学的学习、规划、生活和工作。通过大学生职业生涯规划可以提高综合素质和就业竞争力，为未来的工作奠定良好的基础，对职业选择和未来职业生涯的发展具有重大意义。

（1）有助于大学生明确人生目标和职业理想。

（2）有助于大学生构建高质量的知识结构和提升综合素质。

（3）有助于大学生正确定位合理安排大学的学习生活。

（4）有助于大学生提高职业品质和正确树立择业观。

（5）有助于大学生参与社会竞争。

（四）大学生职业生涯规划的特点

相对于一般职业生涯规划，大学生群体具有素质高、实践不足的特点。大学作为其从学校向社会的过渡阶段，是大学生建立整体职业生涯规划的重要阶段。大学生职业生涯规划具有以下几个特点。

1. 主体的特定性

大学生群体作为青年群体，经过十多年的教育，知识能力相对完善，受到教育体制影响大，这就导致他们考虑问题的时候具有过于理论性而忽视问题的可行性的特点。作为青年群体，大学生正在经历思想的成熟期，这决定他们的思想波动性比较大，思考中容易受到外界环境以及思想的干扰，自身主观性不足。

2. 职业生涯规划易受干扰的特点

大学生的职业生涯规划与自身的喜好、家庭情况、周围人的要求、学校教育以及企业岗位需求、国家制度都具有密切的联系，其中任何一个因素发生变化，都会导致大学生的职业生涯规划变化。

3. 职业生涯规划对大学生的影响大

大学生职业生涯规划是建立在大学生正确认识自我、评价自我的基础上，有效的职业生涯规划能够帮助大学生建立明确的认识目标，实现社会价值与自我价值。相反，偏差的职业生涯规划会导致大学生工作初期方向的错误，并直接影响大学生后续的发展。如很多大学生在追求高工资的情况下误入传销组织，最终害人害己。合理的大学生职业生涯规划能够促进大学生知识与能力的提高。作为一种职业目标以及行动方案，职业生涯规划能够使大学生认识到自身的能力与问题，并有计划地进行改进，在实现职业目标的同时，促进自身能力的提高。

项目二 探索生涯规划

引导案例

路在何方

新学期开始后，张阳就是一名大二的学生了。他走在校园里，发现自己有了与以往不同的感觉。比如，看着图书馆里学生们自习的身影，他会莫名地感到着急；听说隔壁宿舍的张楚已经决定专升本，更是有些焦虑；今天宿舍李乐宣布，要开始准备考教师资格证，他的心更是紧了一下：怎么大家的目标都那么明确呢？大二开始，他发现同学们好像突然对自己的未来变得关心起来，宿舍晚上的卧谈会中，大家开始聊起准备专升本、考证、找工作的事情。前几天，遇到一位学长，他兴奋地告诉张阳自己已经收到心仪已久的企业的 offer，还让张阳不要每天就知道低头学习，要多参加社会实践找机会去单位实习，这样才能在面试中有出色表现。张阳在电话里和父母谈了毕业以后的事情，父亲认为他是大学生了，可以按照自己的意愿选择。母亲则认为他学习成绩一直不错，应该专升本，考取公务员，工作稳定又体面。

张阳从来没有认真思考过毕业以后做什么这个问题，面对父母的意见、同学们的想法，张阳的心里也没有什么答案。虽然他也可以按照已有的发展路线，努力学习，专升本上岸，达成母亲的心愿。但是即将 20 岁的他开始思考：这些年除了学习，还有什么是自己感兴趣的？是否能找一份既能赚钱又让自己快乐的工作呢？学长说，面试官很看重人际沟通、社会实践经验、解决问题的能力，这些能力应该从入学初就开始锻炼，自己现在开始晚不晚呢？

一、自我探索

职业生涯规划是对个人的职业生涯乃至人生进行持续性、系统化计划的一个过程。一个有效的职业生涯设计首先建立在充分且正确的自我探索的基础上。自我探索就是对自己做全面分析,只有这样,才能明确自身的长处和不足,扬长避短,做出正确的职业选择。自我探索包含的内容非常广泛,其中性格探索、兴趣探索、价值观探索、能力探索与我们的职业选择息息相关。

(一)性格探索

每个人都有着属于自己的性格,由于长期生活实践和环境因素的共同作用下每个人的性格也不相同,性格和职业有着密切的联系,性格也在某种程度上决定着一个人是否成功。

MBTI 理论将性格分为 4 个维度,每个维度分别包含两端,在各端的表现代表了在这一维度上的倾向程度。外倾 E—内倾 I:代表我们容易投注注意力和获得能量的方向;感觉 S—直觉 N:代表我们接受和处理信息的方式;思维 T—情感 F:代表我们做出决策的方式;判断 J—理解 P:代表我们倾向的生活和行动方式。要想对自己进行性格探索,我们可以去做一个 MBTI 测试。

(二)兴趣探索

兴趣是个体力求认识探究某种事物或从事某项活动的心理倾向,是人们在需要的基础上,在社会生活实践中产生和发展起来的。人的兴趣对象指向职业活动时,就形成了人的职业兴趣。职业兴趣是个人从事相关工作的愿望和兴趣,是指人们对某种职业活动具有比较稳定而持久的心理取向,在人的职业活动中起着重要的作用。

美国心理学教授约翰·霍兰德提出职业兴趣六边形理论(见图 10-3),将职业兴趣分为 R(实用型)、I(研究型)、A(艺术型)、S(社会型)、E(经营型)、C(常规型),我们每个人都有着自己所属的类型,"所做即所爱"是我们每个人向往的职业生涯,所以兴趣的探索就显得尤为重要。

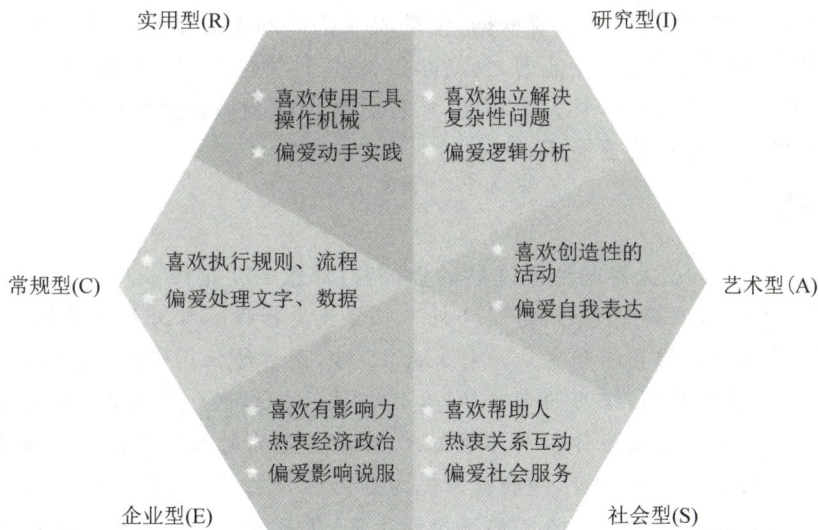

图 10-3　霍兰德职业兴趣六边形

拓展阅读

米哈利教授关于"Flow"的概念

美国芝加哥大学心理学教授米哈利(Mihaly)发现:当人们在专心致志地、积极地从事某种活动,并且忘记了时空和自己的时候,他们感到最为愉快和满足。他将这种状态称之为

"Flow"（流动）——"聚精会神"或"忘我"的状态。"Flow"不是轻而易举得来的,也不是在放松或者休息时来临的,它是身体和精神被使用到极致,在克服困难、做出努力时来临的。我们可以学会如何获得自己的这种高峰体验。对于每一个人来说,达到"Flow"境界有成千上万种方法,如下面的"七条金律":

①专注性:聚精会神。

②摆脱现实感:入迷。

③主控感:我能够。

④目标性:找最具体的目标。

⑤自我超越感。

⑥即时感:完全关注于当下。

⑦主动性:做自己喜爱的事。

(三)价值观探索

由于个体的身心条件、年龄阅历、教育状况、家庭影响、兴趣爱好等方面的不同,人们对各种职业有着不同的主观评价。从社会层面来讲,由于社会的发展,各种职业在劳动性质、劳动难度、劳动强度、劳动条件和劳动待遇上,都存在或多或少的差别。再加上传统的思想观念等的影响,各类职业在人们心目中的声望与地位也有好坏、高低之见,这些不同的评价和取向,就是职业价值观。但是,任何职业都有自己存在的价值,职业也不存在高低贵贱。我们要树立科学正确的职业价值观,才能更好地选择合适的职业获得自己的价值。

(四)能力探索

能力是进行职业生涯规划的重要依据,也是职业选择的重要前提。大学生应具备的核心能力是:表达能力、动手能力、应变能力、创新能力、适应环境能力、社会交际能力和组织管理能力。每个人的能力都有所偏向,且大不相同,在自己擅长的领域,通常能够取得更好的表现与成就,获得更高的自信与自我效能感。

拓展阅读

人际与生涯发展的小秘密:邓巴150定律

牛津大学人类学家罗宾·邓巴,通过分析不同灵长类物种的智力和相关社交数据,得出这样一个结论:人类大脑能够灵活稳定地应对大约150人左右的社交规模,这150人是指每年至少联系一次的人。经过时间、经历的考验后,大致会进入你的这四个圈层:支持圈、共情圈、熟人圈、联系人圈。前两者会成为你的人际强关系,后两者是你的人际弱关系。强关系会是你在遇到挫折时,最好的陪伴和支持者,而弱关系能为你的大学生活、未来的职场生涯提供差异化的有效信息,帮助大家做出更适合自己的选择和决策,从而带来意想不到的可能性。

二、发展生涯适应力

生涯适应力是个体对生涯角色加以整合的核心能力,即个体对可预测的生涯任务、所参与的生涯角色及不可预测的生涯问题的应对准备能力,包含生涯关注、生涯好奇、生涯自信和生涯控制四个方面。

(一)生涯关注

生涯关注最初指一种未来方向感,即为明天做准备是十分必要的,个人应当关注在近期乃至未来要面对的职业选择或境遇。在生涯适应力理论中,生涯关注被视为最先也是最重要的维度,它要解决的问题是"我有未来吗?",指个体对他自己未来生涯的发展情况能够有所关注。

(二)生涯好奇

生涯好奇指主动搜寻信息去了解工作世界,包括乐于接受新经验、好奇的探索以及对自我和工作世界之间适应的反思。生涯好奇反映的是个体对自身生涯发展的好奇态度,这种态度会促使个体进行生涯探索,能够使得大学生比较实际地探索教育和职业的选择,进而实现未来目标。实际上,生涯好奇在生涯建构中等同于生涯发展理论中的自我探索和职业探索的功能,即个体愿意对自我和工作世界进行积极的尝试和探索。

(三)生涯自信

生涯自信在这里更多表达的是一种预期,即对解决生涯发展过程中的职业决策和职业选择是否成功的预期,包括一个人能成功应对在职业决策中挑战和障碍的自我效能感。个体对自己生涯问题解决能力的信心及其自我效能信念都属于生涯自信的范畴。它在建构生涯中的基本角色,与职业发展理论中的职业生涯自我效能的概念相似。

(四)生涯控制

生涯控制是指个人有责任地通过果断、自信和认真的行动去构建生涯,而不是依赖机会或运气,强调的是采取有原则的、慎重的、有目标的、有组织的方法去完成职业发展任务。生涯控制要解决的问题是"谁拥有我的未来?",即个体相信他们对于建构自己的生涯是可以自我决定和能够负起责任的。简而言之,生涯控制是指通过生涯决策和对未来负责的方式提高自我调控能力。

三、自我生活设计

时间是对每个人都公平的一种重要资源,具有供给无弹性、不可替代和无法逆转等特性。时间管理是指个体为有效利用时间资源进行的计划和控制活动,即要在同样的时间消耗下,为提高时间的利用率和有效性而进行的一系列工作。目标管理是要使人们从被动地、自然地使用时间转到系统地、集中地、有目的有计划地主动分配使用时间,从而进行高效的、富有创造性的劳动。科学合理地管理时间和目标是大学生建立深厚知识基础,获得良好知识储备的重要保证,也是学生们不断塑造自我、修正自我以期获得更好成长与发展的基本前提。

(一)目标管理

德国剧作家莱辛曾说:"走得最慢的人,只要他不丧失目标,也比漫无目的地徘徊的人走得快。"设定合理的生涯目标,可以帮助我们确定努力的方向,激发我们前进的动机,对我们的成长具有重要作用。在设定生涯目标时,可以采用 SMART 原则。该原则从五个纬度对所制定的目标进行考量,从技术层面确保目标制定的合理性。

(1)具体的(specific)。目标应该是具体的,目标越明确,注意力会越集中,行动才会更有效。制定明确的目标要注意以下几点:①目标是什么;②执行目标的具体时间是什么;③执行目标的地点;④怎样做才更有效率。比如说:"我这周要完成两个单元的复习题",而不是"我这周要好好学习"这样笼统泛泛的目标。

(2)可衡量的(measurable)。目标应该是可衡量的,设置的目标应该坚持"能量化的量化,不能量化的质化"这一原则。因为目标可衡量,才可以判定目标是否已经实现。只有目标具有具体的指标,我们才可以检测目标的完成情况。例如,理工科的学生要完成一个项目,就应该在设置目标时,明确设定出要完成项目的具体指标,而不是说尽力做到最好,这样不易衡量和判断的目标。

(3)可达到的(attainable)。目标应该是可达到的。太宏观的目标,会阻碍学习和工作的进展。更加合理和务实的目标有助于我们快速地投入到工作中去。目标的可实现性,具有两重意义:①目标应该在有能力执行的范围内;②目标应该有一定的难度。因为目标设置得难度太低,容易让人失去斗志。所以,目标的设置要使任务的内容充实饱满,同时还要具有可行性。

(4)相关性(relevant)。目标应该具有相关性。目标的相关性是指实现这一目标与另外一些目标的关联情况。比如说,有同学要获得奖学金,那么平均分在80以上这个目标与奖学金这一目标就具有相关性。

(5)时限性(time-bound)。目标应该具有时限性,每一个目标都必须有一个具体的完成时间,同时还要对目标进行及时的反馈。制定一个明确、可量化而且可行的目标,实现目标后,再向下一个小目标前进,这样有利于提高自己的成就感和愉悦感,从而保持完成任务的热情。

(二)时间管理

对于善于利用时间的人来说,大学是令人积淀能量和突破自我的过程,有效的时间管理带给人不一样的人生。科学地管理时间,提高做事效率,可以从以下几个方面入手。

1. 合理安排任务

美国管理学家科维把工作按照"重要"和"紧急"两个不同纬度进行了划分。基本上可以分为四类:紧急重要、重要不紧急、紧急不重要和不紧急不重要,如图10-4所示。

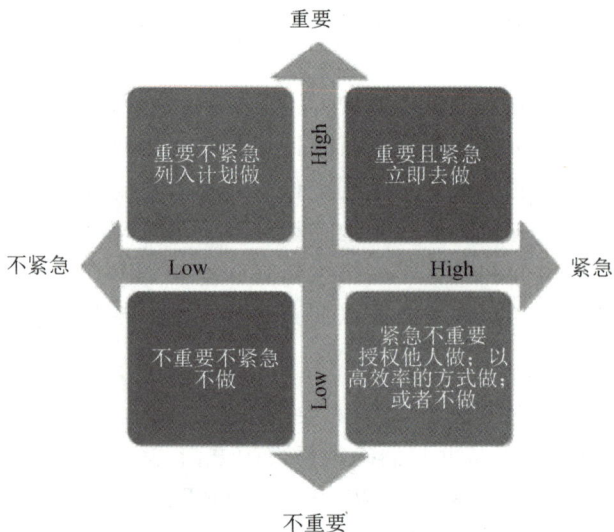

图10-4 时间管理四象限图

(1)第一象限,指一些紧急且重要的事情。这类事情有两个特点,一是时间紧,二是对个人很重要,必须优先解决。如:突然获知自己有资格参加一个重要比赛;一些重要考试或活动突然提前；老师临时交代的重要任务等。

（2）第二象限，指对个人很重要但时间上并不紧急的事情。如期末考试、考证、就业等，但如果不认真准备，等到事情来了才着急，就会变成第一象限的事情。

（3）第三象限，指对个人不重要且时间上也不紧急的事情。如和朋友闲聊、玩游戏，参加一些所谓的社交活动等，这些事情最好不要着急做。

（4）第四象限，指一些紧急但不重要的事情。如帮助亲朋好友开证明、参加同学或朋友的聚会、婚礼等，这些事有时候是很急，但有人可以替代你，特别是聚会之类的活动，离开你照样进行。

2. 制订科学有效的时间表并严格执行

制订计划可以首先从日计划开始。一个日计划包括三方面的内容。

（1）课程安排，即根据学期课程表，把一天的课程安排写进日计划。

（2）作息安排，即什么时候起床，什么时候休息，什么时候睡觉，把前一天的作息安排写进日计划。

（3）活动安排，即这一天除课程学习之外的课余活动，包括体育运动、社团活动、社会实践、听讲座、看演出等课程安排、作息安排和活动安排组成每日计划。每日计划连在一起，形成周计划，周计划整合在一起，形成学期计划。制订了计划，就要严格执行，把自己制订的计划变为强制的命令。为了提高计划的执行力，可以将自己的计划告诉周围的人，请周围的人来监督。虽然说计划就是命令，但是在实施的过程中，随着能力和心态的变化，计划也有可能调整和变化，因此计划也有弹性的一面。总的来说，就是执行计划时要有刚性，计划反馈和调整时要有弹性。

3. 积极看待要做的每一件事

无论你愿意还是不愿意，总有一些事情会打乱你的计划而且必须要做，这时就要以积极的心态去做。因为与其在抱怨和犹豫不决中拖延和浪费时间，还不如集中精力把事情在短时间内处理完毕。

4. 用好自己的生物钟

人在一天中的不同时间段，精力的充沛性和思维的灵活性是不同的，要利用自己的最佳时间去做最重要和最有意义的事情。要学会调节自己的生物钟，让生物钟符合重要的时间节点。比如，上课或考试时间一般是在白天，所以大学生应该在白天精力充沛，最好不要成为"夜猫子"。

5. 立刻行动

已经决定的事情或必须做的事情，绝不拖延，马上行动，迈出第一步。

项目三 职业生涯设计

引导案例

芳芳的"降落伞"

大三时，芳芳如愿以偿地拿到了自己心仪已久的offer。在一次班会课上，她向全班同学分享自己的经验，赢得了热烈的掌声。

进入大学时，芳芳选择的便是自己喜欢的管理类专业——财务管理。在这个专业里，她不仅学到了专业的理财知识，还学会了前沿的科学软件。并愿意继续在财管领域发展下去，而她最终职业目标是会计师事务所合伙人。

而她之所以如此确定,是因为她很早就制订了她的职业生涯规划书。它对于芳芳而言就像一个飘在空中、五颜六色的降落伞,因为降落伞能带她到最想去,同时也是最应该去的地方。在追寻梦想的过程中,降落伞就是每个人的性格、兴趣、能力和价值观。每个人的性格、兴趣、能力和价值观不同,降落伞便会附上不同的颜色。无论是什么颜色,相信降落伞都会是美丽的、坚固的,能把我们带到我们应该去的、想要去的任何地方。

一、设计原则及误区

职业生涯规划的过程是个体探索自我、科学决策、统筹规划的过程,制订一个方向正确、符合实际、有具体措施的职业生涯规划,就是给我们的职业发展道路设定方向,是指引我们在校期间学习生活、不断前进的"指南针",有利于我们实现个人的职业理想,以及更好地适应社会、融入社会,为社会发展做贡献。为保证职业生涯规划的实用性和科学性,应该了解以下内容。

(一)设计原则

1. 主体性原则

主体性原则也称量体裁衣原则,这是做好职业生涯规划应当始终遵循的原则,也是最重要的原则。职业生涯规划是规划自己的未来,是一项完全个性化的任务,没有统一的定式,因此,要从自身的特点出发,结合个体的知识结构、能力倾向、性格特征、职业喜好等内在素养及职业环境和职业发展的资源等外部条件进行全面的测评与设计,从而让自己的职业生涯规划设计具有择己所爱、选己所长、择世所需、择己所利的特点,增强职业竞争力。

2. 专业性原则

我们都有自己的专业,每个专业都有一定的培养目标和就业方向,可以说,经过大学阶段的学习,专业技能是我们未来就业的资本。因此,制定职业生涯规划,要立足于专业,深入了解自身的专业优势,学好专业知识,掌握专业技能,根据自身长处和专业优势规划职业生涯,就会在将来就业的双向选择中更具竞争优势。

3. 可实践原则

职业生涯的可实践性包含两个层面:第一层指针对自身学习和未来职业的特点,积极参加相应的实训、实习和社会实践,不断提高专业实践技能。第二层指职业生涯设计规划的步骤,对个体现实资源的真实评估和科学预期,是可以达到的具体且明确的目标,而非追新逐异或好高骛远的空想。并且目标的现实和计划的执行情况是以客观事物为标准,可以度量和检查的。

4. 发展性原则

职业生涯规划并非终生不变的,不能局限于个体当前的发展,而且要考虑到个体未来的职业发展空间,职业生涯规划要有超前性和预测性。因此,我们应不断强化对企业文化认知、合作与责任意识、心理健康素质、沟通交流能力等可以长期影响个体的职业发展的本质因素及核心素养,为个体职业生涯规划的长期发展筑牢根基。

(二)设计误区

误区一:职业生涯规划无用论。

很多同学认为职业生涯规划只是建立在对自我一厢情愿的认识上的不切实际的想法,且计划赶不上变化,倒不如走一步算一步,做职业生涯规划是没有任何意义的。要知道规划不等于计划,计划是一种较主观的思想安排,而规划则是将主客观都考虑到一起的统筹安排,计划和规划最重要的依据就是看其考虑得是否全面周全,执行得是否严格。

曾经,哈佛大学在一项跟踪调查中,对一群智力、学历、环境都差不多的年轻人进行跟踪调查,结果显示25年以后,约3%有清晰规划且有长远目标的人成为社会各界的顶尖成功人士。这项调查研究说明科学地规划职业生涯能够使人澄清价值观,实现人生收益的最大化。

误区二:职业生涯规划功利论。

就业市场环境变化迅猛,一部分学生没有了明确的升学目标,浮躁且迷茫;一部分学生热衷于培养兴趣爱好或忙于恋爱;还有部分学生只忙于学业,完全忽略了自己的兴趣及所长;更有同学认为做职业规划的目的仅是催促大家就业,这些情况均缺乏对自己的大学生活和职业生涯的认真态度。职业规划是通过规划的手段,寻找适合自己职业的过程,而职业生涯规划不仅是谋生的手段,它是一门指导人生发展的科学,对一个人一生中的家庭、事业、社会的良好发展以及整个人生的生活质量和价值体现都起到积极作用,它会让你在不同考量因素的权衡之间把握平衡。

误区三:职业生涯规划无关论。

很多学生认为在大一、大二只需要专心地学习,享受生活,毕业时再考虑就业也不晚。也有不少学生认为只有成就大事业的人才需要职业生涯规划,自己只想安稳度日,不需要制定职业规划。联系前面章节,人的一生除了要满足衣食住行和安全的需要外,还有被尊重、被认可、拥有归属感、实现人生价值的需要,而这些都要通过职业的成功来实现。因此,从职业生涯规划对我们的影响来看,对生涯规划的意识觉醒、职业能力以及职业素质的准备越早越好。

二、设计方法及程序

(一)设计方法

职业生涯规划的整体框架主要包括自我认知分析、外部环境分析以及职业生涯设计、职业评估修正等几个方面(见图10-5),因此在职业生涯规划设计时,我们可以采用5What法、SWOT分析法等更好地定位职业目标。

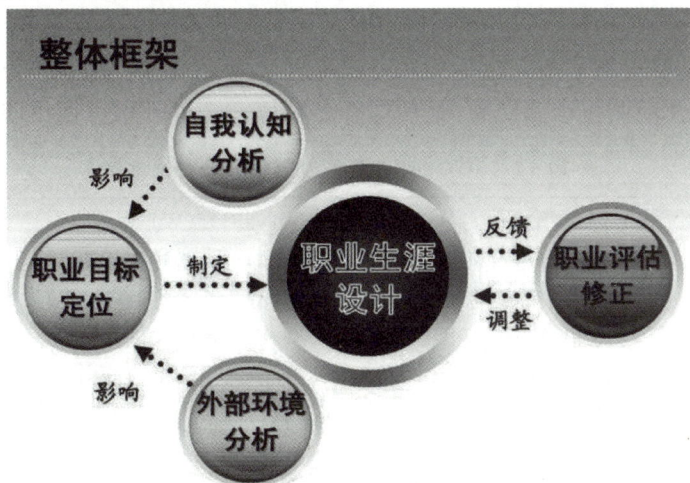

图10-5　职业生涯设计的整体框架

1.5What 法

"5What"归零思考法共有 5 个问题(见表 10－1),如果我们回答好这 5 个问题,找到它们的最高共同点,就有了自己的生涯规划。

表 10－1 "5What"归零思考法

序号	5What	具体含义
①	What are you? 我是谁?	深刻反思,全方位清晰地认识自己,将优点和缺点一一列举,全面评估自己
②	What do you want? 我想干什么?	反映自己对职业发展的心理趋向及职业发展方向。不同阶段时不完全一致的兴趣和目标会随年龄和经历的增长而逐渐固定
③	What can you do? 我能干什么?	是对自己能力和潜能的全面总结,可以从自身的知识结构、学习能力、兴趣、沟通能力等方面对自己的潜力(发展空间)重点认识
④	What can support you? 环境支持或允许我干什么?	包括客观和主观两方面的支持,如经济发展、家庭环境、就业形势等,应综合考虑
⑤	What you can be in the end? 我最终成为谁?	明确职业榜样,综合分析找准自己的职业定位、职业选择和目标,确立自己的生涯目标

2. SWOT 分析法

该方法最早是由美国旧金山大学的管理学教授在 20 世纪 80 年代初提出来的,是检查个人技能、能力、职业喜好和职业机会的有用工具。其中 S 代表 strength(优势),W 代表 weakness(弱势),O 代表 opportunity(机会),T 代表 threat(威胁)(见表 10－2)。其中,S、W 是内部因素,O、T 是外部因素。通过该方法,我们很容易知道自己的个人优点和弱点在哪里,能仔细评估自己所感兴趣的不同职业道路的机会和威胁,并且对这几种因素相互匹配起来进行全面、系统、准确地研究,最后可以做出职业决策。

一般来说,首先要提纲式地列出你的职业目标,并制作空白的 SWOT 分析表,然后评估自身的优势和弱势以及职业机会和威胁,最后综合各种内部和外部信息做出职业决策。

表 10－2 SWOT 职业生涯发展机会分析法案例

	优势因素(S)	弱势因素(W)
内部环境因素	1.扎实的专业知识 2.丰富的实践经验 3.乐观积极的生活态度 4.喜欢与人沟通交流	1.知识面不够宽 2.有独断专行倾向 3.创新意识欠缺 4.缺乏灵活反应能力
	机会因素(O)	威胁因素(T)
外部环境因素	1.专业人才缺乏 2.发展前景广阔 3.国家政策鼓励	1.该行业进入者增多 2.行业监管缺乏 3.与政策关系紧密

(二)设计程序

无论是职业生涯规划,还是大学生涯规划,都有自己的流程与步骤。职业生涯规划,从梦想起步,认识自己、明确目标,掌握方法与步骤,应遵循以下 8 个程序要点(见图 10 - 6)。

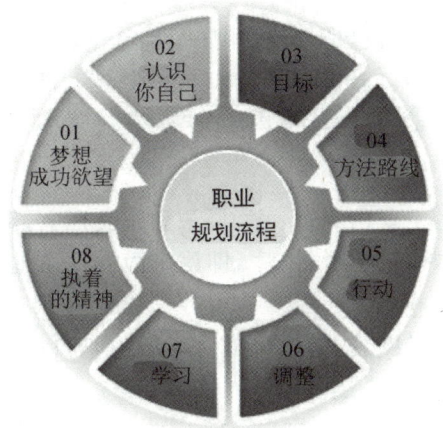

图 10 - 6　职业生涯设计的 8 个程序要点

(1)拥有梦想。这是职业成功的初心,也是职业选择的向导,是取得职业成功的推动力,是事业成功的精神支柱。

(2)认识自己。这是最重要的事,是通过科学的认知方法,对自己的生理自我、心理自我和社会自我等进行全面的创新和评价,清楚地认识自己的优势和长处、劣势和缺点。可采用前面提到的方法进行全面的自我评估,有效避免职业生涯中的盲目性,达到对自我及其适应职业的准确判断。

(3)设定目标。设定目标是指个体在未来职业发展中明确自己职业目标的追求和向往,是职业生涯规划、设计的核心,也是职业理想实现的起点。其包括长期目标、中期目标与短期目标。

(4)方法路线。这是实现目标的推动力,一般而言,职业生涯路线选择时需要考虑以下 3 个问题:①我想往哪一路线发展?②我能往哪一路线发展?③我可以往哪一路线发展?对以上 3 个问题进行综合分析,确定自己的最佳职业生涯路线,有助于及时调整自己的学习、工作,以确保各种行动措施沿着预定的方向前进。

(5)持续行动。实践是成功的必要保证,再宏伟的目标,也需要一套具体的行动方案与措施。一般而言,职业生涯的行动方案涉及子目标、行动措施和时间三个方面的融合与匹配,从而促使实际行动具有较强的操作性。

(6)实时调整。影响职业生涯规划的因素有很多,有的变化因素是可以预测的,而有的变化因素难以预测。要使生涯规划行之有效,就须不断对生涯规划进行评估与反馈调整,及时优化与更新最终职业目标与分阶段目标的偏差。

(7)学习培训。随着技术的进步和产业结构的变化,不断学习和适应新技术和新知识的能力变得至关重要。积极主动学习,参加职业培训,可以获取更新的职业技能和知识,提高自身的竞争力,拓宽职业发展路径,从而更好地适应就业市场的需求。

(8)敢于执着。职业执着是一种对自己的责任感和对所从事工作的热情和决心。当我们执着地追求我们的职业目标时,我们会投入更多的时间和精力来提升我们的技能和知识,能够帮助我们在困难和挫折面前坚持不懈,更加理智和自信地应对职业生涯的种种挑战。

三、写作内容及指导

职业生涯规划书是规划者将自己所设计的职业生涯规划内容整理后,以文字、数字、图表等形式记录下来的过程,有助于我们进一步看清自己、制定目标、执行任务。通过对阶段目标的分析、判断和总结,使我们的学习、生活等内容充实、轨迹清晰。

(一)写作内容

职业生涯规划书从整体上主要由封面、序、目录和正文四大部分组成。封面一般为个人简介,即学校、年级、专业、班级、姓名、学号等;序,即用来简明扼要地说明制定职业生涯规划的目的以及自己对规划意义的认识,起到提纲挈领、引导阅读的作用;正文是职业生涯规划书的主干,通常包括自我认识、环境审时度势、目标确立、路径选择、行动实施、测评结果以及对目标实现情况的总结。

(二)写作方法

1. 文档

文档是以文字说明的形式,准确表达意图、详细介绍内容的细则,主要包括条框式和详尽式两种类型。条框式的职业生涯规划书只有规划的主要内容、框架结构,没有详细的内容分析和评价,文章内容罗列成条,简练明了。详尽式的职业生涯规划书是最为完整的,其将大学生的职业生涯规划进行了全面、系统的分析和评估,是一份大学生研究自己未来职业发展前途行之有效的分析报告。

2. 表格

表格的内容包括总题目、横题目、纵题目、数字、单位、制表日期以及每项栏目里的具体内容等。另外,还应有备注栏,以便对表格里的内容进行适当的解释、扩充。表格具有清晰明了、一目了然的特点,甚至能很好地涵盖所有分析、论证的全部过程。此外,表格还可以用来制作日常实施计划,包括近期任务、执行方式等。表格可以贴在随时能注意到的地方,便于日常提醒、时刻激励自己。

3. 统计表和统计图

统计表中的数据很详细,包括单式、复式统计表等。其优点是详尽,有利于分析、探讨各种问题,可以直观看到数据的大小,便于比较数量之间的差异。折线图可以直观反映各变量的变化趋势。另外,还要有注释,对相应内容做必要的补充、说明。

4. 复合式

复合式就是用上述的方法,根据自己的实际需要进行组合,以期达到最大限度地帮助自己规划好职业生涯的目的。

(三)写作要求

职业生涯规划书要求使用计算机输入,按照规范的要求编排。整体上要确保资料内容真实齐全,分析论证有理有据,语言论述简明扼要,目标明确、切实可行,规划合理、措施具体,格式规范、图文并茂。写作完成后,校验无误,双面打印在 A4 纸上,装订成册。

体验与训练

心理活动 1

欣赏式自我探寻

活动目的:引导同学们思考自己最投入、最乐于做、最忘我的一个兴趣事件。

操作流程:

(1)老师通过下面的三个问题引导学生结合自己的生活实际进行思考。

①你现在从事的实践中最吸引你投入的是什么?

②你感到最兴奋的是什么?

③让你乐此不疲的是什么?

(2)邀请同学从以下三个角度分享这个生命时刻的故事。

①Who 谁在故事中?

②How 发生了什么? 你做了什么? 你是怎么样让这些发生的? 这件事发生在哪个领域?

③What 你当时的情绪如何? 躯体感受如何? 有什么新的观察? 你觉得这件事之后对你产生了什么影响?

思考与分享:老师需要向大家说明,成长路上难免遇到挫折,有的人会沉浸在昨天停步不前,不能自拔于已有的挫折或名利;有的人眺望着明天感到虚无缥缈,生活在幻想和等待中。通过欣赏式探寻我们可以尝试着找到自己的成就事件,分析出自身优势,达到自我探索,提升自我价值的目的。

_____

_____

_____

_____

_____

_____

_____

_____

_____

_____

_____

_____

_____

_____

_____

_____

心理活动 2

兴趣岛的选择

活动目的：生涯规划兴趣岛即霍兰德职业兴趣测评，是由美国职业指导专家霍兰德大量的职业咨询经验及其职业类型理论编制的测评。引用该测评可以帮助学生根据自己个人喜欢的、擅长的活动或职业，来找出其典型的职业倾向，以及与之相匹配的职业类型。

操作流程：

(1)老师讲述活动背景。背景设定如下：

接下来的三个月里你将去以下六个新开发的岛上度过，在岛上的日子你完全不用考虑眼前生活的各种事情，尽情地在岛上享受自己的人生。请注意，你必须且只能选择其中一个岛度过这三个月。

(2)组织学生阅读关于6座小岛的描述。六个岛的详情如下：

A 岛——美丽浪漫岛。

这个岛上到处是美术馆、音乐厅，弥漫着浓厚的艺术文化气息。岛民们保留着传统的舞蹈、音乐与绘画。许多文艺界人士都喜欢来到这里开沙龙派对寻求灵感。

C 岛——现代井然岛。

处处耸立着现代建筑，标志着这是一个进步的、都市形态的岛屿，岛上的户政管理、地政管理及金融管理都十分完善。岛民们个性冷静保守，处事有条不紊，善于组织规划。

E 岛——显赫富庶岛。

该岛经济高度发展，处处高级饭店、俱乐部、高尔夫球场。岛民性格热情豪爽，善于企业经营和贸易活动。岛上往来者多是企业家、经理人、政治家、律师等。这些商界名流在岛上享受着高品质生活。

I 岛——深思冥想岛。

这个岛绿野平畴，人少僻静，适合夜观星象。岛上有很多天文馆、科技博物馆、科学图书馆。岛民们最喜欢猫在自己的小房子里，天天钻研学问，沉思冥想，探究真知。哲学家、科学家和心理学家们在这里约会，讨论学术，交流思想。

R 岛——自然原始岛。

这是个自然生态优良的绿色之岛。岛上不仅保留有热带雨林等原始生态系统，而且建立了相当规模的植物园、动物园、水族馆。岛民以手工制造见长，他们自己种植花果，栽培蔬菜，修缮房屋，打造器物，制作工具。

S 岛——温暖友善岛。

这个岛的岛民们都性情温和，乐于助人，人际关系十分友善。大家互助合作，重视教育后代。每个社区都能自成一个密切互动的服务网络，处处充满着人文关怀气息。

(3)请学生阅读结束后，于30秒内做出选择。按照学生的选择分成6个小组，学生根据自己选择的岛屿，为自己的岛屿画出宣传海报，写出岛屿的"标语"，再创作一幅"宣传画"。

(4)展示分享。老师让各组学生派代表分享岛屿的"标语""宣传画"，并说明选择原因及设计思路。

（5）总结。教师根据大家的分享进行解析和说明，具体如下。

美丽浪漫岛代表艺术性（A）：喜欢自由自在、富有创意的工作环境，对美有敏锐的直觉，好表达，有想象力和创造力，如设计师、作家、音乐家。

深思冥想岛代表研究型（I）：喜欢探索和理解事物，爱分析，有智慧，独立性强，如研究员、医生、工程师。

自然原始岛代表实用型（R）：喜欢具体的任务，机械、动手能力强，喜欢做体力工作、户外活动，更喜欢与物打交道，如技工、厨师、摄影师。

温暖良善岛代表社会型（S）：对人感兴趣，具有良好的人际交往技能，服务他人，帮助别人解决问题，如教师、教育行政人员、咨询人员。

显赫富庶岛代表企业型（E）：喜爱冒险、竞争，渴望拥有权利、受人注意并成为领导者，社交能力强，做事有组织、有计划，喜欢紧凑、有挑战的生活氛围，如销售、律师、企业领导。

现代井然岛代表事务型（C）：喜欢安定、秩序，个性保守、谨慎，有责任感，乐于配合与服从他人，如秘书、会计、图书管理员。

思考与分享：老师为大家解析说明，兴趣岛是职业兴趣探索的第一步，我们每个人都有自己的职业兴趣，这是需要努力去找出来的，我们对自我的探索更是应该不断进行，并且要想方设法在职业和工作中进行匹配，对"自我"的认识足够深刻，就能在未来的职业发展上更加顺利。

心理活动3

微信好友有多少

活动目的:引导学生明确自己的社交圈层,强化人际交往。

操作流程:

(1)组织学生打开微信,明确自己微信好友的数量。

(2)请学生按照沟通联系的紧密程度,即"每天至少联系一次""每月至少联系一次""每年至少联系一次""每年几乎无联系"四个维度分别建立 A、B、C、D 四个群组。

(3)学生分享自己的分组人数数据,明确自己的社交好友规模。

思考与分享:邓巴数字定律表明,人的大脑新皮层大小有限,提供的认知能力只能使一个人维持与大约 150 个人的稳定人际关系。因此,可能你的每年至少联系一次的微信好友不会超过 150 人。现阶段学习生活中,A 组属于你的支持圈、B 组属于你的共情圈、C 组属于熟人圈,而 D 组属于联系人圈。前两者会成为你的人际强关系、后两者是你的人际弱关系。

心理活动 4

新学期计划表

活动目的:新学期的打开方式多姿多彩,同学们肆意奔跑于每个朝夕,转场沉浸于每门课程。为引导学生对自己的新学期按照长期到短期进行目标计划,督促学生行动起来,使自己的校园生活每一天都充实而有意义。

操作流程:

(1)老师引导学生结合自己生活学习规划填写学期计划表(见表 10 - 3)。

表 10 - 3　每学期计划表

＿＿＿学期计划表
阶段 1:
阶段 2:
阶段 3:
阶段 4:
阶段 5:

(2)老师引导学生围绕自己的学期计划表,分解长期目标,在每个月月初设定自己的月计划表(见表 10 - 4)和周计划表(见表 10 - 5)。

表 10 - 4　每月计划表

＿＿＿月计划表						
本月目标:						
Sun	Mon	Tue	Wed	Thu	Fri	Sat

月末总结:

表 10 - 5　每周计划表

＿＿＿周计划表
周一:
周二:
周三:
周四:
周五:
周六:
周日:

（3）老师引导学生围绕自己的月计划表和周计划表,在每个周末制订每日计划表,完成的事项可以进行标记,未完成的事项补充注明原因(见表 10 - 6)。

表 10 - 6　每日计划表

	__月__ 日计划表
7:00—8:00	
8:00—8:30	
8:30—10:00	
10:00—12:00	
12:00—14:00	
14:00—16:00	
16:00—18:00	
18:00—19:00	
19:00—21:00	
21:00—22:30	

　　思考与分享:计划是目标的蓝图,实行计划是意志力的体现。通过计划合理安排时间和任务,能使自己的学习生活节奏分明,从而形成自觉行动、良好习惯,促使自己更有自信心,取得不断地进步与成功!

_____

_____

_____

_____

_____

心理测试

生涯适应力量表

　　每个人在建立自己的生涯时,都有不同的优势,没有人擅长做所有的事情,我们每个人都比其他人更善用某些能力。因此,我们可以采用《中国积极心理测评手册》一书中的生涯适应力量表对自己的优势能力进行测评分析。

　　【内容及实施方法】

　　生涯适应力量表由 Savickas 等(2012)编制,共 24 个题项,4 个维度,分别为生涯关注、生涯控制、生涯好奇和生涯自信,各维度由 6 个题项组成,Likert 5 级计分(1＝不强,2 有点强,3＝中等,4＝比较强,5＝非常强)(见表 10－7)。

表 10－7　生涯适应力量表

题　　目	不强	有点强	中等	比较强	非常强
1.思考我的未来会是什么样的	1	2	3	4	5
2.意识到现在的选择会塑造我的未来	1	2	3	4	5
3.为未来做准备	1	2	3	4	5
4.觉察到我必须要做出教育和职业选择	1	2	3	4	5
5.计划如何实现我的目标	1	2	3	4	5
6.关注我的职业生涯	1	2	3	4	5
7.保持乐观	1	2	3	4	5
8.靠自己做决定	1	2	3	4	5
9.为我自己的行为负责	1	2	3	4	5
10.执着于我的信念	1	2	3	4	5
11.依靠我自己	1	2	3	4	5
12.做自己认为正确的事	1	2	3	4	5
13.探索我周围的环境	1	2	3	4	5
14.寻找机会得到成长	1	2	3	4	5
15.做选择前调查各种可能的选择	1	2	3	4	5
16.观察别人做事的不同方式	1	2	3	4	5
17.深入探究我所关心的问题	1	2	3	4	5
18.对新的机遇感到好奇	1	2	3	4	5
19.高效执行任务	1	2	3	4	5
20.认真做好事情	1	2	3	4	5
21.学习新技能	1	2	3	4	5
22.逐步发展我的能力	1	2	3	4	5
23.克服阻碍	1	2	3	4	5
24.解决问题	1	2	3	4	5

【结果分析与应用情况】

该量表共包含生涯关注、生涯控制、生涯好奇和生涯自信 4 个维度,测量总分越高,代表生涯适应力越强。

生涯关注对应 1—6 题,回答的问题是"我有未来吗?"生涯关注得分度高的个体,会对自己未来的职业与生活(包括婚姻与家庭)保持关注和积极乐观的态度。在进行生涯决策时,他们不会把眼光仅仅局限于当下,而是更多地采取未来积极取向的态度。

生涯控制对应 7—12 题,回答的问题是"谁拥有我的未来?"生涯控制得分高的个体,相信他们对于建构自己的生涯负有责任。在面临生涯决策时,他们知道自己在做什么,并能够意识到要对自己所做的决定负责。

生涯好奇对应 13—18 题,回答的问题是"未来我要做什么?"生涯好奇得分高的个体,对新经验、新事物始终保持着好奇、开放、接纳的态度,愿意以多种途径与方法探索了解未知事物,主动尝试和体验不同的角色。

生涯自信对应 19—24 题,回答的问题是"我能做到吗?"生涯自信水平比较高的个体,在面临生涯挑战时,对克服障碍、取得成功有更高的预期和自信,对解决生涯问题有更高水平的自我效能感。

生活虽然是自我组织的,但同时又是不确定的、偶然的、随机的和不可预测的。在这个急剧变动的时代,不可预测性、不确定性已是现代人生涯发展的本质特征。没有任何一个人可以简单便捷地为自己找到一个确定的、完全可预测的生涯目标,并毫无意外地按既定计划向目标连续行进。在这种情况下,引导大学生以开放的心理系统去适应复杂动态的生涯系统,通过提升生涯关注、生涯好奇、生涯控制和生涯自信来提升生涯适应力,促进他们顺利实现生涯转换,并最终提升生涯满意度、生涯幸福感,才更具备长远意义和价值。

📙 学习小结

1. 职业生涯是指一个人一生中所有与职业相联系的行为与活动,以及相关的态度、价值观、愿望等连续性经历的过程,也是一个人一生中职业、职位的变迁及工作、理想的实现过程。

2. 舒伯的职业生涯发展理论,即成长阶段(0—14岁)、探索阶段(15—24岁)、建立阶段(25—44岁)、维持阶段(45—64岁)和衰退阶段(65岁以上)。

3. 格林豪斯将职业生涯发展划分为5个阶段,即职业准备阶段、进入组织阶段、职业生涯初期、职业生涯中期、职业生涯后期。

4. 按照职业生涯的类别进行分类,施恩把其划分为内职业生涯和外职业生涯两种类型。

5. 职业生涯规划又称职业生涯设计,是指个人对自己整个一生之中承担的工作职业或职务的发展方向和路线做出规划和设计。

6. 职业生涯规划的分类根据时间长短分类,可分为整个人生规划,长期的规划,中期规划和短期规划的四种类型。

7. 大学生职业生涯规划具有三个特点:主体的特定性、职业生涯规划易受干扰以及职业生涯规划对大学生的影响大。

8. 自我探索包含兴趣探索、性格探索、价值观探索、能力探索。

9. 生涯适应力包含生涯关注、生涯好奇、生涯自信和生涯控制四个方面。

10. 时间管理是指个体为有效利用时间资源进行的计划和控制活动,四象限法则是一种有效的时间管理方法。目标管理是要使人们从被动地、自然地使用时间转到系统地、集中地、有目的有计划地主动分配使用时间,从而进行高效的、富有创造性的劳动,SMART原则是一个广泛应用于目标管理的方法。

11. 职业生涯规划是个体探索自我、科学决策、统筹规划的过程,制订一个方向正确、符合实际、有具体措施的职业生涯规划,就是给我们的职业发展道路设定方向。

12. 职业生涯规划的整体框架主要包括自我认知分析、外部环境分析以及职业生涯设计、职业评估修正等方面。职业生涯规划设计可采用5What法、SWOT分析法更好地定位职业目标。

13. 职业生涯规划书是规划者将自己所设计的职业生涯规划内容整理后,以文字、数字、图表等形式记录下来的过程,有助于我们进一步看清自己、制定目标、执行任务。

✏️ 思考题

通过本章的评估,你已经对自己的生涯优势有了大概的了解。你想从事什么样的职业?为此大学期间,你有什么样的规划?

📗 推荐资源

1. 书籍:《苏菲的世界》,乔斯坦·贾德

本书以小说形式讲述了一位哲学大师向一位叫苏菲的女孩传授人生哲思,整个历程揭示

了西方哲学发展的脉络。本书由前苏格拉底时代到萨特,以及亚里士多德、笛卡儿、黑格尔等人的思想都通过作者生动的笔触跃然纸上,并配以当时的历史背景加以解释,引人入胜。

2.电影:《我的名字叫可汗》

本片讲述了伊斯兰教教徒可汗从小患有阿斯伯格综合征,不能正常跟别人交流,挚爱的妈妈去世后,他从印度孟买到旧金山追随弟弟,工作中认识了单身母亲曼迪娅,成为一家人后,也算和谐美满。但"9·11"恐怖袭击使他们的世界刮起歧视穆斯林教徒的风潮,儿子也在一次意外中身亡,曼迪娅将愤怒发泄在可汗身上,自此可汗为了重获曼迪娅的爱,开启觐见总统之路。

参考文献

[1] 申爱兰."幸福感"与遗传基因相关[J].医药前沿,2014(2):24-25.

[2] 贾成志.快乐和幸福感可以遗传[J].解放军健康,2000(2):21.

[3] 夏翠翠,宗敏,涂翠平.大学生心理健康教育[M].北京:人民邮电出版社,2019.

[4] 申子娇,夏翠翠.大学生心理健康教育教师用书[M].北京:人民邮电出版社,2023.

[5] 傅小兰,张侃,陈雪峰,等.中国国民心理健康发展报告[M].北京:社会科学文献出版社,2022.

[6] 吴禹,赵阿勐,厉红,等.青年大学生心理健康教育的发展概况及对策[J].齐齐哈尔医学院学报,2023,44(10):988-992.

[7] 鲁忠义,安丽娟.大学生心理健康教育[M].北京:教育科学出版社,2015.

[8] 黄希庭,郑涌.心理学十五讲[M].2版.北京:北京大学出版社,2014.

[9] 戴维·迈尔斯.社会心理学[M].北京:人民邮电出版社,2016.

[10] 王天哲.大学生心理健康教育[M].西安:西北大学出版社,2021.

[11] 杨雪花,郑爱明.自我探索与成长:大学生心理健康教育[M].成都:电子科技大学出版社,2022.

[12] 向晓蜜,戴璐洋,梁利苹.大学生心理健康教育教程[M].北京:中国民主法制出版社,2023.

[13] 李廷吉,吴宇萍,刘昌仁.大学生心理健康教育[M].武汉:武汉大学出版社,2014.

[14] 方平.自助与成长:大学生心理健康教育[M].北京:教育科学出版社,2010.

[15] 邓先丽.大学生心理健康教育[M].3版.北京:中国人民大学出版社,2019.

[16] 于志英,李迪.大学生心理健康教程[M].南京:南京大学出版社,2022.

[17] 凯利·麦格尼格尔.自控力[M].王岑卉,译.北京:北京联合出版有限公司,2021.

[18] 张静伟.大学生的自卑心理及治疗方法[J].年轻人,2020(9):13,90.

[19] 郭冬梅,陆洋.浅谈高职学生学习惰性及其自我调适策略[J].职业,2023,(12):11-15.

[20] 虞安骥.面向中国式现代化:职业教育融入全民终身学习体系的逻辑、价值与实践方略[J].中国职业技术教育,2023,(3):70-76.

[21] 陈少华,邢强.心理学基础[M].广州:暨南大学出版社:2022.

[22] 苏碧洋.大学生心理健康教育与辅导[M].厦门:厦门大学出版社:2019.

[23] 胡忠光.教育心理学[M].北京:教育科学出版社,2011.

[24] 池丽萍,辛自强.大学生学习动机的测量及其与自我效能感的关系[J].心理发展与教育,2006,(2):64-70.

[25] 中国就业培训技术指导中心,中国心理卫生协会.心理咨询师(基础知识)[M].北京:人民出版社,2012.

[26] 夏翠翠.大学生心理健康教育慕课版[M].2版.北京:人民邮电出版社,2020.

[27] 王搏.原生家庭心理学[M].苏州:古吴轩出版社,2020.

[28] 苏珊福沃德.原生家庭:如何修补自己的性格缺陷[M].北京:北京时代华文书局,2018.

[29] 李娟娟.心理学实验室[M].北京:中国法制出版社,2020.

[30] 洪洁州,夏敏慧,李梓欣.团体心理游戏256例[M].北京:人民邮电出版社,2023.

[31] 罗清军.超越原生家庭[M].天津:天津科学技术出版社,2021.

[32] 倪艾华,井波然.心理健康视角下大学生和谐宿舍人际关系现状及优化[J].科教导刊,2020(15):175-177.

[33] 高若焓.小组工作优化大学生宿舍和谐人际关系建构路径探索:以天津Z独立学院为例[J].现代商贸工业,2021,42(10):156-157.

[34] 王晓成.人际关系优化探索:一例大学生人际关系障碍问题的案例报告[J].才智,2020(16):76.

[35] 武敏,郭晓蓓.小组工作优化大学生宿舍人际关系的探索[J].科技风,2019(30):222.

[36] 秦莉.论身心协调优化与大学生人际关系相关性研究[J].黑龙江高教研究,2016(11):129-131.

[37] 石鑫.公关礼仪教育与大学生综合素质优化之探讨[J].公关世界,2022(13):107-108.

[38] 张再云,张思静,栾正伟.退役复学大学生的人际关系适应困境及干预研究[J].石家庄学院学报,2022,24(4):115-123.

[39] 许梦珂.音乐疗法对大学生人际关系的促进作用:以某高校为例[J].黄山学院学报,2021,23(1):125-129.

[40] 韩毅,申东阳,袁庆,等.日常生活信息查询中人际关系的利用特征研究:以重庆大学生为例[J].图书与情报,2018(1):115-125.

[41] 袁庆,申东阳,沈兰妮,等.日常生活信息查询中人际关系利用的影响因素模型构建:以重庆大学生为例[J].图书情报知识,2018(2):95-104.

[42] 许瑞雪,郭淑洁,郭晓蓓.小组工作:优化大学生人际关系的有效方式[J].卷宗,2020,10(21):327.

[43] 葛丽.校园微商背景下大学生健康人际关系构建研究[J].当代教育实践与教学研究(电子刊),2018(9):225-227.

[44] 张婷.积极心理学视域下的大学生寝室人际关系构建研究[J].当代教育实践与教学研究(电子刊),2018(7):245-246.

[45] 周霞.学生资助对我国大学生心理表现的影响与政策优化探究:以邵阳学院为例[J].高教学刊,2019(14):150-152.

[46] 刘天一.大学生宿舍人际关系、大五人格和心理健康相关性研究[D].黑龙江:黑龙江大

学,2022.

[47] 陈欣婷. 关于优化大学生友情教育的新思考[J]. 兰州教育学院学报,2018,34(1):108 - 109.

[48] 黄希庭. 人格心理学[M]. 杭州:浙江教育出版社,1998.

[49] 李颖. 引导大学生树立正确的恋爱价值观促进青年的健康成长[J]. 广州师范学院学报(社会科学版),2000(12):92 - 96.

[50] 戴金祥. 切实加强大学生恋爱观的教育和引导[J]. 江汉石油学院学报(社会科学版),2002(2):11 - 14.

[51] 李小玲. 社会文化对大学生恋爱倾向的影响[J]. 潍坊教育学院学报,2006(2):60 - 61.

[52] 罗兰·米勒. 亲密关系[M]. 北京:人民邮电出版社,2015.

[53] 黛安娜·帕帕拉,萨莉·奥尔茨,露丝·费尔德曼. 发展心理学[M]. 北京:人民邮电出版社,2013.

[54] 丹尼尔·戈尔曼. 情感智商[M]. 耿文秀,查波,译. 上海:上海科学技术出版社,1997.

[55] 芭芭拉·弗雷德里克克森. 积极情绪的力量[M]. 王珺,译. 北京:中国人民大学出版社,2010.

[56] 融智. 情绪控制方法[M]. 北京:中国华侨出版社,2018.

[57] 夏翠翠. 大学生心理健康教育[M]. 北京:人民邮电出版社,2019.

[58] 阿尔弗雷德·阿德勒. 生命的意义[M]. 欧阳瑾,译. 北京:台海出版社,2018.

[59] 黄雪薇. 大学生心理健康教育教程[M]. 广州:广东科技出版社,2007.

[60] 吴少怡. 新编大学生心理健康课程[M]. 陕西:西安交通大学出版社,2016.

[61] 任家熠. 我国生命教育二十年发展的现状与超越[J]. 教育理论与实践,2022,42(20):12 - 15.

[62] 岳芸,丛晓峰. 论生命教育的目的指向与价值立场[J]. 济南大学学报(社会科学版),2022,32(2):167 - 172.

[63] 丛中. 心理危机干预基本要领[J]. 中国心理卫生杂志,2020,34(3):243 - 245.

[64] 王岩,张逸飞. 积极心理学:引导师生积极健康发展[J]. 人民教育,2021(23):37 - 40.

[65] 吴晶,葛鲁嘉,何思彤. 幸福感研究的本土化:浅谈道家幸福观[J]. 心理学探新,2019,39(5):411 - 415.

[66] 樊富珉. 咨询心理学[M]. 上海:华东师范大学出版社,2022.

[67] 傅小兰,张侃. 中国国民心理健康发展报告[M]. 北京:社会科学文献出版社,2023.

[68] 美国精神医学学会. 精神障碍诊断与统计手册[M]. 5 版. 北京:北京大学出版社,2016.

[69] 美国精神医学学会. 理解 DSM-5 精神障碍[M]. 北京:北京大学出版社,2022.

[70] 马建青. 大学生心理健康教程[M]. 2 版. 杭州:浙江大学出版社,2015.

[71] 李伟兰,张玉亚. 大学生心理与生理健康教育[M]. 北京:中国政法大学出版社,2016.

[72] 樊富珉,王建中. 当代大学生心理健康教程[M]. 2 版. 武汉:武汉大学出版社,2014.

[73] 俞国良,大学生心理健康[M]. 北京:北京师范大学出版社,2019.

［74］王珊珊.高职院校学生职业生涯规划与就业指导模式构建方式［J］.四川劳动保障,2023
(9):40 - 41.

［75］张洁.基于心流理论的大学生职业生涯规划实践教育研究［J］.湖北开放职业学院学报,
2023,36(17):69 - 72.